矿山企业检修工程预算定额

邵安林　主编

北　京
冶 金 工 业 出 版 社
2013

内 容 提 要

本书针对冶金矿山设备检修工程的特点编写，主要内容包括：矿用汽车和工程机械施工中完成规定计量单位分项工程计价所需的人工、材料、施工机械台班的指导性消耗量标准，是统一矿山矿用汽车、工程机械设备的检修工程预算工程量计算规则、项目划分等的依据，也是编制检修工程地区单位估价表、施工图预算、招标工程标底和投标报价、进行财务分析、签订工程合同、竣工结算（决算）签证、工程拨款等的重要依据。

本书可供矿山企业的技术和管理人员、高校师生、科研院所的技术人员及政府部门管理人员参考使用。

图书在版编目(CIP)数据

矿山企业检修工程预算定额/邵安林主编. —北京：冶金工业出版社, 2013.10
ISBN 978-7-5024-6363-2

Ⅰ.①矿… Ⅱ.①邵… Ⅲ.①矿山企业—设备检修—预算定额—中国 Ⅳ.①F426.1

中国版本图书馆 CIP 数据核字 (2013) 第 243781 号

出 版 人 谭学余
地　　址 北京北河沿大街嵩祝院北巷 39 号，邮编 100009
电　　话 (010)64027926 电子信箱 yjcbs@cnmip.com.cn
责任编辑 徐银河 美术编辑 杨 帆 版式设计 孙跃红
责任校对 卿文春 责任印制 张祺鑫
ISBN 978-7-5024-6363-2
冶金工业出版社出版发行；各地新华书店经销；北京印刷一厂印刷
2013 年 10 月第 1 版，2013 年 10 月第 1 次印刷
787mm×1092mm 1/16； 17.5 印张； 418 千字； 259 页
80.00 元

冶金工业出版社投稿电话：(010) 64027932 投稿信箱：tougao@cnmip.com.cn
冶金工业出版社发行部 电话：(010) 64044283 传真：(010) 64027893
冶金书店 地址：北京东四西大街 46 号(100010) 电话：(010) 65289081 (兼传真)
(本书如有印装质量问题，本社发行部负责退换)

《矿山企业检修工程预算定额》

编审委员会

主　　　编：邵安林

副　主　编：雷平喜　何方威　张兆元

编　　　委：白镇河　王汝杰　马旭峰

编审组负责人：于奎武　职来柱

参　编　人　员：（按汉语拼音字母顺序排列）

苍　晴　高景俊　高玉霞　贾明清　雷平喜

李　东　李　勇　刘福湧　刘效良　吕永新

马素杰　马晓亮　荣三京　史小东　史文革

宋成库　孙伟锐　王宝刚　王　刚　王　震

韦锦华　吴　杰　夏　军　徐家富　杨　恒

杨君溪　姚　强　于　君　翟安付　张春生

张克威　钟建伟　邹明伟

总 说 明

为适应冶金矿山企业设备检修工程市场不断完善和发展的需要，规范检修工程的计价行为，中国冶金矿山企业协会联合鞍钢集团矿业公司，依据国家现行经济政策的有关规定，在广泛征求矿山企业及设备检修管理部门和施工企业意见的基础上，参照《钢铁企业检修工程预算定额》(2009版)，组织专业人员编制了《矿山企业检修工程预算定额》一书。本书分为两篇，第一篇适用于矿用汽车工程预算，第二篇适用于工程机械工程预算，具体说明如下：

(1) 第一篇矿用汽车包括：矿用汽车发动机、矿用汽车变速箱、电动轮汽车驱动总成、电动轮汽车电气系统、矿用汽车底盘（含机械轮和电动轮）中的部分型号。

(2) 第二篇工程机械包括：挖掘机、平路机、推土机、装载机、叉车、抱轮机等部分车型。

(3) 本书所涉及定额适用于冶金矿山企业矿用汽车、工程机械设备的检修工程以及与检修工程配合施工的其他各类工程预算。

(4) 本书所涉及定额是完成规定计量单位分项工程计价所需的人工、材料、施工机械台班的指导性消耗量标准；是统一矿山矿用汽车、工程机械设备的检修工程预算工程量计算规则、项目划分等的依据；是编制检修工程地区单位估价表、施工图预算、招标工程标底和投标报价、进行财务分析、签订工程合同、竣工结算（决算）签证、工程拨款等重要依据。

(5) 本书所涉及定额是在充分考虑矿山企业矿用汽车、工程机械设备检修工程工期紧、突击性强等特定检修条件及现行检修的实际情况下，依据国家及冶金行业现行有关标准，按目前冶金设备检修施工企业基本通行的施工方法、机械化装备程度、合理的工期、施工工艺和劳动组织条件编制的。

(6) 本书所涉及定额除各专业定额及地区单位估价表规定允许调整的项目外，不可因具体工程的施工组织、设计、操作方法、施工工艺的改变而调整。没有包含在定额范围内的车型，可参考本定额中的相近车型选择。

(7) 本书所涉及定额是按下列正常的施工条件进行编制的：

1) 设备、材料、成品、半成品、构件完好无损，符合质量标准和设计要求。

2) 附有合格证书、实验记录和技术说明书。

3) 水、电、风、汽等能源供应均能满足检修工程正常需要。

4) 如在特殊的地理条件下施工，增加费用可按当地有关规定执行。

5) 在高温、有害身体健康的环境中施工，其降效增加费可按本定额有关部分说明的规定执行。

(8) 人工工日消耗量的确定：

1) 本书所涉及定额人工消耗是以《冶金设备检修劳动定额》为测算基础，并考虑施工手段、检修工艺的不断改进而编制、修订的，同时也参照了《钢铁企业检修工程预算定额》(2009 版)。

2) 本书所涉及定额的人工工日不分工种和技术等级，一律以综合工日表示，包括基本用工和其他用工；每个工日按 8 小时计算，施工作业按单班作业考虑。

3) 基价中综合工日单价取定为 39.60 元，包括基本工资和工资性津贴等。矿山内部维修工程不参与取费时，综合工日单价取定为 171.10 元。

(9) 材料消耗量的确定：

1) 本书所涉及定额中的材料消耗量包括直接消耗在工程中的主要材料、辅助材料和零星材料等，并计入了相应损耗。损耗内容和范围包括：从工地仓库、现场集中堆放地点或现场加工地点到操作安装地点的运输损耗、施工操作损耗、施工现场堆放损耗。

2) 本书所涉及定额中未列出的材料而实际又需要发生时，应按施工要求使用量，执行相应项目的材料预算价格编制预算，价差按材料调差规定执行。材料价格按内部供应价格或当地市场采购价格，费用计入工程材料费。

3) 用量少、对基价影响很小的零星材料合并为其他材料费，以“元”表示，其他材料费取值按其已列出的主要消耗材料费之和的3%计算（电气部分按10%计算）。

(10) 施工机械台班消耗量的确定：

1) 本书所涉及定额的施工机械台班消耗量是按正常合理的机械配备和冶金设备检修施工企业的常规机械化装备程度综合取定的。

2) 本书所涉及定额基价中的施工机械台班单价采用《钢铁企业检修工程预算定额》(2009版)中的台班单价，并同时参考了现行的鞍钢集团矿业公司预算定额标准。

3) 对本书所涉及定额中使用量少、对基价影响很小的施工机械合并为其他机械费，以“元”表示，其他机械费取值按其已列出的主要施工机械费之和的3%计算。

(11) 本书所涉及定额已考虑了设备、备件、零件、构件、部件及其他成品与半成品从工地仓库、现场集中堆放地点或现场加工地点至施工部位水平运输150m距离所需的人工和机械费用，如受检修场地条件限制，必须增加运距时，可执行有关运输定额另行计取费用。

(12) 施工中采取大型临时施工措施，应按经甲方批准的施工组织设计，单独编制预算。

(13) 抢修工程套用本定额时，应按各专业定额的相应说明采用系数调整的方式对定额人工费、材料费、机械费进行修正，一般可增加20%。

甲方在计划外临时安排、且须尽快实施，从而不能满足正常工程准备需要的工程，均应视为抢修工程。

(14) 维修费用定额执行《钢铁企业检修工程预算定额》(2009版)费用定额

标准。

(15) 本书所涉及定额如果与国家部委发布的检修工程有关文件规定相抵触时，按国家部委发布的检修工程有关文件规定执行。

(16) 本书所涉及定额主要依托鞍钢矿业公司的矿用汽车和工程机械编制，内容有一定的局限性，本书出版两年后将重新进行修订和补充。

目　录

第一篇　矿用汽车

第二篇　工 程 机 械

附　录

第一篇 矿用汽车

矿用汽车定额说明

矿用汽车定额说明包括以下几项：

(1) 本定额适用于矿用汽车检修工程。

(2) 本定额对检修质量的要求有以下 3 项：

1) 以原总成设备厂商的检修质量标准为验收标准。

2) 在满足生产要求的前提下，以设备所属厂（矿）提出经与施工企业及设备主管部门研究商定的检修质量要求为验收标准。

3) 定额中的吊装机械、运输机械、焊接机械的台班均是以综合机械台班给定的，吊装机械综合台班单价为 545.97 元(包括汽车吊、桥式起重机)，运输机械综合台班单价为 480.42 元。

(3) 本定额包括的工作内容（定额项目中另有规定的除外）有以下 8 项：

1) 施工准备工作和检修设备的检查并作记录。

2) 分解成部件或零件进行清洗、检查、简单修理或更换，提交备件更换计划。

3) 零件和部件的更换均包括零件、部件质量合格的前提下所需要的研磨、找接触面、调整间隙及一般的缺陷处理。

4) 检修设备的组装、检测、调试并作记录，制作加工各种专用拆卸、组装、连接工器具及螺栓，以及完成检修设备所需的其他正常工作。

5) 领退材料、工具和设备检修过程中必须进行的其他一般性工作。

6) 施工过程中产生的油污、泥土、废物等清除工作及文明施工措施，栏杆、安全罩及地沟盖板等拆除、恢复工作。

7) 检修设备的备品、备件 150m 以内的水平搬运（对超高、超宽、超重的特大备件需要采取运输措施的，其搬运费用另行考虑）。

8) 添加检修及测试设备用油。

(4) 本定额不包括下列内容：

1) 凡属设备上使用的定额以外的材料（定额内的材料不能代替的）。

2) 备件组装加热用的油、木材、木炭等消耗材料。

3) 检修前的生产废物的清除，如车辆上的水、油污、矿石、岩土、废物等生产垃圾。

4) 各种大型临时施工措施的制作、搭设与拆除（各种大型预装钢平台，大型保护棚，上下水主干线，超长、超宽、超高特大件的运输等）。

5) 检修设备在车辆上的加注油工作（油料由甲方提供，如需乙方加注油料则另行编制预算）。

(5) 本定额执行细则有以下 19 项：

1) 凡备品、备件需要拆装或组装时，可按备品、备件组、拆装定额另行计取费用，但在单项定额中已注明包括备品、备件组、拆装及更换的，不得再套用备品、备件组、拆装及更换定额。

2) 在定额子项工作内容中，如不换或少换时，应按定额扣除相应的工、料、机具费，但需检查、清洗、研磨、测量、测试等处理时，则按定额取费。

3) 凡是车辆上与发动机、变速箱总成安装连接所需的垫板、销子、螺栓、安装座、胶垫、垫圈、密封圈、胶管等均由设备所属单位提供。如需乙方提供，另行取费。

4) 施工使用贵重材料及定额给定的消耗材料以外，并且必须使用的消耗材料，如特殊材质焊条、非标准螺栓等，可按图纸及实际需要量编入预算。

5) 检修车辆上的发动机、变速箱等设备时，由于检修部位的需要而拆除、恢复没有检修内容的项目（施工障碍拆除、恢复），可按相应定额另行取费。

6) 机械设备附属的结构件的拆卸安装（定额内未包括者），可另行取费。

7) 单机试车费按单机检修项目人工费总和的 8%计取，联合试车费按检修范围内设备检修项目人工费总和的 2%计取。该费用为试车保修费，即在 72 h 的保修期内，由于检修方原因造成设备某些部位需要再次处理所发生的费用均由检修方承担，不再计取费用。如果是由于非检修方原因造成的返修，可另行编制预算。

8) 没有对应定额目的的零星项目工程，可执行零星设备项目定额或双方商定相近定额。

9) 发动机、变速箱等总成检修时，从车辆上的拆卸及后期安装连接工作由甲方负责。如需乙方连接安装，可另行编制预算。

10) 备品、备件超过 150m 的水平运输为二次倒运，可执行备品、备件的倒运定额或相关的运输定额。

11) 备品、备件的垂直运输费用已包括在本定额的设备检修工序过程中，同时考虑了设备所在位置高度，不再另行计取或增调费用。

12) 由于设备改进、改造后而造成与定额项目不符时，各单位可根据改造后的实际情况对定额相应子目的人工、材料、机械费进行适当调整。

13) 施工作业环境温度在35℃（生产干扰高温）以上或有毒有害气体超过规定标准时，可适当增加因间歇作业所多耗的人工，最高增加人工可按该项目定额人工的 15%计取。

14) 本定额各种设备是按系统、按部分分解立项，所立项目之和已构成设备所包括的各部分，不能再作调整。

15) 设备分解后不进行检修时，按该项目定额的 30%取费（定额中有特殊规定除外）。

16) 机械费不包括车、铣、刨、镗床加工台班，各种镗孔、焊补、研磨，备品、备件的修复再生，可按实际编制预算，另行取费。

17) 检修项目中主机规格与定额注明的主机规格不完全相符合时，可套用相近主机规格定额执行，但应作系数调整；本定额中没有的项目，可执行其他定额。

18) 在矿山采场工区检修时，人工工日和机械台班分别增加 20%；对检修工程确实发生多消耗机械台班时，由甲、乙双方协商决定。

19) 施工准备阶段和工程实施过程中，根据甲方无偿提供起重设备、运输设备的比例，扣除定额中相应的吊装机械、运输机械台班费。

第一章 矿用汽车发动机

一、发动机外部清洗、分解

(元)

定额编号		1-1-001	1-1-002	1-1-003	1-1-004	1-1-005	1-1-006	1-1-007
项目		主机规格						
		KTA19	QSK19	NTA855	KTA38	KTA50	K2000E	D16E
定额基价		828.60	987.00	630.24	1826.75	2386.73	2706.58	783.98
人工费		396.00	554.40	237.60	950.40	1267.20	1504.80	316.80
材料费		160.90	160.90	120.93	440.68	683.86	766.10	139.24
机械费		271.70	271.70	271.70	435.67	435.67	435.67	327.94
综合人工 (39.60元/(工·日))		10.00	14.00	6.00	24.00	32.00	38.00	8.00
主要消耗材料	铁刷 (2.10元/把)	2.00	2.00	2.00	2.00	2.50	2.50	2.00
	擦拭布 (14.00元/kg)	1.00	1.00	1.00	0.30	0.30	0.30	1.00
	毛刷 (1.58元/把)	2.00	2.00	2.00	3.00	3.00	3.00	2.00
	锯条 (0.20元/根)	3.00	3.00	3.00	3.00	3.00	3.00	3.00
	金属洗涤剂 (4.50元/kg)	1.50	1.50	1.50	2.00	2.50	3.00	2.00
	美纹纸 (3.00元/卷)	0.50	0.50	0.50	0.50	0.50	0.50	0.50
	螺栓松动剂 (30.00元/瓶)	0.30	0.30	0.30	0.50	0.50	0.50	0.30
	记号笔 (3.00元/支)	0.20	0.20	0.20	0.20	0.20	0.20	0.20
	柴油 (7.76元/kg)	15.00	15.00	10.00	50.00	80.00	90.00	12.00
	其他材料费	4.69	4.69	3.52	12.84	19.92	22.31	4.06
施工机械	吊装机械 (545.97元/(台·班))	0.30	0.30	0.30	0.50	0.50	0.50	0.40
	扭矩机 (500.00元/(台·班))	0.20	0.20	0.20	0.30	0.30	0.30	0.20
	其他机械费	7.91	7.91	7.91	12.69	12.69	12.69	9.55

说明：QSX15、VTA28定额费用同QSK19；卡特3508B定额费用同KTA38；M11定额费用同NTA855。

二、发动机整机零件清洗

(元)

定额编号		1-1-008	1-1-009	1-1-010	1-1-011	1-1-012	1-1-013	1-1-014
项目		主机规格						
		KTA19	QSK19	NTA855	KTA38	KTA50	K2000E	D16E
定额基价		1847.75	1847.75	1568.87	2881.10	3020.54	3159.98	1645.55
人工费		158.40	158.40	126.72	237.60	253.44	269.28	134.64
材料费		453.35	453.35	453.35	789.50	789.50	789.50	460.31
机械费		1236.00	1236.00	988.80	1854.00	1977.60	2101.20	1050.60
综合人工 (39.60 元/(工·日))		4.00	4.00	3.20	6.00	6.40	6.80	3.40
主要消耗材料	高效清洗剂 (88.00 元/瓶)	3.80	3.80	3.80	6.00	6.00	6.00	3.80
	金属洗涤剂 (4.50 元/kg)	23.50	23.50	23.50	53.00	53.00	53.00	25.00
	其他材料费	13.20	13.20	13.20	23.00	23.00	23.00	13.41
施工机械	清洗机 (300.00 元/(台·班))	4.00	4.00	3.20	6.00	6.40	6.80	3.40
	其他机械费	36.00	36.00	28.80	54.00	57.60	61.20	30.60

三、喷油器检修

(元)

定额编号		1-1-015	1-1-016	1-1-017	1-1-018	1-1-019	1-1-020	1-1-021
项目		主机规格						
		KTA19	QSK19	NTA855	KTA38	KTA50	K2000E	D16E
定额基价		1400.10	298.90	916.90	2329.22	3351.22	3842.42	0.00
人工费		514.80	237.60	237.60	990.00	1188.00	1267.20	0.00
材料费		45.71	45.71	45.71	72.03	72.03	72.03	0.00
机械费		839.59	15.59	633.59	1267.18	2091.18	2503.18	0.00
综合人工 (39.60元/(工·日))		13.00	6.00	6.00	25.00	30.00	32.00	0.00
主要消耗材料	柴油 (7.76元/kg)	3.00	3.00	3.00	4.00	4.00	4.00	0.00
	擦拭布 (14.00元/kg)	0.30	0.30	0.30	0.50	0.50	0.50	0.00
	毛刷 (1.58元/把)	0.20	0.20	0.20	0.20	0.20	0.20	0.00
	钢丝刷 (1.58元/把)	1.00	1.00	1.00	1.00	1.00	1.00	0.00
	吸油纸 (150.00元/卷)	0.10	0.10	0.10	0.20	0.20	0.20	0.00
	其他材料费	1.33	1.33	1.33	2.10	2.10	2.10	0.00
施工机械	喷油试验台 (400.00元/(台·班))	2.00	0.00	1.50	3.00	5.00	6.00	0.00
	空气压缩机 (302.75元/(台·班))	0.05	0.05	0.05	0.10	0.10	0.10	0.00
	其他机械费	24.45	0.45	18.45	36.91	60.91	72.91	0.00

说明：D16E型号发动机无此项检修。

四、燃油泵检修

(元)

定额编号		1-1-022	1-1-023	1-1-024	1-1-025	1-1-026	1-1-027	1-1-028
项目		主机规格						
		KTA19	QSK19	NTA855	KTA38	KTA50	K2000E	D16E
定额基价		1126.83	144.43	596.03	2140.27	2219.47	2714.67	0.00
人工费		237.60	79.20	118.80	396.00	475.20	554.40	0.00
材料费		49.64	49.64	49.64	65.09	65.09	69.09	0.00
机械费		839.59	15.59	427.59	1679.18	1679.18	2091.18	0.00
综合人工 (39.60 元/(工·日))		6.00	2.00	3.00	10.00	12.00	14.00	0.00
主要消耗材料	柴油 (7.76 元/kg)	3.00	3.00	3.00	3.00	3.00	3.50	0.00
	擦拭布 (14.00 元/kg)	0.50	0.50	0.50	0.50	0.50	0.50	0.00
	毛刷 (1.58 元/把)	0.20	0.20	0.20	0.20	0.20	0.20	0.00
	钢丝刷 (1.58 元/把)	0.20	0.20	0.20	0.20	0.20	0.20	0.00
	塑料布 (16.83 元/米)	0.10	0.10	0.10	0.10	0.10	0.10	0.00
	记号笔 (3.00 元/支)	0.20	0.20	0.20	0.20	0.20	0.20	0.00
	吸油纸 (150.00 元/卷)	0.10	0.10	0.10	0.20	0.20	0.20	0.00
	其他材料费	1.45	1.45	1.45	1.90	1.90	2.01	0.00
施工机械	油泵试验台 (400.00 元/(台·班))	2.00	0.00	1.00	4.00	4.00	5.00	0.00
	空气压缩机 (302.75 元/(台·班))	0.05	0.05	0.05	0.10	0.10	0.10	0.00
	其他机械费	24.45	0.45	12.45	48.91	48.91	60.91	0.00

说明：D16E 型号发动机无此项检修。

五、STC 阀检修

(元)

定额编号		1-1-029	1-1-030	1-1-031	1-1-032	1-1-033	1-1-034	1-1-035
项目		主机规格						
		KTA19	QSK19	NTA855	KTA38	KTA50	K2000E	D16E
定额基价		0.00	0.00	0.00	115.52	115.52	115.52	0.00
人工费		0.00	0.00	0.00	79.20	79.20	79.20	0.00
材料费		0.00	0.00	0.00	5.13	5.13	5.13	0.00
机械费		0.00	0.00	0.00	31.18	31.18	31.18	0.00
综合人工 (39.60 元/(工·日))		0.00	0.00	0.00	2.00	2.00	2.00	0.00
主要消耗材料	柴油 (7.76 元/kg)	0.00	0.00	0.00	0.20	0.20	0.20	0.00
	擦拭布 (14.00 元/kg)	0.00	0.00	0.00	0.20	0.20	0.20	0.00
	毛刷 (1.58 元/把)	0.00	0.00	0.00	0.20	0.20	0.20	0.00
	钢丝刷 (1.58 元/把)	0.00	0.00	0.00	0.20	0.20	0.20	0.00
	其他材料费	0.00	0.00	0.00	0.15	0.15	0.15	0.00
施工机械	空气压缩机 (302.75 元/(台·班))	0.00	0.00	0.00	0.10	0.10	0.10	0.00
	其他机械费	0.00	0.00	0.00	0.91	0.91	0.91	0.00

说明： KTA19、QSK19、NTA855 及 D16E 型号发动机无此项检修。

六、缸盖检修

(元)

	定额编号	1-1-036	1-1-037	1-1-038	1-1-039	1-1-040	1-1-041	1-1-042
项目		主机规格						
		KTA19	QSK19	NTA855	KTA38	KTA50	K2000E	D16E
	定额基价	1532.47	1532.47	1342.10	2567.78	3495.46	3574.66	1342.10
	人工费	475.20	475.20	316.80	950.40	1425.60	1504.80	316.80
	材料费	298.48	298.48	266.51	553.61	673.40	673.40	266.51
	机械费	758.79	758.79	758.79	1063.77	1396.46	1396.46	758.79
	综合人工 (39.60元/(工·日))	12.00	12.00	8.00	24.00	36.00	38.00	8.00
主要消耗材料	柴油 (7.76元/kg)	10.00	10.00	6.00	20.00	30.00	30.00	6.00
	擦拭布 (14.00元/kg)	1.00	1.00	1.00	1.50	1.50	1.50	1.00
	钢丝刷 (1.58元/把)	1.00	1.00	1.00	1.50	1.50	1.50	1.00
	脱轮特 (19.19元/升)	6.00	6.00	6.00	12.00	12.00	12.00	6.00
	堵漏棒 (99.00元/管)	0.50	0.50	0.50	0.70	1.00	1.00	0.50
	塑料布 (16.83元/米)	0.20	0.20	0.20	0.40	0.40	0.40	0.20
	砂布 (1.00元/张)	6.00	6.00	6.00	10.00	10.00	10.00	6.00
	砂纸 (1.00元/张)	4.00	4.00	4.00	6.00	6.00	6.00	4.00
	研磨砂 (18.00元/盒)	1.00	1.00	1.00	2.00	2.50	2.50	1.00
	记号笔 (3.00元/支)	0.20	0.20	0.20	0.20	0.20	0.20	0.20
	其他材料费	8.69	8.69	7.76	16.12	19.61	19.61	7.76
施工机械	研磨机 (300.00元/(台·班))	0.50	0.50	0.50	0.80	1.00	1.00	0.50
	平面磨床 (715.00元/(台·班))	0.50	0.50	0.50	0.60	0.80	0.80	0.50
	气门修复机 (400.00元/(台·班))	0.30	0.30	0.30	0.50	0.80	0.80	0.30
	吊装机械 (545.97元 /(台·班))	0.20	0.20	0.20	0.30	0.30	0.30	0.20
	其他机械费	22.10	22.10	22.10	30.98	40.67	40.67	22.10

七、风扇皮带轮、轴及连接支座检修

(元)

定 额 编 号		1-1-043	1-1-044	1-1-045	1-1-046	1-1-047	1-1-048	1-1-049
项 目		主 机 规 格						
		KTA19	QSK19	NTA855	KTA38	KTA50	K2000E	D16E
定 额 基 价		169.07	169.07	50.27	257.62	259.06	338.26	50.27
人 工 费		158.40	158.40	39.60	237.60	237.60	316.80	39.60
材 料 费		4.43	4.43	4.43	4.43	5.87	5.87	4.43
机 械 费		6.24	6.24	6.24	15.59	15.59	15.59	6.24
综合人工 (39.60 元/(工·日))		4.00	4.00	1.00	6.00	6.00	8.00	1.00
主要消耗材料	擦拭布 (14.00 元/kg)	0.10	0.10	0.10	0.10	0.20	0.20	0.10
	毛刷 (1.58 元/把)	0.20	0.20	0.20	0.20	0.20	0.20	0.20
	钢丝刷 (1.58 元/把)	0.30	0.30	0.30	0.30	0.30	0.30	0.30
	锂基脂 (5.00 元/kg)	0.02	0.02	0.02	0.02	0.02	0.02	0.02
	凡士林 (10.91 元/kg)	0.03	0.03	0.03	0.03	0.03	0.03	0.03
	塑料布 (16.83 元/米)	0.10	0.10	0.10	0.10	0.10	0.10	0.10
	其他材料费	0.13	0.13	0.13	0.13	0.17	0.17	0.13
施工机械	空气压缩机 (302.75 元/(台·班))	0.02	0.02	0.02	0.05	0.05	0.05	0.02
	其他机械费	0.18	0.18	0.18	0.45	0.45	0.45	0.18

八、涨紧轮系统检修

(元)

定额编号		1-1-050	1-1-051	1-1-052	1-1-053	1-1-054	1-1-055	1-1-056
项目		主机规格						
		KTA19	QSK19	NTA855	KTA38	KTA50	K2000E	D16E
定额基价		152.73	152.73	73.53	207.92	288.46	288.46	73.53
人工费		118.80	118.80	39.60	158.40	237.60	237.60	39.60
材料费		18.33	18.33	18.33	18.33	19.67	19.67	18.33
机械费		15.59	15.59	15.59	31.18	31.18	31.18	15.59
综合人工 (39.60元/(工·日))		3.00	3.00	1.00	4.00	6.00	6.00	1.00
主要消耗材料	擦拭布 (14.00元/kg)	0.10	0.10	0.10	0.10	0.20	0.20	0.10
	毛刷 (1.58元/把)	0.20	0.20	0.20	0.20	0.20	0.20	0.20
	钢丝刷 (1.58元/把)	0.30	0.30	0.30	0.30	0.30	0.30	0.30
	锂基脂 (5.00元/kg)	0.02	0.02	0.02	0.02	0.00	0.00	0.02
	凡士林 (10.91元/kg)	0.03	0.03	0.03	0.03	0.03	0.03	0.03
	塑料布 (16.83元/米)	0.10	0.10	0.10	0.10	0.10	0.10	0.10
	8018焊条 (27.00元/kg)	0.50	0.50	0.50	0.50	0.50	0.50	0.50
	其他材料费	0.53	0.53	0.53	0.53	0.57	0.57	0.53
施工机械	空气压缩机 (302.75元/(台·班))	0.05	0.05	0.05	0.10	0.10	0.10	0.05
	其他机械费	0.45	0.45	0.45	0.91	0.91	0.91	0.45

九、曲轴检修

(元)

定额编号		1-1-057	1-1-058	1-1-059	1-1-060	1-1-061	1-1-062	1-1-063
项目		主机规格						
		KTA19	QSK19	NTA855	KTA38	KTA50	K2000E	D16E
定额基价		429.90	429.90	429.90	826.96	906.16	946.79	429.90
人工费		79.20	79.20	79.20	158.40	237.60	277.20	79.20
材料费		180.97	180.97	180.97	318.78	318.78	319.81	180.97
机械费		169.73	169.73	169.73	349.77	349.77	349.77	169.73
综合人工 (39.60 元/(工·日))		2.00	2.00	2.00	4.00	6.00	7.00	2.00
主要消耗材料	擦拭布 (14.00 元/kg)	0.10	0.10	0.10	0.20	0.20	0.20	0.10
	毛刷 (1.58 元/把)	0.20	0.20	0.20	0.20	0.20	0.20	0.20
	柴油 (7.76 元/kg)	20.00	20.00	20.00	35.00	35.00	35.00	20.00
	油石条 (1.00 元/件)	0.10	0.10	0.10	0.10	0.10	0.10	0.10
	塑料布 (16.83 元/米)	0.10	0.10	0.10	0.10	0.10	0.10	0.10
	吸油纸 (150.00 元/卷)	0.10	0.10	0.10	0.20	0.20	0.20	0.10
	砂布 (1.00 元/张)	2.00	2.00	2.00	3.00	3.00	4.00	2.00
	其他材料费	5.27	5.27	5.27	9.28	9.28	9.31	5.27
施工机械	空气压缩机 (302.75 元/(台·班))	0.03	0.03	0.03	0.05	0.05	0.05	0.03
	探伤机 (144.30 元//(台·班))	0.03	0.03	0.03	0.50	0.50	0.50	0.03
	吊装机械 (545.97 元/(台·班))	0.03	0.03	0.03	0.05	0.05	0.05	0.03
	箱式电炉 (150.00 元//(台·时))	0.30	0.30	0.30	0.50	0.50	0.50	0.30
	曲轴磨床 (300.00 元/(台·时))	0.30	0.30	0.30	0.50	0.50	0.50	0.30
	其他机械费	4.94	4.94	4.94	10.19	10.19	10.19	4.94

十、凸轮轴及齿轮检修

(元)

定额编号		1-1-064	1-1-065	1-1-066	1-1-067	1-1-068	1-1-069	1-1-070
项目		主机规格						
		KTA19	QSK19	NTA855	KTA38	KTA50	K2000E	D16E
定额基价		359.83	399.43	280.27	682.62	723.67	764.30	320.23
人工费		118.80	158.40	79.20	198.00	237.60	277.20	79.20
材料费		180.97	180.97	141.01	319.08	320.52	321.55	180.97
机械费		60.06	60.06	60.06	165.55	165.55	165.55	60.06
综合人工 (39.60 元/(工·日))		3.00	4.00	2.00	5.00	6.00	7.00	2.00
主要消耗材料	擦拭布 (14.00 元/kg)	0.10	0.10	0.10	0.10	0.20	0.20	0.10
	毛刷 (1.58 元/把)	0.20	0.20	0.20	0.20	0.20	0.20	0.20
	砂布 (1..00 元/张)	2.00	2.00	2.00	3.00	3.00	4.00	2.00
	柴油 (7.76 元/kg)	20.00	20.00	15.00	35.00	35.00	35.00	20.00
	油石条 (1.00 元/件)	0.10	0.10	0.10	0.10	0.10	0.10	0.10
	塑料布 (16.83 元/米)	0.10	0.10	0.10	0.20	0.20	0.20	0.10
	吸油纸 (150.00 元/卷)	0.10	0.10	0.10	0.20	0.20	0.20	0.10
	其他材料费	5.27	5.27	4.11	9.29	9.34	9.37	5.27
施工机械	空气压缩机 (302.75 元/(台·班))	0.03	0.03	0.03	0.05	0.05	0.05	0.03
	探伤机 (144.30 元//(台·班))	0.10	0.10	0.10	0.30	0.30	0.30	0.10
	吊装机械 (545.97 元/(台·班))	0.05	0.05	0.05	0.05	0.05	0.05	0.05
	箱式电炉 (150.00 元//(台·时))	0.05	0.05	0.05	0.50	0.50	0.50	0.05
	其他机械费	1.75	1.75	1.75	4.82	4.82	4.82	1.75

十一、缸体检修

(元)

定额编号		1-1-071	1-1-072	1-1-073	1-1-074	1-1-075	1-1-076	1-1-077
项目		主机规格						
		KTA19	QSK19	NTA855	KTA38	KTA50	K2000E	D16E
定额基价		1186.29	1186.29	1076.19	2052.56	2623.03	2877.10	1161.10
人工费		396.00	396.00	316.80	792.00	1029.60	1029.60	316.80
材料费		558.67	558.67	558.67	776.72	1022.17	1101.28	558.67
机械费		231.62	231.62	200.72	483.84	571.25	746.22	285.63
综合人工 (39.60元/(工·日))		10.00	10.00	8.00	20.00	26.00	26.00	8.00
主要消耗材料	专业刷 (25.00元/把)	1.00	1.00	1.00	2.00	2.00	2.00	1.00
	砂布 (1..00元/张)	6.00	6.00	6.00	10.00	10.00	10.00	6.00
	砂纸 (1..00元/张)	8.00	8.00	8.00	12.00	15.00	15.00	8.00
	纸砂轮 (2.50元/件)	3.00	3.00	3.00	4.00	5.00	5.00	3.00
	柴油 (7.76元/kg)	45.00	45.00	45.00	60.00	90.00	95.00	45.00
	擦拭布 (14.00元/kg)	0.50	0.50	0.50	2.00	2.00	2.00	0.50
	脱漆剂 (76.00元/升)	1.00	1.00	1.00	1.00	1.00	1.50	1.00
	白布带 (8.00元/卷),	0.50	0.50	0.50	1.00	1.00	1.00	0.50
	堵漏棒 (99.00元/管)	0.30	0.30	0.30	0.50	0.50	0.50	0.30
	吸油纸 (150.00元/卷)	0.20	0.20	0.20	0.30	0.30	0.30	0.20
	其他材料费	16.27	16.27	16.27	22.62	29.77	32.08	16.27
施工机械	吊装机械 (545.97元/(台·班))	0.10	0.10	0.10	0.20	0.30	0.40	0.15
	空气压缩机 (302.75元/(台·班))	0.10	0.10	0.10	0.20	0.30	0.40	0.15
	平面抛光机 (50.00元/(台·班))	1.00	1.00	1.00	3.00	3.00	3.50	1.20
	同心检测台 (300.00元/(台·班))	0.30	0.30	0.20	0.50	0.50	0.70	0.30
	其他机械费	6.75	6.75	5.85	14.09	16.64	21.73	8.32

十二、涡轮增压器检修

(元)

定额编号		1-1-078	1-1-079	1-1-080	1-1-081	1-1-082	1-1-083	1-1-084
项目		主机规格						
		KTA19	QSK19	NTA855	KTA38	KTA50	K2000E	D16E
定额基价		136.03	136.03	92.28	265.60	267.05	426.62	93.30
人工费		118.80	118.80	79.20	237.60	237.60	396.00	79.20
材料费		4.78	4.78	4.78	7.26	8.70	9.88	5.80
机械费		12.44	12.44	8.30	20.74	20.74	20.74	8.30
综合人工 (39.60元/(工·日))		3.00	3.00	2.00	6.00	6.00	10.00	2.00
主要消耗材料	擦拭布 (14.00元/kg)	0.10	0.10	0.10	0.10	0.20	0.20	0.10
	毛刷 (1.58元/把)	0.20	0.20	0.20	0.30	0.30	0.30	0.20
	钢丝刷 (1.58元/把)	0.20	0.20	0.20	0.30	0.30	0.30	0.20
	凡士林 (10.91元/kg)	0.03	0.03	0.03	0.04	0.04	0.04	0.03
	塑料布 (16.83元/米)	0.10	0.10	0.10	0.20	0.20	0.25	0.15
	美纹纸 (3.00元/卷)	0.20	0.20	0.20	0.30	0.30	0.40	0.25
	其他材料费	0.14	0.14	0.14	0.21	0.25	0.29	0.17
施工机械	空气压缩机 (302.75元/(台·班))	0.03	0.03	0.02	0.05	0.05	0.05	0.02
	压力机 (100.00元/(台·班))	0.03	0.03	0.02	0.05	0.05	0.05	0.02
	其他机械费	0.36	0.36	0.24	0.60	0.60	0.60	0.24

十三、机油泵检修

(元)

定额编号		1-1-085	1-1-086	1-1-087	1-1-088	1-1-089	1-1-090	1-1-091
项目		主机规格						
		KTA19	QSK19	NTA855	KTA38	KTA50	K2000E	D16E
定额基价		136.03	136.03	96.43	263.12	264.57	264.57	96.43
人工费		118.80	118.80	79.20	237.60	237.60	237.60	79.20
材料费		4.78	4.78	4.78	4.78	6.22	6.22	4.78
机械费		12.44	12.44	12.44	20.74	20.74	20.74	12.44
综合人工 (39.60元/(工·日))		3.00	3.00	2.00	6.00	6.00	6.00	2.00
主要消耗材料	擦拭布 (14.00元/kg)	0.10	0.10	0.10	0.10	0.20	0.20	0.10
	毛刷 (1.58元/把)	0.20	0.20	0.20	0.20	0.20	0.20	0.20
	钢丝刷 (1.58元/把)	0.20	0.20	0.20	0.20	0.20	0.20	0.20
	凡士林 (10.91元/kg)	0.03	0.03	0.03	0.03	0.03	0.03	0.03
	塑料布 (16.83元/米)	0.10	0.10	0.10	0.10	0.10	0.10	0.10
	美纹纸 (3.00元/卷)	0.20	0.20	0.20	0.20	0.20	0.20	0.20
	其他材料费	0.14	0.14	0.14	0.14	0.18	0.18	0.14
施工机械	空气压缩机 (302.75元/(台·班))	0.03	0.03	0.03	0.05	0.05	0.05	0.03
	压力机 (100.00元/(台·班))	0.03	0.03	0.03	0.05	0.05	0.05	0.03
	其他机械费	0.36	0.36	0.36	0.60	0.60	0.60	0.36

十四、呼吸器检修

(元)

定额编号		1-1-092	1-1-093	1-1-094	1-1-095	1-1-096	1-1-097	1-1-098
项目		主机规格						
		KTA19	QSK19	NTA855	KTA38	KTA50	K2000E	D16E
定额基价		98.96	98.96	59.36	98.96	100.40	100.40	59.36
人工费		79.20	79.20	39.60	79.20	79.20	79.20	39.60
材料费		4.16	4.16	4.16	4.16	5.61	5.61	4.16
机械费		15.59	15.59	15.59	15.59	15.59	15.59	15.59
综合人工 (39.60元/(工·日))		2.00	2.00	1.00	2.00	2.00	2.00	1.00
主要消耗材料	擦拭布 (14.00元/kg)	0.10	0.10	0.10	0.10	0.20	0.20	0.10
	毛刷 (1.58元/把)	0.20	0.20	0.20	0.20	0.20	0.20	0.20
	钢丝刷 (1.58元/把)	0.20	0.20	0.20	0.20	0.20	0.20	0.20
	凡士林 (10.91元/kg)	0.03	0.03	0.03	0.03	0.03	0.03	0.03
	塑料布 (16.83元/米)	0.10	0.10	0.10	0.10	0.10	0.10	0.10
	其他材料费	0.12	0.12	0.12	0.12	0.16	0.16	0.12
施工机械	空气压缩机 (302.75元/(台·班))	0.05	0.05	0.05	0.05	0.05	0.05	0.05
	其他机械费	0.45	0.45	0.45	0.45	0.45	0.45	0.45

十五、水泵及水泵驱动检修

(元)

定额编号		1-1-099	1-1-100	1-1-101	1-1-102	1-1-103	1-1-104	1-1-105
项目		主机规格						
		KTA19	QSK19	NTA855	KTA38	KTA50	K2000E	D16E
定额基价		253.04	253.04	253.04	337.39	338.84	338.84	253.04
人工费		79.20	79.20	79.20	158.40	158.40	158.40	79.20
材料费		153.10	153.10	153.10	153.10	154.54	154.54	153.10
机械费		20.74	20.74	20.74	25.89	25.89	25.89	20.74
综合人工 (39.60 元/(工·日))		2.00	2.00	2.00	4.00	4.00	4.00	2.00
主要消耗材料	擦拭布 (14.00 元/kg)	0.10	0.10	0.10	0.10	0.20	0.20	0.10
	毛刷 (1.58 元/把)	0.20	0.20	0.20	0.20	0.20	0.20	0.20
	钢丝刷 (1.58 元/把)	0.20	0.20	0.20	0.20	0.20	0.20	0.20
	凡士林 (10.91 元/kg)	0.03	0.03	0.03	0.03	0.03	0.03	0.03
	美纹纸 (3.00 元/卷)	0.20	0.20	0.20	0.20	0.20	0. 20	0.20
	塑料布 (16.83 元/米)	0.10	0.10	0.10	0.10	0.10	0.10	0.10
	钻基焊丝 (480.00 元/kg)	0.30	0.30	0.30	0.30	0.30	0.30	0.30
	其他材料费	4.46	4.46	4.46	4.46	4.50	4.50	4.46
施工机械	空气压缩机 (302.75 元/(台·班))	0.05	0.05	0.05	0.05	0.05	0.05	0.05
	压力机 (100.00 元/(台·班))	0.05	0.05	0.05	0.10	0.10	0.10	0.05
	其他机械费	0.60	0.60	0.60	0.75	0.75	0.75	0.60

十六、气泵及气泵驱动检修

(元)

定额编号		1-1-106	1-1-107	1-1-108	1-1-109	1-1-110	1-1-111	1-1-112
项目		主机规格						
		KTA19	QSK19	NTA855	KTA38	KTA50	K2000E	D16E
定额基价		253.04	0.00	243.69	0.00	338.84	0.00	0.00
人工费		79.20	0.00	79.20	0.00	158.40	0.00	0.00
材料费		153.10	0.00	153.10	0.00	154.54	0.00	0.00
机械费		20.74	0.00	11.39	0.00	25.89	0.00	0.00
综合人工 (39.60元/(工·日))		2.00	0.00	2.00	0.00	4.00	0.00	0.00
主要消耗材料	擦拭布 (14.00元/kg)	0.10	0.00	0.10	0.00	0.20	0.00	0.00
	毛刷 (1.58元/把)	0.20	0.00	0.20	0.00	0.20	0.00	0.00
	钢丝刷 (1.58元/把)	0.20	0.00	0.20	0.00	0.20	0.00	0.00
	凡士林 (10.91元/kg)	0.03	0.00	0.03	0.00	0.03	0.00	0.00
	美纹纸 (3.00元/卷)	0.20	0.00	0.20	0.00	0.20	0.00	0.00
	塑料布 (16.83元/米)	0.10	0.00	0.10	0.00	0.10	0.00	0.00
	钴基焊丝 (480.00元/kg)	0.30	0.00	0.30	0.00	0.30	0.00	0.00
	其他材料费	4.46	0.00	4.46	0.00	4.50	0.00	0.00
施工机械	空气压缩机 (302.75元/(台·班))	0.05	0.00	0.02	0.00	0.05	0.00	0.00
	压力机 (100.00元/(台·班))	0.05	0.00	0.05	0.00	0.10	0.00	0.00
	其他机械费	0.60	0.00	0.33	0.00	0.75	0.00	0.00

说明：QSK19、KTA38、K2000E、D16E 型号发动机无此项检修。

十七、中冷芯检修

(元)

定额编号		1-1-113	1-1-114	1-1-115	1-1-116	1-1-117	1-1-118	1-1-119
项目		主机规格						
		KTA19	QSK19	NTA855	KTA38	KTA50	K2000E	D16E
定额基价		166.38	205.98	166.38	304.40	305.84	305.84	166.38
人工费		118.80	158.40	118.80	237.60	237.60	237.60	118.80
材料费		38.23	38.23	38.23	51.21	52.65	52.65	38.23
机械费		9.35	9.35	9.35	15.59	15.59	15.59	9.35
综合人工 (39.60元/(工·日))		3.00	4.00	3.00	6.00	6.00	6.00	3.00
主要消耗材料	擦拭布 (14.00元/kg)	0.10	0.10	0.10	0.10	0.20	0.20	0.10
	毛刷 (1.58元/把)	0.20	0.20	0.20	0.20	0.20	0.20	0.20
	钢丝刷 (1.58元/把)	0.20	0.20	0.20	0.20	0.20	0.20	0.20
	油石条 (1.00元/件)	0.10	0.10	0.10	0.10	0.10	0.10	0.10
	美纹纸 (3.00元/卷)	0.20	0.20	0.20	0.20	0.20	0.20	0.20
	塑料布 (16.83元/米)	0.10	0.10	0.10	0.10	0.10	0.10	0.10
	硅酮密封胶 (6.90元/件)	2.00	2.00	2.00	2.00	2.00	2.00	2.00
	酒精 (6.30元/升)	3.00	3.00	3.00	5.00	5.00	5.00	3.00
	其他材料费	1.11	1.11	1.11	1.49	1.53	1.53	1.11
施工机械	空气压缩机 (302.75元/(台·班))	0.03	0.03	0.03	0.05	0.05	0.05	0.03
	其他机械费	0.27	0.27	0.27	0.45	0.45	0.45	0.27

说明：每个型号中冷芯子的定额基价为单台车的定额，非单个芯子的定额。

十八、机冷芯检修

(元)

定额编号		1-1-120	1-1-121	1-1-122	1-1-123	1-1-124	1-1-125	1-1-126
项目		主机规格						
		KTA19	QSK19	NTA855	KTA38	KTA50	K2000E	D16E
定额基价		132.70	132.70	50.38	257.74	259.18	259.18	50.38
人工费		118.80	118.80	39.60	237.60	237.60	237.60	39.60
材料费		4.55	4.55	4.55	4.55	5.99	5.99	4.55
机械费		9.35	9.35	6.24	15.59	15.59	15.59	6.24
综合人工 (39.60元/(工·日))		3.00	3.00	1.00	6.00	6.00	6.00	1.00
主要消耗材料	擦拭布 (14.00元/kg)	0.10	0.10	0.10	0.10	0.20	0.20	0.10
	毛刷 (1.58元/把)	0.20	0.20	0.20	0.20	0.20	0.20	0.20
	钢丝刷 (1.58元/把)	0.20	0.20	0.20	0.20	0.20	0.20	0.20
	油石条 (1.00元/件)	0.10	0.10	0.10	0.10	0.10	0.10	0.10
	美纹纸 (3.00元/卷)	0.20	0.20	0.20	0.20	0.20	0.20	0.20
	塑料布 (16.83元/米)	0.10	0.10	0.10	0.10	0.10	0.10	0.10
	其他材料费	0.13	0.13	0.13	0.13	0.17	0.17	0.13
施工机械	空气压缩机 (302.75元/(台·班))	0.03	0.03	0.02	0.05	0.05	0.05	0.02
	其他机械费	0.27	0.27	0.18	0.45	0.45	0.45	0.18

说明：每个型号机冷芯子的定额基价为单台车的定额，非单个芯子的定额。

十九、空调皮带轮检修

(元)

定 额 编 号		1-1-127	1-1-128	1-1-129	1-1-130	1-1-131	1-1-132	1-1-133
项 目		主 机 规 格						
		KTA19	QSK19	NTA855	KTA38	KTA50	K2000E	D16E
定 额 基 价		92.82	92.82	46.98	178.26	179.70	179.70	46.98
人 工 费		79.20	79.20	39.60	158.40	158.40	158.40	39.60
材 料 费		4.27	4.27	4.27	4.27	5.71	5.71	4.27
机 械 费		9.35	9.35	3.12	15.59	15.59	15.59	3.12
综合人工 (39.60 元/(工·日))		2.00	2.00	1.00	4.00	4.00	4.00	1.00
主要消耗材料	擦拭布 (14.00 元/kg)	0.10	0.10	0.10	0.10	0.20	0.20	0.10
	毛刷 (1.58 元/把)	0.20	0.20	0.20	0.20	0.20	0.20	0.20
	钢丝刷 (1.58 元/把)	0.20	0.20	0.20	0.20	0.20	0.20	0.20
	锂基脂 (5.00 元/kg)	0.02	0.02	0.02	0.02	0.02	0.02	0.02
	凡士林 (10.91 元/kg)	0.03	0.03	0.03	0.03	0.03	0.03	0.03
	塑料布 (16.83 元/米)	0.10	0.10	0.10	0.10	0.10	0.10	0.10
	其他材料费	0.12	0.12	0.12	0.12	0.17	0.17	0.12
施工机械	空气压缩机 (302.75 元/(台·班))	0.03	0.03	0.01	0.05	0.05	0.05	0.01
	其他机械费	0.27	0.27	0.09	0.45	0.45	0.45	0.09

二十、发电机皮带轮及支架检修

(元)

定额编号		1-1-134	1-1-135	1-1-136	1-1-137	1-1-138	1-1-139	1-1-140
项目		主机规格						
		KTA19	QSK19	NTA855	KTA38	KTA50	K2000E	D16E
定额基价		92.82	92.82	46.98	178.26	179.70	179.70	46.98
其中	人工费	79.20	79.20	39.60	158.40	158.40	158.40	39.60
	材料费	4.27	4.27	4.27	4.27	5.71	5.71	4.27
	机械费	9.35	9.35	3.12	15.59	15.59	15.59	3.12
综合人工 (39.60元/(工·日))		2.00	2.00	1.00	4.00	4.00	4.00	1.00
主要消耗材料	擦拭布 (14.00元/kg)	0.10	0.10	0.10	0.10	0.20	0.20	0.10
	毛刷 (1.58元/把)	0.20	0.20	0.20	0.20	0.20	0.20	0.20
	钢丝刷 (1.58元/把)	0.20	0.20	0.20	0.20	0.20	0.20	0.20
	锂基脂 (5.00元/kg)	0.02	0.02	0.02	0.02	0.02	0.02	0.02
	凡士林 (10.91元/kg)	0.03	0.03	0.03	0.03	0.03	0.03	0.03
	塑料布 (16.83元/米)	0.10	0.10	0.10	0.10	0.10	0.10	0.10
	其他材料费	0.12	0.12	0.12	0.12	0.17	0.17	0.12
施工机械	空气压缩机 (302.75元/(台·班))	0.03	0.03	0.01	0.05	0.05	0.05	0.01
	其他机械费	0.27	0.27	0.09	0.45	0.45	0.45	0.09

二十一、摇臂系统检修

(元)

定额编号		1-1-141	1-1-142	1-1-143	1-1-144	1-1-145	1-1-146	1-1-147
项目		主机规格						
		KTA19	QSK19	NTA855	KTA38	KTA50	K2000E	D16E
定额基价		171.26	171.26	85.82	256.69	337.33	337.33	85.82
人工费		158.40	158.40	79.20	237.60	316.80	316.80	79.20
材料费		3.50	3.50	3.50	3.50	4.94	4.94	3.50
机械费		9.35	9.35	3.12	15.59	15.59	15.59	3.12
综合人工 (39.60 元/(工·日))		4.00	4.00	2.00	6.00	8.00	8.00	2.00
主要消耗材料	擦拭布 (14.00 元/kg)	0.10	0.10	0.10	0.10	0.20	0.20	0.10
	毛刷 (1.58 元/把)	0.20	0.20	0.20	0.20	0.20	0.20	0.20
	塑料布 (16.83 元/米)	0.10	0.10	0.10	0.10	0.10	0.10	0.10
	其他材料费	0.10	0.10	0.10	0.10	0.14	0.14	0.10
施工机械	空气压缩机 (302.75 元/(台·班))	0.03	0.03	0.01	0.05	0.05	0.05	0.01
	其他机械费	0.27	0.27	0.09	0.45	0.45	0.45	0.09

二十二、机油滤清器座检修

(元)

定额编号		1-1-148	1-1-149	1-1-150	1-1-151	1-1-152	1-1-153	1-1-154
项目		主机规格						
		KTA19	QSK19	NTA855	KTA38	KTA50	K2000E	D16E
定额基价		93.97	96.55	54.37	178.32	258.96	264.11	56.95
人工费		79.20	79.20	39.60	158.40	237.60	237.60	39.60
材料费		6.50	6.50	6.50	6.50	7.95	7.95	6.50
机械费		8.27	10.84	8.27	13.42	13.42	18.57	10.84
综合人工 (39.60元/(工·日))		2.00	2.00	1.00	4.00	6.00	6.00	1.00
主要消耗材料	擦拭布 (14.00元/kg)	0.10	0.10	0.10	0.10	0.20	0.20	0.10
	毛刷 (1.58元/把)	0.20	0.20	0.20	0.20	0.20	0.20	0.20
	钢丝刷 (1.58元/把)	0.20	0.20	0.20	0.20	0.20	0.20	0.20
	美纹纸 (3.00元/卷)	0.20	0.20	0.20	0.20	0.20	0.20	0.20
	塑料布 (16.83元/米)	0.10	0.10	0.10	0.10	0.10	0.10	0.10
	砂布 (1.00元/张)	2.00	2.00	2.00	2.00	2.00	2.00	2.00
	其他材料费	0.19	0.19	0.19	0.19	0.23	0.23	0.19
施工机械	空气压缩机 (302.75元/(台·班))	0.01	0.01	0.01	0.01	0.01	0.01	0.01
	平面抛光机 (50.00元/(台·班))	0.10	0.15	0.10	0.20	0.20	0.30	0.15
	其他机械费	0.24	0.32	0.24	0.39	0.39	0.54	0.32

二十三、柴油滤清器座检修

(元)

定额编号		1-1-155	1-1-156	1-1-157	1-1-158	1-1-159	1-1-160	1-1-161
项目		主机规格						
		KTA19	QSK19	NTA855	KTA38	KTA50	K2000E	D16E
定额基价		97.63	97.63	51.80	190.80	271.44	271.44	51.80
	人工费	79.20	79.20	39.60	158.40	237.60	237.60	39.60
	材料费	6.50	6.50	6.50	6.50	7.95	7.95	6.50
	机械费	11.93	11.93	5.69	25.89	25.89	25.89	5.69
综合人工 (39.60元/(工·日))		2.00	2.00	1.00	4.00	6.00	6.00	1.00
主要消耗材料	擦拭布 (14.00元/kg)	0.10	0.10	0.10	0.10	0.20	0.20	0.10
	毛刷 (1.58元/把)	0.20	0.20	0.20	0.20	0.20	0.20	0.20
	钢丝刷 (1.58元/把)	0.20	0.20	0.20	0.20	0.20	0.20	0.20
	美纹纸 (3.00元/卷)	0.20	0.20	0.20	0.20	0.20	0.20	0.20
	塑料布 (16.83元/米)	0.10	0.10	0.10	0.10	0.10	0.10	0.10
	砂布 (1.00元/张)	2.00	2.00	2.00	2.00	2.00	2.00	2.00
	其他材料费	0.19	0.19	0.19	0.19	0.23	0.23	0.19
施工机械	空气压缩机 (302.75元/(台·班))	0.03	0.03	0.01	0.05	0.05	0.05	0.01
	平面抛光机 (50.00元/(台·班))	0.05	0.05	0.05	0.20	0.20	0.20	0.05
	其他机械费	0.35	0.35	0.17	0.75	0.75	0.75	0.17

二十四、水滤清器座检修

(元)

定额编号		1-1-162	1-1-163	1-1-164	1-1-165	1-1-166	1-1-167	1-1-168
项目		主机规格						
		KTA19	QSK19	NTA855	KTA38	KTA50	K2000E	D16E
定额基价		103.58	103.58	51.51	190.50	271.15	271.15	51.51
人工费		79.20	79.20	39.60	158.40	237.60	237.60	39.60
材料费		6.21	6.21	6.21	6.21	7.65	7.65	6.21
机械费		18.17	18.17	5.69	25.89	25.89	25.89	5.69
综合人工 (39.60 元/(工·日))		2.00	2.00	1.00	4.00	6.00	6.00	1.00
主要消耗材料	擦拭布 (14.00 元/kg)	0.10	0.10	0.10	0.10	0.20	0.20	0.10
	毛刷 (1.58 元/把)	0.30	0.30	0.30	0.30	0.30	0.30	0.30
	钢丝刷 (1.58 元/把)	0.30	0.30	0.30	0.30	0.30	0.30	0.30
	塑料布 (16.83 元/米)	0.10	0.10	0.10	0.10	0.10	0.10	0.10
	砂布 (1.00 元/张)	2.00	2.00	2.00	2.00	2.00	2.00	2.00
	其他材料费	0.18	0.18	0.18	0.18	0.22	0.22	0.18
施工机械	空气压缩机 (302.75 元/(台·班))	0.05	0.05	0.01	0.05	0.05	0.05	0.01
	平面抛光机 (50.00 元/(台·班))	0.05	0.05	0.05	0.20	0.20	0.20	0.05
	其他机械费	0.53	0.53	0.17	0.75	0.75	0.75	0.17

二十五、曲轴瓦螺栓、连杆螺栓、缸盖螺栓等检测

(元)

	定额编号	1-1-169	1-1-170	1-1-171	1-1-172	1-1-173	1-1-174	1-1-175
项目		主机规格						
		KTA19	QSK19	NTA855	KTA38	KTA50	K2000E	D16E
	定额基价	132.31	132.31	86.47	217.74	258.79	258.79	86.47
	人工费	118.80	118.80	79.20	198.00	237.60	237.60	79.20
	材料费	4.15	4.15	4.15	4.15	5.59	5.59	4.15
	机械费	9.35	9.35	3.12	15.59	15.59	15.59	3.12
	综合人工 (39.60元/(工·日))	3.00	3.00	2.00	5.00	6.00	6.00	2.00
主要消耗材料	擦拭布 (14.00元/kg)	0.10	0.10	0.10	0.10	0.20	0.20	0.10
	毛刷 (1.58元/把)	0.30	0.30	0.30	0.30	0.30	0.30	0.30
	钢丝刷 (1.58元/把)	0.30	0.30	0.30	0.30	0.30	0.30	0.30
	塑料布 (16.83元/米)	0.10	0.10	0.10	0.10	0.10	0.10	0.10
	其他材料费	0.12	0.12	0.12	0.12	0.16	0.16	0.12
施工机械	空气压缩机 (302.75元/(台·班))	0.03	0.03	0.01	0.05	0.05	0.05	0.01
	其他机械费	0.27	0.27	0.09	0.45	0.45	0.45	0.09

二十六、中冷壳体检修

(元)

定额编号		1-1-176	1-1-177	1-1-178	1-1-179	1-1-180	1-1-181	1-1-182
项目		主机规格						
		KTA19	QSK19	NTA855	KTA38	KTA50	K2000E	D16E
定额基价		118.41	123.56	109.06	212.55	212.55	212.55	114.21
	人工费	79.20	79.20	79.20	158.40	158.40	158.40	79.20
	材料费	8.17	8.17	8.17	12.80	12.80	12.80	8.17
	机械费	31.04	36.19	21.69	41.34	41.34	41.34	26.84
综合人工 (39.60元/(工·日))		2.00	2.00	2.00	4.00	4.00	4.00	2.00
主要消耗材料	擦拭布 (14.00元/kg)	0.10	0.10	0.10	0.20	0.20	0.20	0.10
	毛刷 (1.58元/把)	0.30	0.30	0.30	0.30	0.30	0.30	0.30
	钢丝刷 (1.58元/把)	0.30	0.30	0.30	0.30	0.30	0.30	0.30
	油石条 (1.00元/件)	0.30	0.30	0.30	0.40	0.40	0.40	0.30
	美纹纸 (3.00元/卷)	0.20	0.20	0.20	0.20	0.20	0.20	0.20
	塑料布 (16.83元/米)	0.10	0.10	0.10	0.10	0.10	0.10	0.10
	砂布 (1.00元/张)	3.00	3.00	3.00	6.00	6.00	6.00	3.00
	其他材料费	0.24	0.24	0.24	0.37	0.37	0.37	0.24
施工机械	空气压缩机 (302.75元/(台·班))	0.05	0.05	0.02	0.05	0.05	0.05	0.02
	平面抛光机 (50.00元/(台·班))	0.30	0.40	0.30	0.50	0.50	0.50	0.40
	其他机械费/元	0.90	1.05	0.63	1.20	1.20	1.20	0.78

说明：　每个型号中冷壳体的定额基价为单台车的定额基价。

二十七、节温器壳体检修

(元)

定额编号		1-1-183	1-1-184	1-1-185	1-1-186	1-1-187	1-1-188	1-1-189
项目		主机规格						
		KTA19	QSK19	NTA855	KTA38	KTA50	K2000E	D16E
定额基价		111.64	111.64	65.81	208.82	208.82	208.82	65.81
人工费		79.20	79.20	39.60	158.40	158.40	158.40	39.60
材料费		7.64	7.64	7.64	9.08	9.08	9.08	7.64
机械费		24.80	24.80	18.57	41.34	41.34	41.34	18.57
综合人工 (39.60 元/(工·日))		2.00	2.00	1.00	4.00	4.00	4.00	1.00
主要消耗材料	擦拭布 (14.00 元/kg)	0.10	0.10	0.10	0.20	0.20	0.20	0.10
	毛刷 (1.58 元/把)	0.20	0.20	0.20	0.20	0.20	0.20	0.20
	钢丝刷 (1.58 元/把)	0.20	0.20	0.20	0.20	0.20	0.20	0.20
	油石条 (1.00 元/件)	0.10	0.10	0.10	0.10	0.10	0.10	0.10
	美纹纸 (3.00 元/卷)	0.20	0.20	0.20	0.20	0.20	0.20	0.20
	塑料布 (16.83 元/米)	0.10	0.10	0.10	0.10	0.10	0.10	0.10
	砂布 (1.00 元/张)	3.00	3.00	3.00	3.00	3.00	3.00	3.00
	其他材料费	0.22	0.22	0.22	0.26	0.26	0.26	0.22
施工机械	空气压缩机 (302.75 元/(台·班))	0.03	0.03	0.01	0.05	0.05	0.05	0.01
	平面抛光机 (50.00 元/(台·班))	0.30	0.30	0.30	0.50	0.50	0.50	0.30
	其他机械费	0.72	0.72	0.54	1.20	1.20	1.20	0.54

二十八、连杆检修

(元)

定额编号		1-1-190	1-1-191	1-1-192	1-1-193	1-1-194	1-1-195	1-1-196
项目		主机规格						
		KTA19	QSK19	NTA855	KTA38	KTA50	K2000E	D16E
定额基价		394.12	394.12	191.72	657.33	736.53	736.53	266.03
人工费		118.80	118.80	79.20	237.60	316.80	316.80	79.20
材料费		26.85	26.85	26.85	49.51	49.51	49.51	26.85
机械费		248.47	248.47	85.67	370.22	370.22	370.22	159.99
综合人工 (39.60元/(工·日))		3.00	3.00	2.00	6.00	8.00	8.00	2.00
主要消耗材料	擦拭布 (14.00元/kg)	0.50	0.50	0.50	1.00	1.00	1.00	0.50
	毛刷 (1.58元/把)	0.20	0.20	0.20	0.20	0.20	0.20	0.20
	钢丝刷 (1.58元/把)	0.20	0.20	0.20	0.20	0.20	0.20	0.20
	塑料布 (11.50元/米)	0.10	0.10	0.10	0.10	0.10	0.10	0.10
	美纹纸 (3.00元/卷)	0.20	0.20	0.20	0.20	0.20	0.20	0.20
	塑料布 (16.83元/米)	0.10	0.10	0.10	0.10	0.10	0.10	0.10
	吸油纸 (150.00元/卷)	0.10	0.10	0.10	0.20	0.20	0.20	0.10
	其他材料费	0.78	0.78	0.78	1.44	1.44	1.44	0.78
施工机械	空气压缩机 (302.75元/(台·班))	0.03	0.03	0.01	0.05	0.05	0.05	0.01
	探伤机 (144.30元/(台·班))	0.50	0.50	0.50	1.00	1.00	1.00	1.00
	连杆测试台 (200.00元/(台·班))	0.80	0.80	0.04	1.00	1.00	1.00	0.04
	其他机械费	7.24	7.24	2.50	10.78	10.78	10.78	4.66

二十九、管路检修

(元)

定额编号		1-1-197	1-1-198	1-1-199	1-1-200	1-1-201	1-1-202	1-1-203
项目		主机规格						
		KTA19	QSK19	NTA855	KTA38	KTA50	K2000E	D16E
定额基价		128.61	128.61	82.77	194.35	235.40	314.60	82.77
人工费		79.20	79.20	39.60	118.80	158.40	237.60	39.60
材料费		12.59	12.59	12.59	18.77	20.22	20.22	12.59
机械费		36.81	36.81	30.58	56.78	56.78	56.78	30.58
综合人工 (39.60元/(工·日))		2.00	2.00	1.00	3.00	4.00	6.00	1.00
主要消耗材料	擦拭布 (14.00元/kg)	0.10	0.10	0.10	0.10	0.20	0.20	0.10
	毛刷 (1.58元/把)	0.20	0.20	0.20	0.20	0.20	0.20	0.20
	纸砂轮 (2.50元/件)	2.00	2.00	2.00	3.00	3.00	3.00	2.00
	钢丝轮 (3.50元/件)	1.00	1.00	1.00	2.00	2.00	2.00	1.00
	凡士林 (10.91元/kg)	0.03	0.03	0.03	0.03	0.03	0.03	0.03
	塑料布 (16.83元/米)	0.10	0.10	0.10	0.10	0.10	0.10	0.10
	其他材料费	0.37	0.37	0.37	0.55	0.59	0.59	0.37
施工机械	空气压缩机 (302.75元/(台·班))	0.03	0.03	0.01	0.05	0.05	0.05	0.01
	砂轮机 (13.33元/(台·班))	2.00	2.00	2.00	3.00	3.00	3.00	2.00
	其他机械费	1.07	1.07	0.89	1.65	1.65	1.65	0.89

三十、排气管检修

(元)

定额编号		1-1-204	1-1-205	1-1-206	1-1-207	1-1-208	1-1-209	1-1-210
项目		主机规格						
		KTA19	QSK19	NTA855	KTA38	KTA50	K2000E	D16E
定额基价		157.37	183.12	157.37	229.43	255.51	255.51	183.12
人工费		79.20	79.20	79.20	118.80	118.80	118.80	79.20
材料费		17.32	17.32	17.32	17.79	18.12	18.12	17.32
机械费		60.85	86.60	60.85	92.84	118.59	118.59	86.60
综合人工 (39.60元/(工·日))		2.00	2.00	2.00	3.00	3.00	3.00	2.00
主要消耗材料	擦拭布 (14.00元/kg)	0.10	0.10	0.10	0.10	0.10	0.10	0.10
	毛刷 (1.58元/把)	0.20	0.20	0.20	0.20	0.20	0.20	0.20
	钢丝刷 (1.58元/把)	0.20	0.20	0.20	0.30	0.50	0.50	0.20
	美纹纸 (3.00元/卷)	0.20	0.20	0.20	0.30	0.30	0.30	0.20
	塑料布 (16.83元/米)	0.10	0.10	0.10	0.10	0.10	0.10	0.10
	丝锥 (25.00元/件)	0.50	0.50	0.50	0.50	0.50	0.50	0.50
	其他材料费	0.50	0.50	0.50	0.52	0.53	0.53	0.50
施工机械	空气压缩机 (302.75元/(台·班))	0.03	0.03	0.03	0.05	0.05	0.05	0.03
	平面抛光机 (50.00元/(台·班))	1.00	1.50	1.00	1.50	2.00	2.50	1.50
	其他机械费	1.77	2.52	1.77	2.70	3.45	3.45	2.52

说明：每个型号排气管子的定额基价是单台车的定额基价。

三十一、油底壳检修

(元)

定额编号		1-1-211	1-1-212	1-1-213	1-1-214	1-1-215	1-1-216	1-1-217
项目		主机规格						
		KTA19	QSK19	NTA855	KTA38	KTA50	K2000E	D16E
定额基价		105.46	105.46	105.46	159.62	209.52	249.12	105.46
	人工费	79.20	79.20	79.20	118.80	158.40	198.00	79.20
	材料费	6.61	6.61	6.61	9.78	9.78	9.78	6.61
	机械费	19.65	19.65	19.65	31.04	41.34	41.34	19.65
综合人工 (39.60元/(工·日))		2.00	2.00	2.00	3.00	4.00	5.00	2.00
主要消耗材料	擦拭布 (14.00元/kg)	0.10	0.10	0.10	0.20	0.20	0.20	0.10
	毛刷 (1.58元/把)	0.20	0.20	0.20	0.20	0.20	0.20	0.20
	钢丝刷 (1.58元/把)	0.20	0.20	0.20	0.20	0.20	0.20	0.20
	油石条 (1.00元/件)	0.10	0.10	0.10	0.10	0.10	0.10	0.10
	美纹纸 (3.00元/卷)	0.20	0.20	0.20	0.20	0.20	0.20	0.20
	塑料布 (16.83元/米)	0.10	0.10	0.10	0.20	0.20	0.20	0.10
	砂布 (1.00元/张)	2.00	2.00	2.00	2.00	2.00	2.00	2.00
	其他材料费	0.19	0.19	0.19	0.28	0.28	0.28	0.19
施工机械	空气压缩机 (302.75元/(台·班))	0.03	0.03	0.03	0.05	0.05	0.05	0.03
	平面抛光机 (50.00元/(台·班))	0.20	0.20	0.20	0.30	0.50	0.50	0.20
	其他机械费	0.57	0.57	0.57	0.90	1.20	1.20	0.57

三十二、前齿轮室检修

(元)

定额编号		1-1-218	1-1-219	1-1-220	1-1-221	1-1-222	1-1-223	1-1-224
项目		主机规格						
		KTA19	QSK19	NTA855	KTA38	KTA50	K2000E	D16E
定额基价		118.34	118.34	78.74	134.96	176.62	216.22	78.74
人工费		79.20	79.20	39.60	79.20	118.80	158.40	39.60
材料费		19.48	19.48	19.48	24.72	26.78	26.78	19.48
机械费		19.65	19.65	19.65	31.04	31.04	31.04	19.65
综合人工 (39.60元/(工·日))		2.00	2.00	1.00	2.00	3.00	4.00	1.00
主要消耗材料	擦拭布 (14.00元/kg)	0.10	0.10	0.10	0.20	0.20	0.20	0.10
	毛刷 (1.58元/把)	0.20	0.20	0.20	0.20	0.20	0.20	0.20
	钢丝刷 (1.58元/把)	0.20	0.20	0.20	0.20	0.20	0.20	0.20
	油石条 (1.00元/件)	0.10	0.10	0.10	0.10	0.10	0.10	0.10
	美纹纸 (3.00元/卷)	0.20	0.20	0.20	0.20	0.20	0.20	0.20
	塑料布 (16.83元/米)	0.10	0.10	0.10	0.20	0.20	0.20	0.10
	砂布 (1.00元/张)	2.00	2.00	2.00	4.00	6.00	6.00	2.00
	丝锥 (25.00元/件)	0.50	0.50	0.50	0.50	0.50	0.50	0.50
	其他材料费	0.57	0.57	0.57	0.72	0.78	0.78	0.57
施工机械	空气压缩机 (302.75元/(台·班))	0.03	0.03	0.03	0.05	0.05	0.05	0.03
	平面抛光机 (50.00元/(台·班))	0.20	0.20	0.20	0.30	0.30	0.30	0.20
	其他机械费	0.57	0.57	0.57	0.90	0.90	0.90	0.57

三十三、减震器检查

(元)

定额编号		1-1-225	1-1-226	1-1-227	1-1-228	1-1-229	1-1-230	1-1-231
项目		主机规格						
		KTA19	QSK19	NTA855	KTA38	KTA50	K2000E	D16E
定额基价		94.13	94.13	54.53	103.54	143.14	182.74	54.53
人工费		79.20	79.20	39.60	79.20	118.80	158.40	39.60
材料费		5.58	5.58	5.58	8.75	8.75	8.75	5.58
机械费		9.35	9.35	9.35	15.59	15.59	15.59	9.35
综合人工 (39.60元/(工·日))		2.00	2.00	1.00	2.00	3.00	4.00	1.00
主要消耗材料	擦拭布 (14.00元/kg)	0.10	0.10	0.10	0.20	0.20	0.20	0.10
	毛刷 (1.58元/把)	0.20	0.20	0.20	0.20	0.20	0.20	0.20
	钢丝刷 (1.58元/把)	0.20	0.20	0.20	0.20	0.20	0.20	0.20
	油石条 (1.00元/件)	0.10	0.10	0.10	0.10	0.10	0.10	0.10
	美纹纸 (3.00元/卷)	0.20	0.20	0.20	0.20	0.20	0.20	0.20
	塑料布 (16.83元/米)	0.10	0.10	0.10	0.20	0.20	0.20	0.10
	砂布 (1.00元/张)	1.00	1.00	1.00	1.00	1.00	1.00	1.00
	其他材料费	0.16	0.16	0.16	0.25	0.25	0.25	0.16
施工机械	空气压缩机 (302.75元/(台·班))	0.03	0.03	0.03	0.05	0.05	0.05	0.03
	其他机械费	0.27	0.27	0.27	0.45	0.45	0.45	0.27

三十四、飞轮壳体检修

(元)

定额编号		1-1-232	1-1-233	1-1-234	1-1-235	1-1-236	1-1-237	1-1-238
项目		主机规格						
		KTA19	QSK19	NTA855	KTA38	KTA50	K2000E	D16E
定额基价		114.22	114.22	74.62	166.65	206.25	206.25	74.62
人工费		79.20	79.20	39.60	118.80	158.40	158.40	39.60
材料费		15.36	15.36	15.36	16.80	16.80	16.80	15.36
机械费		19.65	19.65	19.65	31.04	31.04	31.04	19.65
综合人工 (39.60元/(工·日))		2.00	2.00	1.00	3.00	4.00	4.00	1.00
主要消耗材料	擦拭布 (14.00元/kg)	0.10	0.10	0.10	0.20	0.20	0.20	0.10
	毛刷 (1.58元/把)	0.20	0.20	0.20	0.20	0.20	0.20	0.20
	钢丝刷 (1.58元/把)	0.20	0.20	0.20	0.20	0.20	0.20	0.20
	油石条 (1.00元/件)	0.10	0.10	0.10	0.10	0.10	0.10	0.10
	美纹纸 (3.00元/卷)	0.20	0.20	0.20	0.20	0.20	0.20	0.20
	塑料布 (16.83元/米)	0.10	0.10	0.10	0.10	0.10	0.10	0.10
	砂布 (1.00元/张)	3.00	3.00	3.00	3.00	3.00	3.00	3.00
	丝锥 (15.00元/件)	0.50	0.50	0.50	0.50	0.50	0.50	0.50
	其他材料费	0.45	0.45	0.45	0.49	0.49	0.49	0.45
施工机械	空气压缩机 (302.75元/(台·班))	0.03	0.03	0.03	0.05	0.05	0.05	0.03
	平面抛光机 (50.00元/(台·班))	0.20	0.20	0.20	0.30	0.30	0.30	0.20
	其他机械费	0.57	0.57	0.57	0.90	0.90	0.90	0.57

三十五、飞轮及齿圈检修

(元)

定额编号		1-1-239	1-1-240	1-1-241	1-1-242	1-1-243	1-1-244	1-1-245
项目		主机规格						
		KTA19	QSK19	NTA855	KTA38	KTA50	K2000E	D16E
定额基价		94.84	94.84	55.24	143.85	182.42	182.42	55.24
人工费		79.20	79.20	39.60	118.80	158.40	158.40	39.60
材料费		6.28	6.28	6.28	9.46	8.43	8.43	6.28
机械费		9.35	9.35	9.35	15.59	15.59	15.59	9.35
综合人工 (39.60元/(工·日))		2.00	2.00	1.00	3.00	4.00	4.00	1.00
主要消耗材料	擦拭布 (14.00元/kg)	0.10	0.10	0.10	0.20	0.20	0.20	0.10
	毛刷 (1.58元/把)	0.10	0.10	0.10	0.10	0.10	0.10	0.10
	钢丝刷 (1.58元/把)	0.10	0.10	0.10	0.10	0.10	0.10	0.10
	油石条 (1.00元/件)	0.10	0.10	0.10	0.10	0.10	0.10	0.10
	美纹纸 (3.00元/卷)	0.20	0.20	0.20	0.20	0.20	0.20	0.20
	塑料布 (16.83元/米)	0.10	0.10	0.10	0.20	0.20	0.20	0.10
	砂布 (1.00元/张)	2.00	2.00	2.00	2.00	1.00	1.00	2.00
	其他材料费	0.18	0.18	0.18	0.28	0.25	0.25	0.18
施工机械	空气压缩机(302.75元/(台·班))	0.03	0.03	0.03	0.05	0.05	0.05	0.03
	其他机械费	0.27	0.27	0.27	0.45	0.45	0.45	0.27

三十六、摇臂室及气门室盖检修

(元)

定额编号		1-1-246	1-1-247	1-1-248	1-1-249	1-1-250	1-1-251	1-1-252
项目		主机规格						
		KTA19	QSK19	NTA855	KTA38	KTA50	K2000E	D16E
定额基价		285.09	285.09	205.89	425.20	555.90	555.90	205.89
人工费		158.40	158.40	79.20	237.60	316.80	316.80	79.20
材料费		14.33	14.33	14.33	17.51	17.51	17.51	14.33
机械费		112.35	112.35	112.35	170.09	221.59	221.59	112.35
综合人工 (39.60 元/(工·日))		4.00	4.00	2.00	6.00	8.00	8.00	2.00
主要消耗材料	擦拭布 (14.00 元/kg)	0.10	0.10	0.10	0.20	0.20	0.20	0.10
	毛刷 (1.58 元/把)	0.20	0.20	0.20	0.20	0.20	0.20	0.20
	钢丝刷 (1.58 元/把)	0.20	0.20	0.20	0.20	0.20	0.20	0.20
	油石条 (1.00 元/件)	0.10	0.10	0.10	0.10	0.10	0.10	0.10
	美纹纸 (3.00 元/卷)	0.20	0.20	0.20	0.20	0.20	0.20	0.20
	塑料布 (16.83 元/米)	0.10	0.10	0.10	0.20	0.20	0.20	0.10
	砂布 (1.00 元/张)	1.00	1.00	1.00	1.00	1.00	1.00	1.00
	砂纸 (1.00 元/张)	1.00	1.00	1.00	1.00	1.00	1.00	1.00
	丝锥 (15.00 元/件)	0.50	0.50	0.50	0.50	0.50	0.50	0.50
	其他材料费	0.42	0.42	0.42	0.51	0.51	0.51	0.42
施工机械	空气压缩机 (302.75 元/(台·班))	0.03	0.03	0.03	0.05	0.05	0.05	0.03
	平面抛光机 (50.00 元/(台·班))	2.00	2.00	2.00	3.00	4.00	4.00	2.00
	其他机械费	3.27	3.27	3.27	4.95	6.45	6.45	3.27

三十七、机油、柴油板检修

(元)

定额编号		1-1-253	1-1-254	1-1-255	1-1-256	1-1-257	1-1-258	1-1-259
项目		主机规格						
		KTA19	QSK19	NTA855	KTA38	KTA50	K2000E	D16E
定额基价		154.39	154.39	114.79	245.06	284.66	284.66	114.79
人工费		79.20	79.20	39.60	158.40	198.00	198.00	39.60
材料费		14.33	14.33	14.33	19.57	19.57	19.57	14.33
机械费		60.85	60.85	60.85	67.09	67.09	67.09	60.85
综合人工 (39.60元/(工·日))		2.00	2.00	1.00	4.00	5.00	5.00	1.00
主要消耗材料	擦拭布 (14.00元/kg)	0.10	0.10	0.10	0.20	0.20	0.20	0.10
	毛刷 (1.58元/把)	0.20	0.20	0.20	0.20	0.20	0.20	0.20
	钢丝刷 (1.58元/把)	0.20	0.20	0.20	0.20	0.20	0.20	0.20
	油石条 (1.00元/件)	0.10	0.10	0.10	0.10	0.10	0.10	0.10
	美纹纸 (3.00元/卷)	0.20	0.20	0.20	0.20	0.20	0.20	0.20
	塑料布 (16.83元/米)	0.10	0.10	0.10	0.20	0.20	0.20	0.10
	砂布 (1.00元/张)	2.00	2.00	2.00	4.00	4.00	4.00	2.00
	丝锥 (15.00元/件)	0.50	0.50	0.50	0.50	0.50	0.50	0.50
	其他材料费	0.42	0.42	0.42	0.57	0.57	0.57	0.42
施工机械	空气压缩机 (302.75元/(台·班))	0.03	0.03	0.03	0.05	0.05	0.05	0.03
	平面抛光机 (50.00元/(台·班))	1.00	1.00	1.00	1.00	1.00	1.00	1.00
	其他机械费	1.77	1.77	1.77	1.95	1.95	1.95	1.77

三十八、加机油孔座检修

(元)

定额编号		1-1-260	1-1-261	1-1-262	1-1-263	1-1-264	1-1-265	1-1-266
项目		主机规格						
		KTA19	QSK19	NTA855	KTA38	KTA50	K2000E	D16E
定额基价		95.16	95.16	55.56	183.77	183.77	183.77	55.56
人工费		79.20	79.20	39.60	158.40	158.40	158.40	39.60
材料费		6.61	6.61	6.61	9.78	9.78	9.78	6.61
机械费		9.35	9.35	9.35	15.59	15.59	15.59	9.35
综合人工 (39.60元/(工·日))		2.00	2.00	1.00	4.00	4.00	4.00	1.00
主要消耗材料	擦拭布 (14.00元/kg)	0.10	0.10	0.10	0.20	0.20	0.20	0.10
	毛刷 (1.58元/把)	0.20	0.20	0.20	0.20	0.20	0.20	0.20
	钢丝刷 (1.58元/把)	0.20	0.20	0.20	0.20	0.20	0.20	0.20
	油石条 (1.00元/件)	0.10	0.10	0.10	0.10	0.10	0.10	0.10
	美纹纸 (3.00元/卷)	0.20	0.20	0.20	0.20	0.20	0.20	0.20
	塑料布 (16.83元/米)	0.10	0.10	0.10	0.20	0.20	0.20	0.10
	砂布 (1.00元/张)	1.00	1.00	1.00	1.00	1.00	1.00	1.00
	砂纸 (1.00元/张)	1.00	1.00	1.00	1.00	1.00	1.00	1.00
	其他材料费	0.19	0.19	0.19	0.28	0.28	0.28	0.19
施工机械	空气压缩机 (302.75元/(台·班))	0.03	0.03	0.03	0.05	0.05	0.05	0.03
	其他机械费	0.27	0.27	0.27	0.45	0.45	0.45	0.27

三十九、挺杆检测

(元)

定额编号		1-1-267	1-1-268	1-1-269	1-1-270	1-1-271	1-1-272	1-1-273
项目		主机规格						
		KTA19	QSK19	NTA855	KTA38	KTA50	K2000E	D16E
定额基价		52.46	52.46	52.46	99.73	99.73	99.73	52.46
人工费		39.60	39.60	39.60	79.20	79.20	79.20	39.60
材料费		3.50	3.50	3.50	4.94	4.94	4.94	3.50
机械费		9.35	9.35	9.35	15.59	15.59	15.59	9.35
综合人工 (39.60 元/(工·日))		1.00	1.00	1.00	2.00	2.00	2.00	1.00
主要消耗材料	擦拭布 (14.00 元/kg)	0.10	0.10	0.10	0.20	0.20	0.20	0.10
	毛刷 (1.58 元/把)	0.20	0.20	0.20	0.20	0.20	0.20	0.20
	塑料布 (16.83 元/米)	0.10	0.10	0.10	0.10	0.10	0.10	0.10
	其他材料费	0.10	0.10	0.10	0.14	0.14	0.14	0.10
施工机械	空气压缩机 (302.75 元/(台·班))	0.03	0.03	0.03	0.05	0.05	0.05	0.03
	其他机械费	0.27	0.27	0.27	0.45	0.45	0.45	0.27

四十、前支撑及衬套检修

(元)

定额编号		1-1-274	1-1-275	1-1-276	1-1-277	1-1-278	1-1-279	1-1-280
项目		主机规格						
		KTA19	QSK19	NTA855	KTA38	KTA50	K2000E	D16E
定额基价		159.79	159.79	80.59	167.47	167.47	167.47	80.59
人工费		118.80	118.80	39.60	118.80	118.80	118.80	39.60
材料费		31.64	31.64	31.64	33.08	33.08	33.08	31.64
机械费		9.35	9.35	9.35	15.59	15.59	15.59	9.35
综合人工 (39.60元/(工·日))		3.00	3.00	1.00	3.00	3.00	3.00	1.00
主要消耗材料	擦拭布 (14.00元/kg)	0.10	0.10	0.10	0.20	0.20	0.20	0.10
	毛刷 (1.58元/把)	0.20	0.20	0.20	0.20	0.20	0.20	0.20
	塑料布 (16.83元/米)	0.10	0.10	0.10	0.10	0.10	0.10	0.10
	钢丝刷 (1.58元/把)	0.20	0.20	0.20	0.20	0.20	0.20	0.20
	8018焊条 (27.00元/kg)	1.00	1.00	1.00	1.00	1.00	1.00	1.00
	其他材料费	0.92	0.92	0.92	0.96	0.96	0.96	0.92
施工机械	空气压缩机 (302.75元/(台·班))	0.03	0.03	0.03	0.05	0.05	0.05	0.03
	其他机械费	0.27	0.27	0.27	0.45	0.45	0.45	0.27

四十一、冷却喷嘴检修

(元)

定 额 编 号		1-1-281	1-1-282	1-1-283	1-1-284	1-1-285	1-1-286	1-1-287
项　目		主 机 规 格						
		KTA19	QSK19	NTA855	KTA38	KTA50	K2000E	D16E
定 额 基 价		131.66	131.66	52.46	178.93	273.73	273.73	52.46
人 工 费		118.80	118.80	39.60	158.40	237.60	237.60	39.60
材 料 费		3.50	3.50	3.50	4.94	4.94	4.94	3.50
机 械 费		9.35	9.35	9.35	15.59	31.18	31.18	9.35
综合人工 (39.60 元/(工·日))		3.00	3.00	1.00	4.00	6.00	6.00	1.00
主要消耗材料	擦拭布 (14.00 元/kg)	0.10	0.10	0.10	0.20	0.20	0.20	0.10
	毛刷 (1.58 元/把)	0.20	0.20	0.20	0.20	0.20	0.20	0.20
	塑料布 (16.83 元/米)	0.10	0.10	0.10	0.10	0.10	0.10	0.10
	其他材料费	0.10	0.10	0.10	0.14	0.14	0.14	0.10
施工机械	空气压缩机 (302.75 元/(台·班))	0.03	0.03	0.03	0.05	0.10	0.10	0.03
	其他机械费	0.27	0.27	0.27	0.45	0.91	0.91	0.27

四十二、凸轮随动件及盖板检修

(元)

定额编号		1-1-288	1-1-289	1-1-290	1-1-291	1-1-292	1-1-293	1-1-294
项目		主机规格						
		KTA19	QSK19	NTA855	KTA38	KTA50	K2000E	D16E
定额基价		92.06	92.06	52.46	139.33	258.13	258.13	52.46
人工费		79.20	79.20	39.60	118.80	237.60	237.60	39.60
材料费		3.50	3.50	3.50	4.94	4.94	4.94	3.50
机械费		9.35	9.35	9.35	15.59	15.59	15.59	9.35
综合人工 (39.60元/(工·日))		2.00	2.00	1.00	3.00	6.00	6.00	1.00
主要消耗材料	擦拭布 (14.00元/kg)	0.10	0.10	0.10	0.20	0.20	0.20	0.10
	毛刷 (1.58元/把)	0.20	0.20	0.20	0.20	0.20	0.20	0.20
	塑料布 (16.83元/米)	0.10	0.10	0.10	0.10	0.10	0.10	0.10
	其他材料费	0.10	0.10	0.10	0.14	0.14	0.14	0.10
施工机械	空气压缩机 (302.75元/(台·班))	0.03	0.03	0.03	0.05	0.05	0.05	0.03
	其他机械费	0.27	0.27	0.27	0.45	0.45	0.45	0.27

四十三、发电机检修

(元)

定额编号		1-1-295	1-1-296	1-1-297	1-1-298	1-1-299	1-1-300	1-1-301
项目		主机规格						
		KTA19	QSK19	NTA855	KTA38	KTA50	K2000E	D16E
定额基价		96.50	96.50	56.90	187.50	187.50	187.50	56.90
人工费		79.20	79.20	39.60	158.40	158.40	158.40	39.60
材料费		1.77	1.77	1.77	3.21	3.21	3.21	1.77
机械费		15.53	15.53	15.53	25.89	25.89	25.89	15.53
综合人工 (39.60 元/(工·日))		2.00	2.00	1.00	4.00	4.00	4.00	1.00
主要消耗材料	擦拭布 (14.00 元/kg)	0.10	0.10	0.10	0.20	0.20	0.20	0.10
	毛刷 (1.58 元/把)	0.20	0.20	0.20	0.20	0.20	0.20	0.20
	其他材料费	0.05	0.05	0.05	0.09	0.09	0.09	0.05
施工机械	空气压缩机 (302.75 元/(台·班))	0.03	0.03	0.03	0.05	0.05	0.05	0.03
	测试台 (200.00 元/(台·班))	0.03	0.03	0.03	0.05	0.05	0.05	0.03
	其他机械费	0.45	0.45	0.45	0.75	0.75	0.75	0.45

四十四、起动机检修

(元)

定额编号		1-1-302	1-1-303	1-1-304	1-1-305	1-1-306	1-1-307	1-1-308
项目		主机规格						
		KTA19	QSK19	NTA855	KTA38	KTA50	K2000E	D16E
定额基价		96.50	96.50	56.90	186.06	186.06	186.06	56.90
人工费		79.20	79.20	39.60	158.40	158.40	158.40	39.60
材料费		1.77	1.77	1.77	1.77	1.77	1.77	1.77
机械费		15.53	15.53	15.53	25.89	25.89	25.89	15.53
综合人工 (39.60 元/(工·日))		2.00	2.00	1.00	4.00	4.00	4.00	1.00
主要消耗材料	擦拭布 (14.00 元/kg)	0.10	0.10	0.10	0.10	0.10	0.10	0.10
	毛刷 (1.58 元/把)	0.20	0.20	0.20	0.20	0.20	0.20	0.20
	其他材料费	0.05	0.05	0.05	0.05	0.05	0.05	0.05
施工机械	空气压缩机 (302.75 元/(台·班))	0.03	0.03	0.03	0.05	0.05	0.05	0.03
	测试台 (200.00 元/(台·班))	0.03	0.03	0.03	0.05	0.05	0.05	0.03
	其他机械费	0.45	0.45	0.45	0.75	0.75	0.75	0.45

四十五、电器线束、电脑板、传感器检修

(元)

定额编号		1-1-309	1-1-310	1-1-311	1-1-312	1-1-313	1-1-314	1-1-315
项目		主机规格						
		KTA19	QSK19	NTA855	KTA38	KTA50	K2000E	D16E
定额基价		0.00	297.53	0.00	0.00	0.00	376.73	297.53
人工费		0.00	237.60	0.00	0.00	0.00	316.80	237.60
材料费		0.00	59.93	0.00	0.00	0.00	59.93	59.93
机械费		0.00	0.00	0.00	0.00	0.00	0.00	0.00
综合人工 (39.60 元/(工·日))		0.00	6.00	0.00	0.00	0.00	8.00	6.00
主要消耗材料	擦拭布 (14.00 元/kg)	0.00	0.30	0.00	0.00	0.00	0.30	0.30
	毛刷 (1.58 元/把)	0.00	1.00	0.00	0.00	0.00	1.00	1.00
	绝缘包布 (3.50 元/包)	0.00	1.00	0.00	0.00	0.00	1.00	1.00
	酒精 (6.30 元/升)	0.00	3.00	0.00	0.00	0.00	3.00	3.00
	ϕ25 热缩管 (30.00 元/根)	0.00	1.00	0.00	0.00	0.00	1.00	1.00
	其他材料费	0.00	1.75	0.00	0.00	0.00	1.75	1.75
施工机械	其他机械费	0.00	0.00	0.00	0.00	0.00	0.00	0.00

说明：KTA19、NTA855、KTA38 及 KTA50 型号发动机无此项检修。

四十六、发动机组装

(元)

定额编号		1-1-316	1-1-317	1-1-318	1-1-319	1-1-320	1-1-321	1-1-322
项目		主机规格						
		KTA19	QSK19	NTA855	KTA38	KTA50	K2000E	D16E
定额基价		2250.41	2732.01	1774.08	3881.01	4679.30	5105.80	2265.57
人工费		633.60	950.40	396.00	1346.40	1663.20	1980.00	475.20
材料费		469.59	505.64	468.04	724.00	830.09	939.78	540.14
机械费		1147.22	1275.97	910.04	1810.61	2186.02	2186.02	1250.22
综合人工 (39.60元/(工·日))		16.00	24.00	10.00	34.00	42.00	50.00	12.00
主要消耗材料	平面密封胶 (35.00元/瓶)	2.00	3.00	2.00	2.00	3.00	5.00	3.00
	螺纹胶 (68.00元/瓶)	2.00	2.00	2.00	3.00	3.00	3.00	2.00
	塑料布 (10.00元/米)	0.50	0.50	0.50	1.00	1.00	1.00	0.50
	擦拭布 (14.00元/kg)	1.00	1.00	1.00	2.00	2.00	2.00	1.00
	白布带 (8.00元/卷)	1.00	1.00	1.00	2.00	2.00	2.00	1.00
	凡士林 (10.91元/kg)	1.00	1.00	1.00	1.00	1.00	1.00	1.00
	1495乐泰胶 (33.00元/支)	1.00	1.00	1.00	2.00	2.00	2.00	1.00
	515乐泰胶 (35.00元/支)	1.00	1.00	1.00	2.00	3.00	4.00	2.00
	美纹纸 (3.00元/卷)	1.00	1.00	1.00	2.00	2.00	2.00	1.00
	机油 (15.00元/kg)	0.60	0.60	0.50	1.00	1.20	1.30	0.50
	管接头 (15.00元/件)	5.00	5.00	5.00	8.00	8.00	8.00	5.00
	丝堵 (3.00元/件)	4.00	4.00	4.00	4.00	4.00	4.00	4.00
	吸油纸 (150.00元/卷)	0.30	0.30	0.30	0.50	0.70	0.70	0.30
	其他材料费	13.68	14.73	13.63	21.09	24.18	27.37	15.73
施工机械	吊装机械 (545.97元/(台·班))	0.50	0.50	0.50	0.80	1.00	1.00	0.50
	翻转架 (50.00元/(台·班))	3.00	3.50	2.00	6.00	6.50	6.50	3.00
	空气压缩机 (302.75元/(台·班))	0.30	0.30	0.20	0.40	0.50	0.50	0.30
	扭矩机 (500.00元/(台·班))	0.40	0.60	0.30	0.80	1.00	1.00	0.60
	台架 (100.00元/(台·班))	4.00	4.00	3.00	5.00	6.00	6.00	4.00
	其他机械费	33.41	37.16	26.51	52.74	63.67	63.67	36.41

四十七、测试

(元)

定额编号		1-1-323	1-1-324	1-1-325	1-1-326	1-1-327	1-1-328	1-1-329
项目		主机规格						
		KTA19	QSK19	NTA855	KTA38	KTA50	K2000E	D16E
定额基价		9020.96	10818.5	8368.30	13820.3	16951.2	18894.9	10139.1
	人工费	316.80	316.80	277.20	475.20	554.40	633.60	316.80
	材料费	2480.45	3248.00	1867.39	5061.42	8113.10	9977.6	2568.61
	机械费	6223.71	7253.71	6223.71	8283.71	8283.71	8283.71	7253.71
综合人工 (39.60 元/(工·日))		8.00	8.00	7.00	12.00	14.00	16.00	8.00
主要消耗材料	擦拭布 (14.00 元/kg)	0.50	0.50	0.50	1.00	1.20	1.50	0.70
	机油 (15.00 元/kg)	70.00	100.00	50.00	160.00	200.00	250.00	60.00
	冷却液 (14.00 元/kg)	30.00	40.00	20.00	40.00	70.00	90.00	30.00
	柴油 (7.76 元/kg)	120.00	140.00	100.00	250.00	500.00	600.00	150.00
	其他材料费	72.25	94.60	54.39	147.42	236.30	290.61	74.81
施工机械	吊装机械 (545.97 元/(台·班))	0.05	0.05	0.05	0.05	0.05	0.05	0.05
	空气压缩机 (302.75 元/(台·班))	0.05	0.05	0.05	0.05	0.05	0.05	0.05
	测试台 (2000.00 元/(台·班))	3.00	3.50	3.00	4.00	4.00	4.00	3.50
	其他机械费	181.27	211.27	181.27	241.27	241.27	241.27	211.27

四十八、喷漆

(元)

定额编号		1-1-330	1-1-331	1-1-332	1-1-333	1-1-334	1-1-335	1-1-336
项目		主机规格						
		KTA19	QSK19	NTA855	KTA38	KTA50	K2000E	D16E
定额基价		146.09	146.09	146.09	236.38	278.04	310.44	161.52
人工费		79.20	79.20	79.20	118.80	158.40	158.40	79.20
材料费		46.29	46.29	46.29	73.87	75.93	108.34	61.72
机械费		20.60	20.60	20.60	43.71	43.71	43.71	20.60
综合人工 (39.60 元/(工·日))		2.00	2.00	2.00	3.00	4.00	4.00	2.00
主要消耗材料	擦拭布 (14.00 元/kg)	0.10	0.10	0.10	0.20	0.20	0.20	0.10
	稀释剂 (13.80 元/kg)	1.00	1.00	1.00	2.00	2.00	3.00	1.50
	醇酸磁漆 (16.16 元/kg)	1.50	1.50	1.50	2.00	2.00	3.00	2.00
	美纹纸 (3.00 元/卷)	0.50	0.50	0.50	1.00	1.00	1.50	0.50
	砂布 (1.00 元/张)	4.00	4.00	4.00	6.00	8.00	8.00	4.00
	其他材料费	1.35	1.35	1.35	2.15	2.21	3.16	1.80
施工机械	吊装机械 (545.97 元/(台·班))	0.02	0.02	0.02	0.05	0.05	0.05	0.02
	空气压缩机(302.75 元/(台·班))	0.03	0.03	0.03	0.05	0.05	0.05	0.03
	其他机械费	0.60	0.60	0.60	1.27	1.27	1.27	0.60

四十九、定额总价

(元)

定额编号								
项目		主机规格						
		KTA19	QSK19	NTA855	KTA38	KTA50	K2000E	D16E
定额基价		25015.86	25526.98	20345.10	40775.03	49700.38	54443.01	21627.83
人工费		6732.00	7009.20	4165.92	12157.20	15261.84	16822.08	4173.84
材料费		5556.23	6266.66	4829.73	9767.39	13715.95	15796.52	5496.20
机械费		12727.63	12251.12	11349.45	18850.44	20722.58	21824.41	11957.79
综合人工 (39.60元/(工·日))								
主要消耗材料	其他材料费							
施工机械	其他机械费							

说明：QSX15、VTA28定额费用同QSK19；卡特3508B定额费用同KTA38；M11定额费用同NTA855。

第二章　矿用汽车变速箱

一、变速箱总成分解

(元)

定 额 编 号		1-2-001	1-2-002	1-2-003	1-2-004
设 备 名 称		艾里逊变速箱			卡特变速箱
项 目		主 机 规 格			
		8000 系列	5000/6000 系列	700 系列	8E9035 系列
定 额 基 价		2718.47	2387.25	1789.27	3280.82
人 工 费		1584.00	1267.20	950.40	1584.00
材 料 费		197.38	182.96	182.96	197.38
机 械 费		937.09	937.09	655.91	1499.44
综合人工 (39.60 元/(工·日))		40.00	32.00	24.00	40.00
主要消耗材料	柴油 (7.76 元/kg)	0.00	0.00	0.00	0.00
	细油石 (10.00 元/个)	0.00	0.00	0.00	0.00
	水砂纸 (1.00 元/张)	0.00	0.00	0.00	0.00
	毛刷 (1.58 元/把)	0.00	0.00	0.00	0.00
	金属洗涤剂 (4.00 元/kg)	0.00	0.00	0.00	0.00
	脱漆剂 (76.00 元/升)	0.00	0.00	0.00	0.00
	高效清洗剂 (88.00 元/瓶)	0.00	0.00	0.00	0.00
	螺栓松动润滑剂 (30.00 元/瓶)	0.50	0.50	0.50	0.50
	裂纹渗透剂 (64.10 元/瓶)	1.00	1.00	1.00	1.00
	裂纹显示剂 (18.58 元/瓶)	1.00	1.00	1.00	1.00
	裂纹清洗剂 (18.29 元/瓶)	1.00	1.00	1.00	1.00
	擦拭布 (14.00 元/kg)	3.00	2.00	2.00	3.00
	塑料布 (16.83 元/米)	2.00	2.00	2.00	2.00
	其他材料费	5.75	5.33	5.33	5.75
施工机械	吊装机械 (545.97 元/(台·班))	1.00	1.00	0.50	2.00
	压力机 (100.00 元/(台·班))	0.25	0.25	0.25	0.25
	空气压缩机 (302.75 元/(台·班))	1.00	1.00	1.00	1.00
	探伤机 (144.30 元/(台·班))	0.25	0.25	0.25	0.25
	清洗机 (300.00 元/(台·班))	0.00	0.00	0.00	0.00
	其他机械费	27.29	27.29	19.10	43.67

说明：变速箱总成分解包括各系统的分解。

二、变速箱零部件清洗

(元)

定额编号		1-2-005	1-2-006	1-2-007	1-2-008
设备名称		艾里逊变速箱			卡特变速箱
项目		主机规格			
		8000系列	5000/6000系列	700系列	8E9035系列
定额基价		2455.54	1975.39	1486.16	2733.47
	人工费	1584.00	1267.20	950.40	1782.00
	材料费	871.54	708.19	535.76	951.47
	机械费	0.00	0.00	0.00	0.00
综合人工 (39.60元/(工·日))		40.00	32.00	24.00	45.00
主要消耗材料	柴油 (7.76元/kg)	50.00	40.00	30.00	60.00
	细油石 (10.00元/个)	1.00	1.00	1.00	1.00
	水砂纸 (1.00元/张)	5.00	4.00	3.00	5.00
	毛刷 (1.58元/把)	2.00	2.00	2.00	2.00
	金属洗涤剂 (4.00元/kg)	4.00	3.00	2.00	4.00
	脱漆剂 (76.00元/升)	5.00	4.00	3.00	5.00
	高效清洗剂 (88.00元/瓶)	0.50	0.50	0.40	0.50
	螺栓松动润滑剂 (30.00元/瓶)	0.00	0.00	0.00	0.00
	裂纹渗透剂 (64.10元/瓶)	0.00	0.00	0.00	0.00
	裂纹显示剂 (18.58元/瓶)	0.00	0.00	0.00	0.00
	裂纹清洗剂 (18.29元/瓶)	0.00	0.00	0.00	0.00
	擦拭布 (14.00元/kg)	0.00	0.00	0.00	0.00
	塑料布 (16.83元/米)	0.00	0.00	0.00	0.00
	其他材料费	25.38	20.63	15.60	27.71
施工机械	吊装机械 (545.97元/(台·班))	0.00	0.00	0.00	0.00
	加热电炉箱 (150.00元/(台·班))	0.00	0.00	0.00	0.00
	空气压缩机 (302.75元/(台·班))	0.00	0.00	0.00	0.00
	探伤机 (77.10元/(台·班))	0.00	0.00	0.00	0.00
	压力机 (100.00元/(台·班))	0.00	0.00	0.00	0.00
	其他机械费	0.00	0.00	0.00	0.00

三、主控制阀检修

(元)

定额编号		1-2-009	1-2-010	1-2-011	1-2-012
设备名称		艾里逊变速箱			卡特变速箱
项目		主机规格			
		8000 系列	5000/6000 系列	700 系列	8E9035 系列
定额基价		616.81	458.41	458.41	1131.61
	人工费	475.20	316.80	316.80	990.00
	材料费	63.65	63.65	63.65	63.65
	机械费	77.96	77.96	77.96	77.96
综合人工 (39.60 元/(工·日))		12.00	8.00	8.00	25.00
主要消耗材料	柴油 (7.76 元/kg)	0.00	0.00	0.00	0.00
	机油 (15.00 元/kg)	0.20	0.20	0.20	0.20
	平面密封胶 (35.00 元/瓶)	0.10	0.10	0.10	0.10
	螺纹紧固胶 (68.00 元/瓶)	0.10	0.10	0.10	0.10
	凡士林 (10.91 元/kg)	0.10	0.10	0.10	0.10
	脱漆剂 (76.00 元/升)	0.00	0.00	0.00	0.00
	高效清洗剂 (88.00 元/瓶)	0.10	0.10	0.10	0.10
	螺栓松动润滑剂 (30.00 元/瓶)	0.10	0.10	0.10	0.10
	裂纹渗透剂 (64.10 元/瓶)	0.20	0.20	0.20	0.20
	裂纹显示剂 (18.58 元/瓶)	0.20	0.20	0.20	0.20
	裂纹清洗剂 (18.29 元/瓶)	0.20	0.20	0.20	0.20
	擦拭布 (14.00 元/kg)	0.50	0.50	0.50	0.50
	塑料布 (16.83 元/米)	0.50	0.50	0.50	0.50
	其他材料费	1.85	1.85	1.85	1.85
施工机械	吊装机械 (545.97 元/(台·班))	0.00	0.00	0.00	0.00
	加热电炉箱 (150.00 元/(台·班))	0.00	0.00	0.00	0.00
	空气压缩机 (302.75 元/(台·班))	0.25	0.25	0.25	0.25
	探伤机 (144.30 元/(台·班))	0.00	0.00	0.00	0.00
	清洗机 (300.00 元/(台·班))	0.00	0.00	0.00	0.00
	其他机械费	2.27	2.27	2.27	2.27

说明：主控制阀检修包括阀体、阀芯、弹簧和销。

四、主调压阀检修

(元)

定额编号		1-2-013	1-2-014	1-2-015	1-2-016
设备名称		艾里逊变速箱			卡特变速箱
项目		主机规格			
		8000 系列	5000/6000 系列	700 系列	8E9035 系列
定额基价		288.07	288.07	0.00	0.00
人工费		158.40	158.40	0.00	0.00
材料费		51.71	51.71	0.00	0.00
机械费		77.96	77.96	0.00	0.00
综合人工 (39.60 元/(工·日))		4.00	4.00	0.00	0.00
主要消耗材料	柴油 (7.76 元/kg)	0.00	0.00	0.00	0.00
	机油 (15.00 元/kg)	0.10	0.10	0.00	0.00
	平面密封胶 (35.00 元/瓶)	0.10	0.10	0.00	0.00
	螺纹紧固胶 (68.00 元/瓶)	0.10	0.10	0.00	0.00
	凡士林 (10.91 元/kg)	0.10	0.10	0.00	0.00
	脱漆剂 (76.00 元/升)	0.00	0.00	0.00	0.00
	高效清洗剂 (88.00 元/瓶)	0.10	0.10	0.00	0.00
	螺栓松动润滑剂 (30.00 元/瓶)	0.10	0.10	0.00	0.00
	裂纹渗透剂 (64.10 元/瓶)	0.10	0.10	0.00	0.00
	裂纹显示剂 (18.58 元/瓶)	0.10	0.10	0.00	0.00
	裂纹清洗剂 (18.29 元/瓶)	0.10	0.10	0.00	0.00
	擦拭布 (14.00 元/kg)	0.50	0.50	0.00	0.00
	塑料布 (16.83 元/米)	0.50	0.50	0.00	0.00
	其他材料费	1.51	1.51	0.00	0.00
施工机械	空气压缩机 (302.75 元/(台·班))	0.25	0.25	0.00	0.00
	探伤机 (144.30 元/(台·班))	0.00	0.00	0.00	0.00
	清洗机 (300.00 元/(台·班))	0.00	0.00	0.00	0.00
	其他机械费	2.27	2.27	0.00	0.00

说明：1.卡特变速箱 8E9035 系列和艾里逊变速箱 700 系列无此项检修。

2.主调压阀检修包括阀体、阀芯和弹簧。

五、液力减速器控制阀检修

(元)

定额编号		1-2-017	1-2-018	1-2-019	1-2-020
设备名称		艾里逊变速箱			卡特变速箱
项目		主机规格			
		8000系列	5000/6000系列	700系列	8E9035系列
定额基价		367.27	288.07	288.07	0.00
人工费		237.60	158.40	158.40	0.00
材料费		51.71	51.71	51.71	0.00
机械费		77.96	77.96	77.96	0.00
综合人工 (39.60元/(工·日))		6.00	4.00	4.00	0.00
主要消耗材料	柴油 (7.76元/kg)	0.00	0.00	0.00	0.00
	机油 (15.00元/kg)	0.10	0.10	0.10	0.00
	平面密封胶 (35.00元/瓶)	0.10	0.10	0.10	0.00
	螺纹紧固胶 (68.00元/瓶)	0.10	0.10	0.10	0.00
	凡士林 (10.91元/kg)	0.10	0.10	0.10	0.00
	脱漆剂 (76.00元/升)	0.00	0.00	0.00	0.00
	高效清洗剂 (88.00元/瓶)	0.10	0.10	0.10	0.00
	螺栓松动润滑剂 (30.00元/瓶)	0.10	0.10	0.10	0.00
	裂纹渗透剂 (64.10元/瓶)	0.10	0.10	0.10	0.00
	裂纹显示剂 (18.58元/瓶)	0.10	0.10	0.10	0.00
	裂纹清洗剂 (18.29元/瓶)	0.10	0.10	0.10	0.00
	擦拭布 (14.00元/kg)	0.50	0.50	0.50	0.00
	塑料布 (16.83元/米)	0.50	0.50	0.50	0.00
	其他材料费	1.51	1.51	1.51	0.00
施工机械	空气压缩机 (302.75元/(台·班))	0.25	0.25	0.25	0.00
	探伤机 (144.30元/(台·班))	0.00	0.00	0.00	0.00
	清洗机 (300.00元/(台·班))	0.00	0.00	0.00	0.00
	其他机械费	2.27	2.27	2.27	0.00

说明：1.卡特变速箱8E9035系列无此项检修。

2.液力减速器控制阀检修包括阀体和阀芯。

六、闭锁阀检修

(元)

定额编号		1-2-021	1-2-022	1-2-023	1-2-024
设备名称		艾里逊变速箱			卡特变速箱
项目		主机规格			
		8000 系列	5000/6000 系列	700 系列	8E9035 系列
定额基价		288.07	288.07	205.26	0.00
人工费		158.40	158.40	79.20	0.00
材料费		51.71	51.71	48.10	0.00
机械费		77.96	77.96	77.96	0.00
综合人工 (39.60 元/(工·日))		4.00	4.00	2.00	0.00
主要消耗材料	柴油 (7.76 元/kg)	0.00	0.00	0.00	0.00
	机油 (15.00 元/kg)	0.10	0.10	0.10	0.00
	平面密封胶 (35.00 元/瓶)	0.10	0.10	0.00	0.00
	螺纹紧固胶 (68.00 元/瓶)	0.10	0.10	0.10	0.00
	凡士林 (10.91 元/kg)	0.10	0.10	0.10	0.00
	脱漆剂 (76.00 元/升)	0.00	0.00	0.00	0.00
	高效清洗剂 (88.00 元/瓶)	0.10	0.10	0.10	0.00
	螺栓松动润滑剂 (30.00 元/瓶)	0.10	0.10	0.10	0.00
	裂纹渗透剂 (64.10 元/瓶)	0.10	0.10	0.10	0.00
	裂纹显示剂 (18.58 元/瓶)	0.10	0.10	0.10	0.00
	裂纹清洗剂 (18.29 元/瓶)	0.10	0.10	0.10	0.00
	擦拭布 (14.00 元/kg)	0.50	0.50	0.50	0.00
	塑料布 (16.83 元/米)	0.50	0.50	0.50	0.00
	其他材料费	1.51	1.51	1.40	0.00
施工机械	空气压缩机 (302.75 元/(台·班))	0.25	0.25	0.25	0.00
	探伤机 (144.30 元/(台·班))	0.00	0.00	0.00	0.00
	清洗机 (300.00 元/(台·班))	0.00	0.00	0.00	0.00
	其他机械费	2.27	2.27	2.27	0.00

说明：1.卡特变速箱 8E9035 系列无此项检修。

2.闭锁阀检修包括阀体、阀芯和电磁阀。

七、油泵检修

(元)

定额编号		1-2-025	1-2-026	1-2-027	1-2-028
设备名称		艾里逊变速箱			卡特变速箱
项目		主机规格			
		8000 系列	5000/6000 系列	700 系列	8E9035 系列
定额基价		431.64	352.44	348.84	0.00
人工费		237.60	158.40	158.40	0.00
材料费		51.71	51.71	48.10	0.00
机械费		142.33	142.33	142.33	0.00
综合人工 (39.60 元/(工·日))		6.00	4.00	4.00	0.00
主要消耗材料	柴油 (7.76 元/kg)	0.00	0.00	0.00	0.00
	机油 (15.00 元/kg)	0.10	0.10	0.10	0.00
	平面密封胶 (35.00 元/瓶)	0.10	0.10	0.00	0.00
	螺纹紧固胶 (68.00 元/瓶)	0.10	0.10	0.10	0.00
	凡士林 (10.91 元/kg)	0.10	0.10	0.10	0.00
	脱漆剂 (76.00 元/升)	0.00	0.00	0.00	0.00
	高效清洗剂 (88.00 元/瓶)	0.10	0.10	0.10	0.00
	螺栓松动润滑剂 (30.00 元/瓶)	0.10	0.10	0.10	0.00
	裂纹渗透剂 (64.10 元/瓶)	0.10	0.10	0.10	0.00
	裂纹显示剂 (18.58 元/瓶)	0.10	0.10	0.10	0.00
	裂纹清洗剂 (18.29 元/瓶)	0.10	0.10	0.10	0.00
	擦拭布 (14.00 元/kg)	0.50	0.50	0.50	0.00
	塑料布 (16.83 元/米)	0.50	0.50	0.50	0.00
	其他材料费	1.51	1.51	1.40	0.00
施工机械	空气压缩机 (302.75 元/(台·班))	0.25	0.25	0.25	0.00
	探伤机 (144.30 元/(台·班))	0.00	0.00	0.00	0.00
	清洗机 (300.00 元/(台·班))	0.00	0.00	0.00	0.00
	加热电炉箱 (150.00 元/(台·班))	0.25	0.25	0.25	0.00
	压力机 (100.00 元/(台·班))	0.25	0.25	0.25	0.00
	其他机械费	4.15	4.15	4.15	0.00

说明：1.卡特变速箱 8E9035 系列无此项检修。

2.油泵检修包括齿轮、泵体、油管、管头、滤网和联轴节。

八、前盖及法兰检修

(元)

定额编号		1-2-029	1-2-030	1-2-031	1-2-032
设备名称		艾里逊变速箱			卡特变速箱
项目		主机规格			
		8000 系列	5000/6000 系列	700 系列	8E9035 系列
定额基价		504.44	504.44	395.23	0.00
	人工费	158.40	158.40	118.80	0.00
	材料费	51.71	51.71	48.10	0.00
	机械费	294.33	294.33	228.32	0.00
综合人工（39.60 元/(工·日)）		4.00	4.00	3.00	0.00
主要消耗材料	柴油（7.76 元/kg）	0.00	0.00	0.00	0.00
	机油（15.00 元/kg）	0.10	0.10	0.10	0.00
	平面密封胶（35.00 元/瓶）	0.10	0.10	0.00	0.00
	螺纹紧固胶（68.00 元/瓶）	0.10	0.10	0.10	0.00
	凡士林（10.91 元/kg）	0.10	0.10	0.10	0.00
	脱漆剂（76.00 元/升）	0.00	0.00	0.00	0.00
	高效清洗剂（88.00 元/瓶）	0.10	0.10	0.10	0.00
	螺栓松动润滑剂（30.00 元/瓶）	0.10	0.10	0.10	0.00
	裂纹渗透剂（64.10 元/瓶）	0.10	0.10	0.10	0.00
	裂纹显示剂（18.58 元/瓶）	0.10	0.10	0.10	0.00
	裂纹清洗剂（18.29 元/瓶）	0.10	0.10	0.10	0.00
	擦拭布（14.00 元/kg）	0.50	0.50	0.50	0.00
	塑料布（16.83 元/米）	0.50	0.50	0.50	0.00
	其他材料费	1.51	1.51	1.40	0.00
施工机械	吊装机械（545.97 元/(台·班)）	0.25	0.25	0.20	0.00
	加热电炉箱（150.00 元/(台·班)）	0.25	0.25	0.25	0.00
	空气压缩机（302.75 元/(台·班)）	0.25	0.25	0.20	0.00
	探伤机（144.30 元/(台·班)）	0.25	0.25	0.10	0.00
	清洗机（300.00 元/(台·班)）	0.00	0.00	0.00	0.00
	其他机械费	8.57	8.57	6.65	0.00

说明：1.卡特变速箱 8E9035 系列无此项检修。

2.前盖及法兰检修包括前盖、法兰、油封和轴承。

九、闭锁离合器检修

(元)

定额编号		1-2-033	1-2-034	1-2-035	1-2-036
设备名称		艾里逊变速箱			卡特变速箱
项目		主机规格			
		8000系列	5000/6000系列	700系列	8E9035系列
定额基价		504.25	425.05	385.45	0.00
人工费		237.60	158.40	118.80	0.00
材料费		48.10	48.10	48.10	0.00
机械费		218.55	218.55	218.55	0.00
综合人工 (39.60元/(工·日))		6.00	4.00	3.00	0.00
主要消耗材料	柴油 (7.76元/kg)	0.00	0.00	0.00	0.00
	机油 (15.00元/kg)	0.10	0.10	0.10	0.00
	平面密封胶 (35.00元/瓶)	0.00	0.00	0.00	0.00
	螺纹紧固胶 (68.00元/瓶)	0.10	0.10	0.10	0.00
	凡士林 (10.91元/kg)	0.10	0.10	0.10	0.00
	脱漆剂 (76.00元/升)	0.00	0.00	0.00	0.00
	高效清洗剂 (88.00元/瓶)	0.10	0.10	0.10	0.00
	螺栓松动润滑剂 (30.00元/瓶)	0.10	0.10	0.10	0.00
	裂纹渗透剂 (64.10元/瓶)	0.10	0.10	0.10	0.00
	裂纹显示剂 (18.58元/瓶)	0.10	0.10	0.10	0.00
	裂纹清洗剂 (18.29元/瓶)	0.10	0.10	0.10	0.00
	擦拭布 (14.00元/kg)	0.50	0.50	0.50	0.00
	塑料布 (16.83元/米)	0.50	0.50	0.50	0.00
	其他材料费	1.40	1.40	1.40	0.00
施工机械	吊装机械 (545.97元/(台·班))	0.25	0.25	0.25	0.00
	加热电炉箱 (150.00元/(台·班))	0.00	0.00	0.00	0.00
	空气压缩机 (302.75元/(台·班))	0.25	0.25	0.25	0.00
	探伤机 (144.30元/(台·班))	0.00	0.00	0.00	0.00
	清洗机 (300.00元/(台·班))	0.00	0.00	0.00	0.00
	其他机械费	6.37	6.37	6.37	0.00

说明：1.卡特变速箱8E9035系列无此项检修。

2.闭锁离合器检修包括钢片、摩擦片、离合器活塞和后板。

十、变扭器组件检修

(元)

定额编号		1-2-037	1-2-038	1-2-039	1-2-040
设备名称		艾里逊变速箱			卡特变速箱
项目		主机规格			
		8000系列	5000/6000系列	700系列	8E9035系列
定额基价		622.07	622.07	542.87	0.00
人工费		316.80	316.80	237.60	0.00
材料费		48.10	48.10	48.10	0.00
机械费		257.17	257.17	257.17	0.00
综合人工 (39.60元/(工·日))		8.00	8.00	6.00	0.00
主要消耗材料	柴油 (7.76元/kg)	0.00	0.00	0.00	0.00
	机油 (15.00元/kg)	0.10	0.10	0.10	0.00
	平面密封胶 (35.00元/瓶)	0.00	0.00	0.00	0.00
	螺纹紧固胶 (68.00元/瓶)	0.10	0.10	0.10	0.00
	凡士林 (10.91元/kg)	0.10	0.10	0.10	0.00
	脱漆剂 (76.00元/升)	0.00	0.00	0.00	0.00
	高效清洗剂 (88.00元/瓶)	0.10	0.10	0.10	0.00
	螺栓松动润滑剂 (30.00元/瓶)	0.10	0.10	0.10	0.00
	裂纹渗透剂 (64.10元/瓶)	0.10	0.10	0.10	0.00
	裂纹显示剂 (18.58元/瓶)	0.10	0.10	0.10	0.00
	裂纹清洗剂 (18.29元/瓶)	0.10	0.10	0.10	0.00
	擦拭布 (14.00元/kg)	0.50	0.50	0.50	0.00
	塑料布 (16.83元/米)	0.50	0.50	0.50	0.00
	其他材料费	1.40	1.40	1.40	0.00
施工机械	吊装机械 (545.97元/(台·班))	0.25	0.25	0.25	0.00
	加热电炉箱 (150.00元/(台·班))	0.25	0.25	0.25	0.00
	空气压缩机 (302.75元/(台·班))	0.25	0.25	0.25	0.00
	探伤机 (144.30元/(台·班))	0.00	0.00	0.00	0.00
	清洗机 (300.00元/(台·班))	0.00	0.00	0.00	0.00
	其他机械费	7.49	7.49	7.49	0.00

说明：1.卡特变速箱8E9035系列无此项检修。

2.变扭器组件检修包括泵轮、涡轮、导轮、自由轮、轴承和止推垫片。

十一、变扭器壳体组件检修

(元)

定额编号		1-2-041	1-2-042	1-2-043	1-2-044
设备名称		艾里逊变速箱			卡特变速箱
项目		主机规格			
		8000 系列	5000/6000 系列	700 系列	8E9035 系列
定额基价		646.28	644.73	484.79	0.00
人工费		316.80	316.80	158.40	0.00
材料费		72.31	70.76	69.22	0.00
机械费		257.17	257.17	257.17	0.00
综合人工 (39.60 元/(工·日))		8.00	8.00	4.00	0.00
主要消耗材料	柴油 (7.76 元/kg)	0.00	0.00	0.00	0.00
	机油 (15.00 元/kg)	0.50	0.40	0.30	0.00
	平面密封胶 (35.00 元/瓶)	0.50	0.50	0.50	0.00
	螺纹紧固胶 (68.00 元/瓶)	0.10	0.10	0.10	0.00
	凡士林 (10.91 元/kg)	0.10	0.10	0.10	0.00
	脱漆剂 (76.00 元/升)	0.00	0.00	0.00	0.00
	高效清洗剂 (88.00 元/瓶)	0.10	0.10	0.10	0.00
	螺栓松动润滑剂 (30.00 元/瓶)	0.10	0.10	0.10	0.00
	裂纹渗透剂 (64.10 元/瓶)	0.10	0.10	0.10	0.00
	裂纹显示剂 (18.58 元/瓶)	0.10	0.10	0.10	0.00
	裂纹清洗剂 (18.29 元/瓶)	0.10	0.10	0.10	0.00
	擦拭布 (14.00 元/kg)	0.50	0.50	0.50	0.00
	塑料布 (16.83 元/米)	0.50	0.50	0.50	0.00
	其他材料费	2.11	2.06	2.02	0.00
施工机械	吊装机械 (545.97 元/(台·班))	0.25	0.25	0.25	0.00
	加热电炉箱 (150.00 元/(台·班))	0.25	0.25	0.25	0.00
	空气压缩机 (302.75 元/(台·班))	0.25	0.25	0.25	0.00
	探伤机 (144.30 元/(台·班))	0.00	0.00	0.00	0.00
	清洗机 (300.00 元/(台·班))	0.00	0.00	0.00	0.00
	其他机械费	7.49	7.49	7.49	0.00

说明：1.卡特变速箱 8E9035 系列无此项检修。

2.变扭器壳件组件检修包括变扭器壳体、轴套、齿轮、心轴和轴承。

十二、液力减速器组件检修

(元)

定额编号		1-2-045	1-2-046	1-2-047	1-2-048
设备名称		艾里逊变速箱			卡特变速箱
项目		主机规格			
		8000 系列	5000/6000 系列	700 系列	8E9035 系列
定额基价		604.24	602.69	601.15	0.00
人工费		237.60	237.60	237.60	0.00
材料费		72.31	70.76	69.22	0.00
机械费		294.33	294.33	294.33	0.00
综合人工 (39.60 元/(工·日))		6.00	6.00	6.00	0.00
主要消耗材料	柴油 (7.76 元/kg)	0.00	0.00	0.00	0.00
	机油 (15.00 元/kg)	0.50	0.40	0.30	0.00
	平面密封胶 (35.00 元/瓶)	0.50	0.50	0.50	0.00
	螺纹紧固胶 (68.00 元/瓶)	0.10	0.10	0.10	0.00
	凡士林 (10.91 元/kg)	0.10	0.10	0.10	0.00
	脱漆剂 (76.00 元/升)	0.00	0.00	0.00	0.00
	高效清洗剂 (88.00 元/瓶)	0.10	0.10	0.10	0.00
	螺栓松动润滑剂 (30.00 元/瓶)	0.10	0.10	0.10	0.00
	裂纹渗透剂 (64.10 元/瓶)	0.10	0.10	0.10	0.00
	裂纹显示剂 (18.58 元/瓶)	0.10	0.10	0.10	0.00
	裂纹清洗剂 (18.29 元/瓶)	0.10	0.10	0.10	0.00
	擦拭布 (14.00 元/kg)	0.50	0.50	0.50	0.00
	塑料布 (16.83 元/米)	0.50	0.50	0.50	0.00
	其他材料费	2.11	2.06	2.02	0.00
施工机械	吊装机械 (545.97 元/(台·班))	0.25	0.25	0.25	0.00
	加热电炉箱 (150.00 元/(台·班))	0.25	0.25	0.25	0.00
	空气压缩机 (302.75 元/(台·班))	0.25	0.25	0.25	0.00
	探伤机 (144.30 元/(台·班))	0.25	0.25	0.25	0.00
	清洗机 (300.00 元/(台·班))	0.00	0.00	0.00	0.00
	其他机械费	8.57	8.57	8.57	0.00

说明：1.卡特变速箱 8E9035 系列无此项检修。

2.液力减速器组件检修包括叶轮转子、减速室、轴承和涡轮轴。

十三、行星架组件检修

(元)

定额编号		1-2-049	1-2-050	1-2-051	1-2-052
设备名称		艾里逊变速箱			卡特变速箱
项目		主机规格			
		8000 系列	5000/6000 系列	700 系列	8E9035 系列
定额基价		1183.73	1023.79	862.72	1381.73
其中	人工费	792.00	633.60	475.20	990.00
	材料费	58.78	57.23	54.57	58.78
	机械费	332.95	332.95	332.95	332.95
综合人工 (39.60 元/(工·日))		20.00	16.00	12.00	25.00
主要消耗材料	柴油 (7.76 元/kg)	0.00	0.00	0.00	0.00
	机油 (15.00 元/kg)	0.50	0.40	0.30	0.50
	平面密封胶 (35.00 元/瓶)	0.00	0.00	0.00	0.00
	螺纹紧固胶 (68.00 元/瓶)	0.10	0.10	0.10	0.10
	凡士林 (10.91 元/kg)	0.50	0.50	0.40	0.50
	脱漆剂 (76.00 元/升)	0.00	0.00	0.00	0.00
	高效清洗剂 (88.00 元/瓶)	0.10	0.10	0.10	0.10
	螺栓松动润滑剂 (30.00 元/瓶)	0.10	0.10	0.10	0.10
	裂纹渗透剂 (64.10 元/瓶)	0.10	0.10	0.10	0.10
	裂纹显示剂 (18.58 元/瓶)	0.10	0.10	0.10	0.10
	裂纹清洗剂 (18.29 元/瓶)	0.10	0.10	0.10	0.10
	擦拭布 (14.00 元/kg)	0.50	0.50	0.50	0.50
	塑料布 (16.83 元/米)	0.50	0.50	0.50	0.50
	其他材料费	1.71	1.67	1.59	1.71
施工机械	吊装机械 (545.97 元/(台·班))	0.25	0.25	0.25	0.25
	加热电炉箱 (150.00 元/(台·班))	0.50	0.50	0.50	0.50
	空气压缩机 (302.75 元/(台·班))	0.25	0.25	0.25	0.25
	探伤机 (144.30 元/(台·班))	0.25	0.25	0.25	0.25
	清洗机 (300.00 元/(台·班))	0.00	0.00	0.00	0.00
	其他机械费	9.70	9.70	9.70	9.70

说明：行星架组件检修包括行星架、行星齿轮、太阳轮、心轴、卡环、主轴、分流轴、输出轴和齿圈。

十四、挡位离合器组件检修

(元)

定 额 编 号		1-2-053	1-2-054	1-2-055	1-2-056
设 备 名 称		艾里逊变速箱			卡特变速箱
项 目		主 机 规 格			
		8000 系列	5000/6000 系列	700 系列	8E9035 系列
定 额 基 价		910.92	750.98	629.51	1227.72
人 工 费		633.60	475.20	356.40	950.40
材 料 费		58.78	57.23	54.57	58.78
机 械 费		218.55	218.55	218.55	218.55
综合人工 (39.60 元/(工·日))		16.00	12.00	9.00	24.00
主要消耗材料	柴油 (7.76 元/kg)	0.00	0.00	0.00	0.00
	机油 (15.00 元/kg)	0.50	0.40	0.30	0.50
	平面密封胶 (35.00 元/瓶)	0.00	0.00	0.00	0.00
	螺纹紧固胶 (68.00 元/瓶)	0.10	0.10	0.10	0.10
	凡士林 (10.91 元/kg)	0.50	0.50	0.40	0.50
	脱漆剂 (76.00 元/升)	0.00	0.00	0.00	0.00
	高效清洗剂 (88.00 元/瓶)	0.10	0.10	0.10	0.10
	螺栓松动润滑剂 (30.00 元/瓶)	0.10	0.10	0.10	0.10
	裂纹渗透剂 (64.10 元/瓶)	0.10	0.10	0.10	0.10
	裂纹显示剂 (18.58 元/瓶)	0.10	0.10	0.10	0.10
	裂纹清洗剂 (18.29 元/瓶)	0.10	0.10	0.10	0.10
	擦拭布 (14.00 元/kg)	0.50	0.50	0.50	0.50
	塑料布 (16.83 元/米)	0.50	0.50	0.50	0.50
	其他材料费	1.71	1.67	1.59	1.71
施工机械	吊装机械 (545.97 元/(台·班))	0.25	0.25	0.25	0.25
	加热电炉箱 (150.00 元/(台·班))	0.00	0.00	0.00	0.00
	空气压缩机 (302.75 元/(台·班))	0.25	0.25	0.25	0.25
	探伤机 (144.30 元/(台·班))	0.00	0.00	0.00	0.00
	清洗机 (300.00 元/(台·班))	0.00	0.00	0.00	0.00
	其他机械费	6.37	6.37	6.37	6.37

说明：挡位离合器组件检修包括离合器活塞、活塞室、离合器支座、后板、转毂和齿圈。

十五、主壳体组件检修

(元)

定额编号		1-2-057	1-2-058	1-2-059	1-2-060
设备名称		艾里逊变速箱			卡特变速箱
项目		主机规格			
		8000 系列	5000/6000 系列	700 系列	8E9035 系列
定额基价		402.48	400.93	359.79	323.28
人工费		158.40	158.40	118.80	79.20
材料费		72.31	70.76	69.22	72.31
机械费		171.77	171.77	171.77	171.77
综合人工 (39.60 元/(工·日))		4.00	4.00	3.00	2.00
主要消耗材料	柴油 (7.76 元/kg)	0.00	0.00	0.00	0.00
	机油 (15.00 元/kg)	0.50	0.40	0.30	0.50
	平面密封胶 (35.00 元/瓶)	0.50	0.50	0.50	0.50
	螺纹紧固胶 (68.00 元/瓶)	0.10	0.10	0.10	0.10
	凡士林 (10.91 元/kg)	0.10	0.10	0.10	0.10
	脱漆剂 (76.00 元/升)	0.00	0.00	0.00	0.00
	高效清洗剂 (88.00 元/瓶)	0.10	0.10	0.10	0.10
	螺栓松动润滑剂 (30.00 元/瓶)	0.10	0.10	0.10	0.10
	裂纹渗透剂 (64.10 元/瓶)	0.10	0.10	0.10	0.10
	裂纹显示剂 (18.58 元/瓶)	0.10	0.10	0.10	0.10
	裂纹清洗剂 (18.29 元/瓶)	0.10	0.10	0.10	0.10
	擦拭布 (14.00 元/kg)	0.50	0.50	0.50	0.50
	塑料布 (16.83 元/米)	0.50	0.50	0.50	0.50
	其他材料费	2.11	2.06	2.02	2.11
施工机械	吊装机械 (545.97 元/(台·班))	0.25	0.25	0.25	0.25
	加热电炉箱 (150.00 元/(台·班))	0.00	0.00	0.00	0.00
	空气压缩机 (302.75 元/(台·班))	0.10	0.10	0.10	0.10
	探伤机 (144.30 元/(台·班))	0.00	0.00	0.00	0.00
	清洗机 (300.00 元/(台·班))	0.00	0.00	0.00	0.00
	其他机械费	5.00	5.00	5.00	5.00

说明：主壳体组件检修包括主壳体、油位计和导油毂。

十六、后盖后法兰组件检修

(元)

		1-2-061	1-2-062	1-2-063	1-2-064
定额编号		1-2-061	1-2-062	1-2-063	1-2-064
设备名称		艾里逊变速箱			卡特变速箱
项目		主机规格			
		8000 系列	5000/6000 系列	700 系列	8E9035 系列
定额基价		646.28	644.73	563.99	0.00
人工费		316.80	316.80	237.60	0.00
材料费		72.31	70.76	69.22	0.00
机械费		257.17	257.17	257.17	0.00
综合人工 (39.60 元/(工·日))		8.00	8.00	6.00	0.00
主要消耗材料	柴油 (7.76 元/kg)	0.00	0.00	0.00	0.00
	机油 (15.00 元/kg)	0.50	0.40	0.30	0.00
	平面密封胶 (35.00 元/瓶)	0.50	0.50	0.50	0.00
	螺纹紧固胶 (68.00 元/瓶)	0.10	0.10	0.10	0.00
	凡士林 (10.91 元/kg)	0.10	0.10	0.10	0.00
	脱漆剂 (76.00 元/升)	0.00	0.00	0.00	0.00
	高效清洗剂 (88.00 元/瓶)	0.10	0.10	0.10	0.00
	螺栓松动润滑剂 (30.00 元/瓶)	0.10	0.10	0.10	0.00
	裂纹渗透剂 (64.10 元/瓶)	0.10	0.10	0.10	0.00
	裂纹显示剂 (18.58 元/瓶)	0.10	0.10	0.10	0.00
	裂纹清洗剂 (18.29 元/瓶)	0.10	0.10	0.10	0.00
	擦拭布 (14.00 元/kg)	0.50	0.50	0.50	0.00
	塑料布 (16.83 元/米)	0.50	0.50	0.50	0.00
	其他材料费	2.11	2.06	2.02	0.00
施工机械	吊装机械 (545.97 元/(台·班))	0.25	0.25	0.25	0.00
	加热电炉箱 (150.00 元/(台·班))	0.25	0.25	0.25	0.00
	空气压缩机 (302.75 元/(台·班))	0.25	0.25	0.25	0.00
	探伤机 (144.30 元/(台·班))	0.00	0.00	0.00	0.00
	清洗机 (300.00 元/(台·班))	0.00	0.00	0.00	0.00
	其他机械费	7.49	7.49	7.49	0.00

说明：1.卡特变速箱 8E9035 系列无此项检修。

2.后盖后法兰组件检修包括：后盖壳体、后法兰、输出轴承及盖、传感器齿轮。

十七、油底壳组件检修

(元)

定额编号		1-2-065	1-2-066	1-2-067	1-2-068
设备名称		艾里逊变速箱			卡特变速箱
项目		主机规格			
		8000 系列	5000/6000 系列	700 系列	8E9035 系列
定额基价		308.67	307.12	265.98	0.00
人工费		158.40	158.40	118.80	0.00
材料费		72.31	70.76	69.22	0.00
机械费		77.96	77.96	77.96	0.00
综合人工 (39.60 元/(工·日))		4.00	4.00	3.00	0.00
主要消耗材料	柴油 (7.76 元/kg)	0.00	0.00	0.00	0.00
	机油 (15.00 元/kg)	0.50	0.40	0.30	0.00
	平面密封胶 (35.00 元/瓶)	0.50	0.50	0.50	0.00
	螺纹紧固胶 (68.00 元/瓶)	0.10	0.10	0.10	0.00
	凡士林 (10.91 元/kg)	0.10	0.10	0.10	0.00
	脱漆剂 (76.00 元/升)	0.00	0.00	0.00	0.00
	高效清洗剂 (88.00 元/瓶)	0.10	0.10	0.10	0.00
	螺栓松动润滑剂 (30.00 元/瓶)	0.10	0.10	0.10	0.00
	裂纹渗透剂 (64.10 元/瓶)	0.10	0.10	0.10	0.00
	裂纹显示剂 (18.58 元/瓶)	0.10	0.10	0.10	0.00
	裂纹清洗剂 (18.29 元/瓶)	0.10	0.10	0.10	0.00
	擦拭布 (14.00 元/kg)	0.50	0.50	0.50	0.00
	塑料布 (16.83 元/米)	0.50	0.50	0.50	0.00
	其他材料费	2.11	2.06	2.02	0.00
施工机械	吊装机械 (545.97 元/(台·班))	0.00	0.00	0.00	0.00
	加热电炉箱 (150.00 元/(台·班))	0.00	0.00	0.00	0.00
	空气压缩机 (302.75 元/(台·班))	0.25	0.25	0.25	0.00
	探伤机 (144.30 元/(台·班))	0.00	0.00	0.00	0.00
	清洗机 (300.00 元/(台·班))	0.00	0.00	0.00	0.00
	其他机械费	2.27	2.27	2.27	0.00

说明：1.卡特变速箱 8E9035 系列无此项检修。

2.油底壳组件检修包括油底壳体和油底壳滤网。

十八、分动齿轮箱检修

(元)

定额编号		1-2-069	1-2-070	1-2-071	1-2-072
设备名称		艾里逊变速箱			卡特变速箱
项目		主机规格			
		8000 系列	5000/6000 系列	700 系列	8E9035 系列
定额基价		0.00	0.00	0.00	1895.16
人工费		0.00	0.00	0.00	1188.00
材料费		0.00	0.00	0.00	192.82
机械费		0.00	0.00	0.00	514.34
综合人工 (39.60 元/(工·日))		0.00	0.00	0.00	30.00
主要消耗材料	柴油 (7.76 元/kg)	0.00	0.00	0.00	0.00
	机油 (15.00 元/kg)	0.00	0.00	0.00	1.00
	平面密封胶 (35.00 元/瓶)	0.00	0.00	0.00	1.00
	螺纹紧固胶 (68.00 元/瓶)	0.00	0.00	0.00	0.50
	凡士林 (10.91 元/kg)	0.00	0.00	0.00	0.20
	脱漆剂 (76.00 元/升)	0.00	0.00	0.00	0.00
	高效清洗剂 (88.00 元/瓶)	0.00	0.00	0.00	0.50
	螺栓松动润滑剂 (30.00 元/瓶)	0.00	0.00	0.00	0.20
	裂纹渗透剂 (64.10 元/瓶)	0.00	0.00	0.00	0.20
	裂纹显示剂 (18.58 元/瓶)	0.00	0.00	0.00	0.20
	裂纹清洗剂 (18.29 元/瓶)	0.00	0.00	0.00	0.20
	擦拭布 (14.00 元/kg)	0.00	0.00	0.00	1.00
	塑料布 (16.83 元/米)	0.00	0.00	0.00	1.00
	其他材料费	0.00	0.00	0.00	5.62
施工机械	吊装机械 (545.97 元/(台·班))	0.00	0.00	0.00	0.50
	加热电炉箱 (150.00 元/(台·班))	0.00	0.00	0.00	0.50
	空气压缩机 (302.75 元/(台·班))	0.00	0.00	0.00	0.50
	探伤机 (144.30 元/(台·班))	0.00	0.00	0.00	0.00
	清洗机 (300.00 元/(台·班))	0.00	0.00	0.00	0.00
	其他机械费	0.00	0.00	0.00	14.98

说明：1.艾里逊变速箱 8000、5000/6000 及 700 系列无此项检修。

2.分动齿轮箱检修包括分动箱壳体、齿轮、轴、轴承和法兰。

十九、变速箱总成组装

(元)

定额编号		1-2-073	1-2-074	1-2-075	1-2-076
设备名称		艾里逊变速箱			卡特变速箱
项目		主机规格			
		8000 系列	5000/6000 系列	700 系列	8E9035 系列
定额基价		3286.65	2510.62	2186.09	3716.02
人工费		1584.00	1267.20	950.40	1584.00
材料费		391.38	369.23	361.51	383.65
机械费		1311.27	874.18	874.18	1748.36
综合人工 (39.60 元/(工·日))		40.00	32.00	24.00	40.00
主要消耗材料	柴油 (7.76 元/kg)	10.00	10.00	10.00	10.00
	机油 (15.00 元/kg)	2.50	2.00	1.50	2.00
	平面密封胶 (35.00 元/瓶)	2.00	2.00	2.00	2.00
	螺纹紧固胶 (68.00 元/瓶)	1.00	1.00	1.00	1.00
	凡士林 (10.91 元/kg)	1.00	1.00	1.00	1.00
	电焊条 (4.90 元/kg)	0.10	0.10	0.10	0.10
	高效清洗剂 (88.00 元/瓶)	0.50	0.50	0.50	0.50
	螺栓松动润滑剂 (30.00 元/瓶)	0.00	0.00	0.00	0.00
	美纹纸 (3.00 元/卷)	1.00	1.00	1.00	1.00
	胶带纸 (1.65 元/卷)	1.00	1.00	1.00	1.00
	白布带 (8.00 元/卷)	1.00	1.00	1.00	1.00
	擦拭布 (14.00 元/kg)	3.00	2.00	2.00	3.00
	塑料布 (16.83 元/米)	1.00	1.00	1.00	1.00
	其他材料费	11.40	10.75	10.53	11.17
施工机械	吊装机械 (545.97 元/(台·班))	1.50	1.00	1.00	2.00
	加热电炉箱 (150.00 元/(台·班))	0.00	0.00	0.00	0.00
	空气压缩机 (302.75 元/(台·班))	1.50	1.00	1.00	2.00
	探伤机 (77.10 元/(台·班))	0.00	0.00	0.00	0.00
	压力机 (100.00 元/(台·班))	0.00	0.00	0.00	0.00
	其他机械费	38.19	25.46	25.46	50.92

说明：变速箱总成组装包括各系统的连接组装。

二十、变速箱总成测试

(元)

定额编号		1-2-077	1-2-078	1-2-079	1-2-080
设备名称		艾里逊变速箱			卡特变速箱
项目		主机规格			
		8000 系列	5000/6000 系列	700 系列	8E9035 系列
定额基价		3597.17	3442.67	3054.47	3906.17
	人工费	316.80	316.80	237.60	316.80
	材料费	1594.78	1440.28	1131.28	1903.78
	机械费	1685.59	1685.59	1685.59	1685.59
综合人工 (39.60 元/(工·日))		8.00	8.00	6.00	8.00
主要消耗材料	柴油 (7.76 元/kg)	0.00	0.00	0.00	0.00
	机油 (15.00 元/kg)	100.00	90.00	70.00	120.00
	平面密封胶 (35.00 元/瓶)	0.50	0.50	0.50	0.50
	螺纹紧固胶 (68.00 元/瓶)	0.00	0.00	0.00	0.00
	凡士林 (10.91 元/kg)	0.00	0.00	0.00	0.00
	脱漆剂 (76.00 元/升)	0.00	0.00	0.00	0.00
	高效清洗剂 (88.00 元/瓶)	0.00	0.00	0.00	0.00
	螺栓松动润滑剂 (30.00 元/瓶)	0.00	0.00	0.00	0.00
	裂纹渗透剂 (64.10 元/瓶)	0.00	0.00	0.00	0.00
	裂纹显示剂 (18.58 元/瓶)	0.00	0.00	0.00	0.00
	裂纹清洗剂 (18.29 元/瓶)	0.00	0.00	0.00	0.00
	擦拭布 (14.00 元/kg)	1.00	1.00	1.00	1.00
	塑料布 (16.83 元/米)	1.00	1.00	1.00	1.00
	其他材料费	46.45	41.95	32.95	55.45
施工机械	吊装机械 (545.97 元/(台·班))	0.25	0.25	0.25	0.25
	加热电炉箱 (150.00 元/(台·班))	0.00	0.00	0.00	0.00
	空气压缩机 (302.75 元/(台·班))	0.00	0.00	0.00	0.00
	探伤机 (144.30 元/(台·班))	0.00	0.00	0.00	0.00
	测试台 (3000.00 元/(台·班))	0.50	0.50	0.50	0.50
	其他机械费	49.09	49.09	49.09	49.09

二十一、变速箱总成喷漆

(元)

定额编号		1-2-081	1-2-082	1-2-083	1-2-084
设备名称		艾里逊变速箱			卡特变速箱
项目		主机规格			
		8000系列	5000/6000系列	700系列	8E9035系列
定额基价		837.23	773.46	709.70	837.23
人工费		237.60	198.00	158.40	237.60
材料费		162.54	138.37	114.21	162.54
机械费		437.09	437.09	437.09	437.09
综合人工 (39.60元/(工·日))		6.00	5.00	4.00	6.00
主要消耗材料	柴油 (7.76元/kg)	0.00	0.00	0.00	0.00
	机油 (15.00元/kg)	0.00	0.00	0.00	0.00
	平面密封胶 (35.00元/瓶)	0.00	0.00	0.00	0.00
	螺纹紧固胶 (68.00元/瓶)	0.00	0.00	0.00	0.00
	凡士林 (10.91元/kg)	0.10	0.10	0.10	0.10
	脱漆剂 (76.00元/升)	0.00	0.00	0.00	0.00
	高效清洗剂 (88.00元/瓶)	0.00	0.00	0.00	0.00
	螺栓松动润滑剂 (30.00元/瓶)	0.00	0.00	0.00	0.00
	醇酸磁漆 (16.16元/kg)	5.00	4.00	3.00	5.00
	稀释剂 (7.30元/kg)	5.00	4.00	3.00	5.00
	毛刷 (1.58元/把)	1.00	1.00	1.00	1.00
	擦拭布 (14.00元/kg)	1.50	1.50	1.50	1.50
	塑料布 (16.83元/米)	1.00	1.00	1.00	1.00
	其他材料费	4.73	4.03	3.33	4.73
施工机械	吊装机械 (545.97元/(台·班))	0.50	0.50	0.50	0.50
	加热电炉箱 (150.00元/(台·班))	0.00	0.00	0.00	0.00
	空气压缩机 (302.75元/(台·班))	0.50	0.50	0.50	0.50
	探伤机 (144.30元/(台·班))	0.00	0.00	0.00	0.00
	清洗机 (300.00元/(台·班))	0.00	0.00	0.00	0.00
	其他机械费	12.73	12.73	12.73	12.73

二十二、定额总价

(元)

定额编号					
设备名称		艾里逊变速箱			卡特变速箱
项目		主机规格			
		8000 系列	5000/6000 系列	700 系列	8E9035 系列
定额基价		21220.27	18690.98	15617.75	20433.21
人工费		9900.00	8197.20	6138.00	9702.00
材料费		4115.13	3725.73	3136.83	4045.16
机械费		7205.14	6768.05	6342.92	6686.05
综合人工 (39.60 元/(工·日))					
主要消耗材料	其他材料费				
施工机械	其他机械费				

第三章　电动轮汽车驱动总成

一、驱动总成分解

(元)

定额编号		1-3-001	1-3-002
项目		主机规格	
		GE776	GE788
定额基价		3154.79	4359.46
人工费		1584.00	2178.00
材料费		164.92	213.24
机械费		1405.87	1968.22
综合人工 (39.60 元/(工·日))		40.00	55.00
主要消耗材料	松动剂 (30.00 元/瓶)	1.00	1.00
	擦拭布 (14.00 元/kg)	5.00	5.00
	记号笔 (3.00 元/支)	2.00	2.00
	氧气 (2.06 元/m³)	5.00	10.00
	乙炔 (13.45 元/m³)	2.50	5.00
	其他材料费	14.99	19.39
施工机械	吊装机械 (545.97 元/(台·班))	2.50	3.50
	其他机械费	40.95	57.33

说明：驱动总成分解包括行星轮、扭力管、轮毂、护罩、基体和转子。

二、驱动总成零件清洗

(元)

定额编号		1-3-003	1-3-004
项目		主机规格	
		GE776	GE788
定额基价		1332.75	1946.62
人工费		158.40	237.60
材料费		148.50	247.50
机械费		1025.85	1461.52
综合人工 (39.60 元/(工·日))		4.00	6.00
主要消耗材料	金属洗涤剂 (4.50 元/kg)	30.00	50.00
	其他材料费	13.50	22.50
施工机械	吊装机械 (545.97 元/(台·班))	1.00	1.50
	清洗机 (300.00 元/(台·班))	1.50	2.00
	其他机械费	29.88	42.57

三、驱动总成组装

(元)

定 额 编 号		1-3-005	1-3-006
项 目		主 机 规 格	
		GE776	GE788
定 额 基 价		12251.82	16706.25
人 工 费		2376.00	2574.00
材 料 费		6443.24	9982.82
机 械 费		3432.58	4149.43
综合人工 (39.60 元/(工·日))		60.00	65.00
主要消耗材料	专用锂基脂 (4800.00 元/桶)	1.00	1.50
	齿轮油 SAE85-140 (19.43 元/kg)	40.00	80.00
	玻璃胶 (6.90 元/支)	2.00	2.00
	硅胶 (35.00 元/盒)	2.00	2.00
	平面密封胶 (35.00 元/支)	1.00	1.00
	螺纹紧固胶 (68.00 元/支)	1.00	1.00
	擦拭布 (14.00 元/kg)	2.00	2.00
	白布带 (8.00 元/卷)	1.00	1.00
	塑料布 (16.83 元/米)	3.00	3.00
	高压绝缘包布 (3.50 元/包)	2.00	2.00
	绝缘漆 (8.12 元/kg)	0.00	5.00
	其他材料费	585.75	907.53
施工机械	吊装机械 (545.97 元/(台·班))	5.00	6.00
	空气压缩机 (302.75 元/(台·班))	1.00	1.00
	加热电炉箱 (150.00 元/(台·班))	2.00	3.00
	其他机械费	99.98	120.86

说明：驱动总成组装包括轴承、密封、定子、行星轮、轮毂、扭力管、转子等部件装配。

四、轮毂轴承座、双列轴承座、卡瓦轴承座、齿轮室、刹车油管、连接螺栓 (元)

定额编号		1-3-007	1-3-008
项目		主机规格	
		GE776	GE788
定额基价		4557.22	4416.44
人工费		1386.00	1584.00
材料费		2498.80	2120.32
机械费		672.42	712.13
综合人工 (39.60 元/(工·日))		35.00	40.00
主要消耗材料	柴油 (7.76 元/kg)	150.00	100.00
	绝缘漆 (8.12 元/kg)	50.00	50.00
	酒精 (6.30 元/升)	50.00	50.00
	砂布 (1.00 元/张)	20.00	20.00
	热缩管(ϕ50) (50.00 元/根)	1.00	1.00
	热缩管(ϕ25) (30.00 元/根)	1.00	1.00
	8018 电焊条 (27.00 元/kg)	5.00	5.00
	裂纹渗透剂 (64.10 元/瓶)	0.50	0.50
	擦拭布 (14.00 元/kg)	3.00	3.00
	塑料布 (16.83 元/米)	2.00	2.00
	氧气 (2.06 元/m³)	5.00	10.00
	乙炔 (13.45 元/m³)	2.50	5.00
	其他材料费	227.16	192.76
施工机械	吊装机械 (545.97 元/(台·班))	0.50	0.50
	空气压缩机 (302.75 元/(台·班))	1.00	1.00
	电焊机 (77.10 元/(台·班))	1.00	1.50
	其他机械费	19.59	20.74

五、轮毂、轴承座孔、毡封、加强筋、外部连接螺纹

(元)

定额编号		1-3-009	1-3-010
项目		主机规格	
		GE776	GE788
定额基价		2435.32	2950.09
人工费		1188.00	1584.00
材料费		641.62	680.99
机械费		605.69	685.10
综合人工 (39.60元/(工·日))		30.00	40.00
主要消耗材料	柴油 (7.76元/kg)	50.00	50.00
	橡胶手套 (12.99元/副)	2.00	2.00
	毛刷 (1.58元/把)	2.00	2.00
	砂布 (1.00元/张)	5.00	5.00
	塑料布 (16.83元/米)	2.00	2.00
	钢丝刷 (3.14元/把)	0.50	0.50
	8018电焊条 (27.00元/kg)	2.00	3.00
	擦拭布 (14.00元/kg)	2.00	2.00
	氧气 (2.06元/m³)	5.00	6.00
	乙炔 (13.45元/m³)	2.50	3.00
	其他材料费	58.33	61.91
施工机械	吊装机械 (545.97元/(台·班))	0.50	0.50
	电焊机 (77.10元/(台·班))	4.00	5.00
	砂轮机 (13.33元/(台·班))	0.50	0.50
	其他机械费	17.64	19.95

六、扭力管、内耐磨带、外耐磨带、内齿圈

(元)

定额编号		1-3-011	1-3-012
项目		主机规格	
		GE776	GE788
定额基价		2987.08	3379.68
人工费		792.00	792.00
材料费		1284.22	1367.82
机械费		910.86	1219.86
综合人工 (39.60 元/(工·日))		20.00	20.00
主要消耗材料	柴油 (7.76 元/kg)	100.00	100.00
	硅胶 (35.00 元/盒)	1.00	1.00
	平面密封胶 (35.00 元/支)	1.00	1.00
	螺纹紧固胶 (68.00 元/支)	1.00	1.00
	塑料布 (16.83 元/米)	2.00	2.00
	脱漆剂 (76.00 元/升)	2.00	3.00
	橡胶手套 (12.99 元/副)	1.00	1.00
	毛刷 (1.58 元/把)	1.00	1.00
	裂纹渗透剂 (64.10 元/瓶)	0.25	0.25
	裂纹显示剂 (18.58 元/瓶)	0.25	0.25
	裂纹清洗剂 (18.29 元/瓶)	0.25	0.25
	擦拭布 (14.00 元/kg)	2.00	2.00
	其他材料费	116.75	124.35
施工机械	吊装机械 (545.97 元/(台·班))	0.25	0.25
	空气压缩机 (302.75 元/(台·班))	0.25	0.25
	探伤机 (144.30 元/(台·班))	0.50	0.50
	干燥炉 (600.00 元/(台·班))	1.00	1.50
	其他机械费	26.53	35.53

七、行星轮、双列轴承、球轴承、挡圈、分油盘

(元)

定额编号		1-3-013	1-3-014
项目		主机规格	
		GE776	GE788
定额基价		1714.78	1998.14
人工费		594.00	792.00
材料费		599.10	684.46
机械费		521.67	521.67
综合人工 (39.60元/(工·日))		15.00	20.00
主要消耗材料	柴油 (7.76元/kg)	50.00	60.00
	橡胶手套 (12.99元/副)	1.00	1.00
	毛刷 (1.58元/把)	1.00	1.00
	塑料布 (16.83元/米)	2.00	2.00
	擦拭布 (14.00元/kg)	1.00	1.00
	裂纹渗透剂 (64.10元/瓶)	0.50	0.50
	裂纹显示剂 (18.58元/瓶)	0.50	0.50
	裂纹清洗剂 (18.29元/瓶)	0.50	0.50
	氧气 (2.06元/m³)	5.00	5.00
	乙炔 (13.45元/m³)	2.50	2.50
	其他材料费	54.46	62.22
施工机械	吊装机械 (545.97元/(台·班))	0.25	0.25
	空气压缩机 (302.75元/(台·班))	0.25	0.25
	探伤机 (144.30元/(台·班))	1.00	1.00
	加热电炉箱 (150.00元/(台·班))	1.00	1.00
	其他机械费	15.19	15.19

八、太阳轮、挡油盘、太阳轮卡簧、太阳轮卡块

(元)

定额编号		1-3-015	1-3-016
项目		主机规格	
		GE776	GE788
定额基价		257.41	257.41
人工费		79.20	79.20
材料费		78.15	78.15
机械费		100.06	100.06
综合人工 (39.60 元/(工·日))		2.00	2.00
主要消耗材料	柴油 (7.76 元/kg)	5.00	5.00
	擦拭布 (14.00 元/kg)	0.50	0.50
	裂纹渗透剂 (64.10 元/瓶)	0.25	0.25
	裂纹显示剂 (18.58 元/瓶)	0.25	0.25
	裂纹清洗剂 (18.29 元/瓶)	0.25	0.25
	其他材料费	7.10	7.10
施工机械	探伤机 (144.30 元/(台·班))	0.50	0.50
	压力机 (100.00 元/(台·班))	0.25	0.25
	其他机械费	2.91	2.91

九、护罩、配合面、密封面

(元)

定额编号		1-3-017	1-3-018
项目		主机规格	
		GE776	GE788
定额基价		1172.97	2202.45
人工费		475.20	594.00
材料费		472.36	765.04
机械费		225.41	843.41
综合人工 (39.60 元/(工·日))		12.00	15.00
主要消耗材料	柴油 (7.76 元/kg)	50.00	60.00
	螺纹紧固胶 (68.00 元/支)	0.00	1.00
	松动剂 (30.00 元/桶)	0.00	1.00
	硅胶 (35.00 元/盒)	0.00	1.00
	砂布 (1.00 元/张)	5.00	5.00
	塑料布 (16.83 元/米)	0.50	1.00
	擦拭布 (14.00 元/kg)	2.00	2.00
	钢丝刷 (3.14 元/把)	0.00	1.00
	氧气 (2.06 元/m³)	0.00	5.00
	乙炔 (13.45 元/m³)	0.00	2.50
	其他材料费	42.94	69.55
施工机械	吊装机械 (545.97 元/(台·班))	0.25	0.25
	空气压缩机 (302.75 元/(台·班))	0.25	0.25
	干燥炉 (600.00 元/(台·班))	0.00	1.00
	砂轮机 (13.33 元/(台·班))	0.50	0.50
	其他机械费	6.57	24.57

十、轮毂轴承挡圈、压盖、耐磨带

(元)

定额编号		1-3-019	1-3-020
项目		主机规格	
		GE776	GE788
定额基价		1645.08	1645.08
人工费		792.00	792.00
材料费		594.46	594.46
机械费		258.63	258.63
综合人工 (39.60元/(工·日))		20.00	20.00
主要消耗材料	柴油 (7.76元/kg)	50.00	50.00
	硅胶 (35.00元/盒)	1.00	1.00
	砂布 (1.00元/张)	5.00	5.00
	塑料布 (16.83元/米)	0.50	0.50
	脱漆剂 (76.00元/升)	1.00	1.00
	擦拭布 (14.00元/kg)	2.00	2.00
	其他材料费	54.04	54.04
施工机械	吊装机械 (545.97元/(台·班))	0.25	0.25
	电焊机 (77.10元/(台·班))	1.00	1.00
	加热电炉箱 (150.00元/(台·班))	0.25	0.25
	其他机械费	7.53	7.53

十一、轮毂轴承、轴承内、外座圈、调整垫

(元)

定额编号		1-3-021	1-3-022
项目		主机规格	
		GE776	GE788
定额基价		1824.07	1903.27
	人工费	396.00	475.20
	材料费	753.07	753.07
	机械费	675.00	675.00
综合人工 (39.60 元/(工·日))		10.00	12.00
主要消耗材料	柴油 (7.76 元/kg)	80.00	80.00
	擦拭布 (14.00 元/kg)	1.00	1.00
	橡胶手套 (12.99 元/副)	1.00	1.00
	毛刷 (1.58 元/把)	2.00	2.00
	塑料布 (16.83 元/米)	2.00	2.00
	其他材料费	68.46	68.46
施工机械	吊装机械 (545.97 元/(台·班))	0.50	0.50
	空气压缩机 (302.75 元/(台·班))	0.25	0.25
	干燥炉 (600.00 元/(台·班))	0.50	0.50
	砂轮机 (13.33 元/(台·班))	0.50	0.50
	其他机械费	19.66	19.66

十二、转子端盖、消弧罩、滚子轴承、球轴承、挡圈、密封、花键套 (元)

定额编号		1-3-023	1-3-024
项目		主机规格	
		GE776	GE788
定额基价		2828.69	3056.39
人工费		990.00	1188.00
材料费		1043.88	1073.58
机械费		794.81	794.81
综合人工 (39.60 元/(工·日))		25.00	30.00
主要消耗材料	柴油 (7.76 元/kg)	50.00	50.00
	专用锂基脂 (4800.00 元/桶)	0.10	0.10
	擦拭布 (14.00 元/kg)	2.00	2.00
	塑料布 (16.83 元/米)	0.50	0.50
	8018 电焊条 (27.00 元/kg)	1.00	2.00
	氧气 (2.06 元/m³)	2.00	2.00
	乙炔 (13.45 元/m³)	1.00	1.00
	其他材料费	94.90	97.60
施工机械	吊装机械 (545.97 元/(台·班))	1.00	1.00
	空气压缩机 (302.75 元/(台·班))	0.25	0.25
	加热电炉箱 (150.00 元/(台·班))	1.00	1.00
	其他机械费	23.15	23.15

十三、轴承架、卡瓣、挡圈、各部螺栓

(元)

定额编号		1-3-025	1-3-026
项目		主机规格	
		GE776	GE788
定额基价		2483.89	2483.89
人工费		990.00	990.00
材料费		892.09	892.09
机械费		601.80	601.80
综合人工 (39.60 元/(工·日))		25.00	25.00
主要消耗材料	柴油 (7.76 元/kg)	80.00	80.00
	擦拭布 (14.00 元/kg)	2.00	2.00
	橡胶手套 (12.99 元/副)	2.00	2.00
	毛刷 (1.58 元/把)	1.00	1.00
	塑料布 (16.83 元/米)	2.00	2.00
	裂纹渗透剂 (64.10 元/瓶)	1.00	1.00
	裂纹显示剂 (18.58 元/瓶)	1.00	1.00
	裂纹清洗剂 (18.29 元/瓶)	1.00	1.00
	其他材料费	81.10	81.10
施工机械	空气压缩机 (302.75 元/(台·班))	0.50	0.50
	探伤机 (144.30 元/(台·班))	3.00	3.00
	其他机械费	17.53	17.53

十四、牵引电机主磁极、换向极、磁极引出线、温度传感器及连线、速度传感器及连线(元)

定额编号		1-3-027	1-3-028
项目		主机规格	
		GE776	GE788
定额基价		6629.24	7048.04
	人工费	1663.20	1663.20
	材料费	2527.38	2665.01
	机械费	2438.66	2719.83
综合人工(39.60元/(工·日))		42.00	42.00
主要消耗材料	柴油(7.76元/kg)	150.00	150.00
	绝缘漆(8.12元/kg)	50.00	60.00
	酒精(6.30元/升)	50.00	50.00
	砂布(1.00元/张)	20.00	20.00
	热缩管(ϕ50)(50.00元/根)	1.00	1.00
	热缩管(ϕ25)(30.00元/根)	1.00	1.00
	8018电焊条(27.00元/kg)	5.00	5.00
	橡胶手套(12.99元/副)	2.00	2.00
	擦拭布(14.00元/kg)	3.00	3.00
	塑料布(16.83元/米)	2.00	2.00
	裂纹渗透剂(64.10元/瓶)	0.50	0.50
	氧气(2.06元/m³)	5.00	10.00
	乙炔(13.45元/m³)	2.50	5.00
	其他材料费	229.76	242.27
施工机械	吊装机械(545.97元/(台·班))	2.00	2.50
	空气压缩机(302.75元/(台·班))	0.25	0.25
	干燥炉(600.00元/(台·班))	2.00	2.00
	其他机械费	71.03	79.22

十五、转子、转子轴、特氟龙带、车光整流子挠钩、耐压、绝缘、干燥　(元)

定 额 编 号		1-3-029	1-3-030
项　目		主 机 规 格	
		GE776	GE788
定 额 基 价		2538.33	3518.05
人 工 费		792.00	1188.00
材 料 费		380.58	469.90
机 械 费		1365.75	1860.15
综合人工 (39.60 元/(工·日))		20.00	30.00
主要消耗材料	酒精 (3.83 元/升)	5.00	5.00
	锯条 (0.20 元/根)	15.00	15.00
	橡胶手套 (12.99 元/副)	1.00	1.00
	毛刷 (1.58 元/把)	1.00	1.00
	砂布 (1.00 元/张)	10.00	10.00
	擦拭布 (14.00 元/kg)	1.00	1.00
	白布带 (8.00 元/卷)	1.00	1.00
	塑料布 (16.83 元/米)	2.00	2.00
	绝缘漆 (8.12 元/kg)	30.00	40.00
	其他材料费	34.60	42.72
施工机械	吊装机械 (545.97 元/(台·班))	1.00	1.00
	车床(CW6163) (360.00 元/(台·班))	0.50	1.00
	干燥炉 (600.00 元/(台·班))	1.00	1.50
	其他机械费	39.78	54.18

十六、刷架、连线、分流器

(元)

定额编号		1-3-031	1-3-032
项目		主机规格	
		GE776	GE788
定额基价		1084.26	1084.26
人工费		712.80	712.80
材料费		61.04	61.04
机械费		310.42	310.42
综合人工 (39.60元/(工·日))		18.00	18.00
主要消耗材料	酒精 (6.30元/升)	5.00	5.00
	毛刷 (1.58元/把)	1.00	1.00
	擦拭布 (14.00元/kg)	1.00	1.00
	塑料布 (16.83元/米)	0.50	0.50
	其他材料费	5.55	5.55
施工机械	空气压缩机 (302.75元/(台·班))	0.50	0.50
	加热电炉箱 (150.00元/(台·班))	1.00	1.00
	其他机械费	9.04	9.04

十七、总成测试

(元)

定额编号		1-3-033	1-3-034
项　目		主机规格	
		GE776	GE788
定额基价		5281.61	6136.53
人工费		158.40	158.40
材料费		862.62	1717.54
机械费		4260.59	4260.59
综合人工 (39.60 元/(工·日))		4.00	4.00
主要消耗材料	齿轮油 SAE85-140 (19.43 元/kg)	40.00	80.00
	擦拭布 (14.00 元/kg)	0.50	0.50
	其他材料费	78.42	156.14
施工机械	吊装机械 (545.97 元/(台·班))	0.25	0.25
	驱动总成测功机 (4000.00 元/(台·班))	1.00	1.00
	其他机械费	124.09	124.09

十八、喷漆及外部装饰

(元)

定 额 编 号		1-3-035	1-3-036
项 目		主 机 规 格	
		GE776	GE788
定 额 基 价		1418.02	1819.57
	人 工 费	475.20	594.00
	材 料 费	490.40	617.23
	机 械 费	452.42	608.34
综合人工 (39.60 元/(工·日))		12.00	15.00
主要消耗材料	脱漆剂 (76.00 元/升)	1.00	1.00
	醇酸磁漆 (16.16 元/kg)	10.00	15.00
	稀释剂 (13.80 元/kg)	5.00	7.50
	擦拭布 (14.00 元/kg)	1.00	1.00
	白布带 (8.00 元/卷)	1.00	1.00
	橡胶手套 (12.99 元/副)	1.00	1.00
	毛刷 (1.58 元/把)	1.00	1.00
	砂布 (1.00 元/张)	10.00	10.00
	美纹纸 (3.00 元/卷)	1.00	1.00
	胶带纸 (1.65 元/卷)	1.00	1.00
	纸砂轮 (2.50 元/个)	2.00	2.00
	钢丝轮 (3.50 元/个)	2.00	2.00
	其他材料费	44.58	56.11
施工机械	吊装机械 (545.97 元/(台·班))	0.25	0.25
	空气压缩机 (302.75 元/(台·班))	1.00	1.50
	其他机械费	13.18	17.72

十九、定额总价

(元)

定额编号			
项目		主机规格	
		GE776	GE788
定额基价		55597.31	66911.63
人工费		15602.40	18176.40
材料费		19936.43	24984.26
机械费		20058.48	23750.97
综合人工 (39.60 元/(工·日))			
主要消耗材料	其他材料费		
施工机械	其他机械费		

第四章　电动轮汽车电气系统

一、电气柜拆卸、清洗、安装、测试

(元)

定 额 编 号		1-4-001	1-4-002	1-4-003	1-4-004
项 目		主 机 规 格			
		EH3500-A	EH3500-B	MT3600	R170
定 额 基 价		10939.65	8878.65	10059.28	9945.07
人 工 费		2376.00	1504.80	2178.00	2178.00
材 料 费		7506.47	6316.67	6824.10	6709.89
机 械 费		1057.18	1057.18	1057.18	1057.18
综合人工 (39.60 元/(工·日))		60.00	38.00	55.00	55.00
主要消耗材料	脱漆剂 (76.00 元/升)	3.00	2.00	3.00	2.00
	白布带 (8.00 元/卷)	4.00	3.00	4.00	3.00
	凡士林 (10.91 元/kg)	1.00	1.00	1.00	1.00
	热缩管 (58.00 元/根)	3.00	3.00	2.00	2.00
	扎带 (38.00 元/袋)	1.00	0.50	1.00	1.00
	航空线 (10.00 元/米)	350.00	100.00	300.00	300.00
	主回路连接线 (1023.00 元/米)	2.00	4.00	2.00	2.00
	屏蔽双绞线 (5.30 元/米)	90.00	4.00	85.00	85.00
	松动剂 (30.00 元/瓶)	1.00	0.50	0.60	0.50
	塑料布 (16.83 元/米)	5.00	4.00	4.00	3.00
	擦拭布 (14.00 元/kg)	2.00	1.50	1.50	1.50
	透明包布 (15.00 元/卷)	2.00	0.00	2.00	2.00
	垫木 (7.30 元/kg)	20.00	20.00	20.00	20.00
	其他材料费	682.41	574.24	620.37	609.99
施工机械	吊装机械 (545.97 元/(台·班))	1.00	1.00	1.00	1.00
	运输机械 (480.42 元/(台·班))	1.00	1.00	1.00	1.00
	其他机械费	30.79	30.79	30.79	30.79

说明: A 为电气柜，B 为制动柜。

二、驾驶室内电气组件拆卸分解、清洗、安装、测试

(元)

定额编号		1-4-005	1-4-006	1-4-007
项目		主机规格		
		EH3500	MT3600	R170
定额基价		10181.35	8690.60	8691.15
人工费		1584.00	1425.60	1425.60
材料费		5920.64	5150.64	5151.19
机械费		2676.71	2114.36	2114.36
综合人工 (39.60 元/(工·日))		40.00	36.00	36.00
主要消耗材料	脱漆剂 (76.00 元/升)	3.00	3.00	2.00
	松动剂 (30.00 元/瓶)	1.00	0.60	0.50
	凡士林 (10.91 元/kg)	1.00	1.00	1.00
	热缩管 (58.00 元/根)	3.00	2.00	2.00
	扎带 (38.00 元/袋)	2.00	2.00	2.00
	航空线 (10.00 元/米)	400.00	350.00	350.00
	屏蔽双绞线 (5.30 元/米)	70.00	50.00	65.00
	塑料布 (10.00 元/米)	10.00	10.00	10.00
	端子头 (0.24 元/个)	400.00	350.00	350.00
	信号笔 (12.00 元/支)	4.00	3.00	3.00
	塑料布 (16.83 元/米)	3.00	3.00	3.00
	电木板(5mm) (25.00 元/kg)	5.00	5.00	5.00
	垫木 (7.30 元/kg)	10.00	10.00	10.00
	其他材料费	538.24	468.24	468.29
施工机械	吊装机械 (545.97 元/(台·班))	3.00	2.00	2.00
	运输机械 (480.42 元/(台·班))	2.00	2.00	2.00
	其他机械费	77.96	61.58	61.58

三、电阻栅片、鼓风机、连线拆卸、清洗、安装、测试

(元)

定额编号		1-4-008	1-4-009	1-4-010
项目		主机规格		
		EH3500	MT3600	R170
定额基价		3401.98	2871.11	2775.41
人工费		871.20	712.80	712.80
材料费		911.25	819.95	724.25
机械费		1619.53	1338.36	1338.36
综合人工 (39.60 元/(工·日))		22.00	18.00	18.00
主要消耗材料	脱漆剂 (76.00 元/升)	3.00	3.00	2.00
	松动剂 (30.00 元/瓶)	1.00	0.60	0.50
	凡士林 (10.91 元/kg)	1.00	1.00	1.00
	热缩管 (58.00 元/根)	3.00	2.00	2.00
	塑料包布 (6.00 元/卷)	1.00	1.00	1.00
	透明包布 (15.00 元/卷)	2.00	2.00	2.00
	信号笔 (12.00 元/支)	2.00	2.00	2.00
	白布带 (8.00 元/卷)	4.00	4.00	3.00
	汽油(120 号) (6.00 元/kg)	3.00	2.00	2.00
	塑料布 (16.83 元/米)	10.00	10.00	10.00
	擦拭布 (14.00 元/kg)	2.00	1.50	1.50
	电木板(5mm) (25.00 元/kg)	2.00	2.00	2.00
	垫木 (7.30 元/kg)	4.00	4.00	4.00
	其他材料费	82.84	74.54	65.84
施工机械	吊装机械 (545.97 元/(台·班))	2.00	1.50	1.50
	运输机械 (480.42 元/(台·班))	1.00	1.00	1.00
	其他机械费	47.17	38.98	38.98

四、发电机检修：定子、转子、刷架、集电环拆卸、清洗、安装、测试　(元)

定额编号		1-4-011	1-4-012	1-4-013	1-4-014
项目		主机规格			
		EH3500系列定子	EH3500系列转子	MT3600/R170系列定子	MT3600/R170系列转子
定额基价		10296.41	4002.26	10241.46	3974.82
人工费		1188.00	990.00	1188.00	990.00
材料费		6613.38	517.23	6558.43	489.79
机械费		2495.03	2495.03	2495.03	2495.03
综合人工 (39.60 元/(工·日))		30.00	25.00	30.00	25.00
主要消耗材料	脱漆剂 (76.00 元/升)	3.00	2.00	3.00	2.00
	松动剂 (30.00 元/瓶)	1.00	0.50	0.60	0.50
	凡士林 (10.91 元/kg)	1.00	1.00	1.00	1.00
	绝缘漆 (8.12 元/kg)	5.00	4.00	4.00	3.00
	信号笔 (12.00 元/支)	2.00	2.00	2.00	2.00
	白布带 (8.00 元/卷)	4.00	3.00	4.00	3.00
	塑料布 (16.83 元/米)	5.00	4.00	4.00	3.00
	擦拭布 (14.00 元/kg)	2.00	1.50	1.50	1.50
	主电机连线 (1023.00 元/米)	5.00	0.00	5.00	0.00
	热缩管 (58.00 元/根)	5.00	0.00	5.00	0.00
	电木板(5mm) (25.00 元/kg)	3.00	3.00	3.00	3.00
	垫木 (7.30 元/kg)	5.00	5.00	5.00	5.00
	塑料包布 (6.00 元/卷)	3.00	2.00	2.00	2.00
	其他材料费	601.22	47.02	596.22	44.53
施工机械	吊装机械 (545.97 元/(台·班))	2.00	2.00	2.00	2.00
	运输机械 (480.42 元/(台·班))	1.00	1.00	1.00	1.00
	干燥室(综合) (850.00 元/(台·班))	1.00	1.00	1.00	1.00
	其他机械费	72.67	72.67	72.67	72.67

说明：发电机检修包括定子、转子、刷架、集电环拆卸、清洗、安装、测试。

五、电脑箱组件检修拆卸、清洗、安装、测试

(元)

定 额 编 号		1-4-015	1-4-016	1-4-017
项 目		主 机 规 格		
		EH3500	MT3600	R170
定 额 基 价		1809.54	1678.09	1678.09
人 工 费		871.20	792.00	792.00
材 料 费		409.75	357.50	357.50
机 械 费		528.59	528.59	528.59
综合人工 (39.60 元/(工·日))		22.00	20.00	20.00
主要消耗材料	汽油(120 号) (6.00 元/kg)	3.00	2.00	2.00
	松动剂 (30.00 元/瓶)	1.00	0.60	0.60
	信号笔 (12.00 元/支)	2.00	2.00	2.00
	白布带 (8.00 元/卷)	4.00	4.00	4.00
	砂布 (1.00 元/张)	2.00	2.00	2.00
	塑料布 (10.00 元/米)	10.00	10.00	10.00
	毛刷 (4.50 元/把)	3.00	2.00	2.00
	擦拭布 (14.00 元/kg)	2.00	2.00	2.00
	电木板(5mm) (25.00 元/kg)	5.00	4.00	4.00
	其他材料费	37.25	32.50	32.50
施工机械	吊装机械 (545.97 元/(台·班))	0.50	0.50	0.50
	运输机械 (480.42 元/(台·班))	0.50	0.50	0.50
	其他机械费	15.40	15.40	15.40

六、感应塞、检测开关及电磁阀拆卸、清洗、安装、测试

(元)

定额编号		1-4-018	1-4-019	1-4-020
项目		主机规格		
		EH3500	MT3600	R170
定额基价		4894.84	4547.90	4261.94
人工费		950.40	792.00	712.80
材料费		3134.67	2946.13	2739.37
机械费		809.77	809.77	809.77
综合人工 (39.60 元/(工·日))		24.00	20.00	18.00
主要消耗材料	松动剂 (30.00 元/瓶)	1.00	0.60	0.50
	凡士林 (10.91 元/kg)	1.00	1.00	1.00
	热缩管 (58.00 元/根)	2.00	2.00	2.00
	扎带 (38.00 元/袋)	1.00	1.00	1.00
	航空线 (10.00 元/米)	220.00	210.00	190.00
	屏蔽双绞线 (8.12 元/米)	20.00	15.00	17.00
	1.5mm^2 二芯电缆 (2.10 元/米)	15.00	15.00	15.00
	塑料布 (10.00 元/米)	10.00	10.00	10.00
	擦拭布 (14.00 元/kg)	3.00	2.00	2.00
	端子头 (0.24 元/个)	60.00	40.00	35.00
	信号笔 (12.00 元/支)	2.00	2.00	2.00
	透明包布 (15.00 元/卷)	2.00	2.00	2.00
	塑料布 (16.83 元/米)	3.00	3.00	3.00
	其他材料费	284.97	267.83	249.03
施工机械	吊装机械 (545.97 元/(台·班))	1.00	1.00	1.00
	运输机械 (480.42 元/(台·班))	0.50	0.50	0.50
	其他机械费	23.59	23.59	23.59

七、充电机分解、清洗、安装、测试

(元)

定额编号		1-4-021	1-4-022	1-4-023
项目		主机规格		
		EH3500	MT3600	R170
定额基价		1423.89	1314.99	1314.99
人工费		712.80	633.60	633.60
材料费		542.39	512.69	512.69
机械费		168.70	168.70	168.70
综合人工 (39.60元/(工·日))		18.00	16.00	16.00
主要消耗材料	松动剂 (30.00元/瓶)	0.30	0.30	0.30
	砂布 (1.00元/张)	2.00	2.00	2.00
	塑料布 (16.83元/米)	2.00	2.00	2.00
	擦拭布 (14.00元/kg)	2.00	1.50	1.50
	汽油(120号) (6.00元/kg)	1.00	1.00	1.00
	端子头 (0.24元/个)	8.00	8.00	8.00
	信号笔 (12.00元/支)	1.00	1.00	1.00
	白布带 (8.00元/卷)	1.00	1.00	1.00
	热缩管 (58.00元/根)	1.00	1.00	1.00
	航空线 (10.00元/米)	30.00	28.00	28.00
	透明包布 (15.00元/卷)	2.00	2.00	2.00
	毛刷 (4.50元/把)	1.00	1.00	1.00
	其他材料费	49.31	46.61	46.61
施工机械	吊装机械 (545.97元/(台·班))	0.30	0.30	0.30
	其他机械费	4.91	4.91	4.91

八、整流箱拆卸、清洗、安装、测试

(元)

定额编号		1-4-024	1-4-025	1-4-026
项目		主机规格		
		EH3500	MT3600	R170
定额基价		2033.39	1906.89	1914.59
人工费		990.00	871.20	871.20
材料费		332.59	324.89	332.59
机械费		710.80	710.80	710.80
综合人工 (39.60 元/(工·日))		25.00	22.00	22.00
主要消耗材料	汽油(120 号) (6.00 元/kg)	2.00	2.00	2.00
	松动剂 (30.00 元/瓶)	0.30	0.30	0.30
	脱漆剂 (76.00 元/升)	0.50	0.50	0.50
	信号笔 (12.00 元/支)	1.00	1.00	1.00
	白布带 (8.00 元/卷)	1.00	1.00	1.00
	凡士林 (10.91 元/kg)	0.50	0.50	0.50
	热缩管 (58.00 元/根)	2.00	2.00	2.00
	砂布 (1.00 元/张)	2.00	2.00	2.00
	塑料布 (16.83 元/米)	2.00	2.00	2.00
	擦拭布 (14.00 元/kg)	2.00	1.50	2.00
	透明包布 (15.00 元/卷)	2.00	2.00	2.00
	垫木 (7.30 元/kg)	3.00	3.00	3.00
	其他材料费	30.24	29.54	30.24
施工机械	吊装机械 (545.97 元/(台·班))	1.00	1.00	1.00
	运输机械 (480.42 元/(台·班))	0.30	0.30	0.30
	其他机械费	20.70	20.70	20.70

九、电气柜内设备检修

(元)

定额编号		1-4-027	1-4-028	1-4-029	1-4-030
项目		主机规格			
		换向器	故障显示组件	牵引接触器	制动接触器
定额基价		7529.11	1890.61	7176.89	1033.14
人工费		673.20	594.00	554.40	475.20
材料费		6475.77	1085.17	6411.05	346.50
机械费		380.14	211.44	211.44	211.44
综合人工 (39.60 元/(工·日))		17.00	15.00	14.00	12.00
主要消耗材料	汽油(120 号) (6.00 元/kg)	3.00	2.00	2.00	2.00
	松动剂 (30.00 元/瓶)	1.00	0.50	0.60	0.50
	主电机连线 (1023.00 元/米)	5.00	0.00	5.00	0.00
	脱漆剂 (76.00 元/升)	3.00	2.00	3.00	2.00
	信号笔 (12.00 元/支)	2.00	2.00	2.00	2.00
	凡士林 (10.91 元/kg)	1.00	0.00	1.00	1.00
	热缩管 (58.00 元/根)	5.00	0.00	5.00	0.00
	扎带 (38.00 元/袋)	0.50	0.20	0.50	0.20
	砂布 (1.00 元/张)	10.00	8.00	8.00	7.00
	塑料布 (16.83 元/米)	5.00	4.00	4.00	3.00
	擦拭布 (14.00 元/kg)	2.00	1.50	1.50	1.50
	屏蔽双绞线 (8.12 元/米)	0.00	80.00	0.00	0.00
	透明包布 (15.00 元/卷)	2.00	2.00	1.00	1.00
	其他材料费	588.71	98.65	582.82	31.50
施工机械	吊装机械 (545.97 元/(台·班))	0.50	0.20	0.20	0.20
	运输机械 (480.42 元/(台·班))	0.20	0.20	0.20	0.20
	其他机械费	11.07	6.16	6.16	6.16

说明：电气柜内设备检修包括拆卸、清洗、安装、测试。

十、电气组件检修

(元)

定额编号		1-4-031	1-4-032	1-4-033	1-4-034
项 目		主机规格			
		电压隔离放大器(2个)	电流隔离放大器(6个)	发电机静态励磁器	电动机静态励磁器
定额基价		709.50	628.76	7561.14	7110.99
人工费		198.00	475.20	792.00	712.80
材料费		511.50	153.56	6240.55	5869.60
机械费		0.00	0.00	528.59	528.59
综合人工 (39.60 元/(工·日))		5.00	12.00	20.00	18.00
主要消耗材料	汽油(120 号) (6.00 元/kg)	1.00	1.00	2.00	2.00
	松动剂 (30.00 元/瓶)	0.00	0.00	0.60	0.50
	主电机连线 (1023.00 元/米)	0.00	0.00	5.00	5.00
	信号笔 (12.00 元/支)	2.00	2.00	2.00	2.00
	白布带 (8.00 元/卷)	1.00	1.00	1.00	1.00
	凡士林 (10.91 元/kg)	0.00	0.00	1.00	1.00
	热缩管 (58.00 元/根)	5.00	0.00	5.00	0.00
	扎带 (38.00 元/袋)	0.50	0.20	0.50	0.20
	航空线 (10.00 元/米)	5.00	5.00	5.00	5.00
	砂布 (1.00 元/张)	10.00	8.00	8.00	7.00
	塑料布 (16.83 元/米)	0.00	0.00	4.00	3.00
	擦拭布 (14.00 元/kg)	2.00	1.50	1.50	1.50
	透明包布 (15.00 元/卷)	2.00	1.00	2.00	1.00
	其他材料费	46.50	13.96	567.32	533.60
施工机械	吊装机械 (545.97 元/(台·班))	0.00	0.00	0.50	0.50
	运输机械 (480.42 元/(台·班))	0.00	0.00	0.50	0.50
	其他机械费	0.00	0.00	15.40	15.40

十一、电气组件检修

(元)

定额编号		1-4-035	1-4-036	1-4-037	1-4-038
项目		主机规格			
		组合仪表盘	电磁阀	空调系统	故障报警组件
定额基价		924.72	771.84	829.48	691.54
人工费		712.80	633.60	633.60	554.40
材料费		211.92	138.24	195.88	137.14
机械费		0.00	0.00	0.00	0.00
综合人工 (39.60 元/(工·日))		18.00	16.00	16.00	14.00
主要消耗材料	汽油(120 号) (6.00 元/kg)	3.00	2.00	2.00	2.00
	松动剂 (30.00 元/瓶)	1.00	0.50	0.60	0.50
	信号笔 (12.00 元/支)	2.00	2.00	2.00	2.00
	白布带 (8.00 元/卷)	4.00	3.00	4.00	3.00
	凡士林 (10.91 元/kg)	1.00	1.00	1.00	1.00
	扎带 (38.00 元/袋)	0.50	0.20	0.50	0.20
	透明包布 (15.00 元/卷)	2.00	0.00	2.00	0.00
	砂布 (1.00 元/张)	10.00	8.00	8.00	7.00
	擦拭布 (14.00 元/kg)	1.00	1.50	1.50	1.50
	毛刷 (1.58 元/把)	3.00	2.00	2.00	2.00
	其他材料费	19.27	12.57	17.81	12.47
施工机械	其他机械费	0.00	0.00	0.00	0.00

十二、电脑板拆卸、清洗、安装、测试

(元)

定额编号		1-4-039	1-4-040	1-4-041	1-4-042
项目		主机规格			
		100 电源	101 处理器	102 模拟输入输出	104、105 数字输入输出
定额基价		462.88	858.88	779.68	700.48
人工费		396.00	792.00	712.80	633.60
材料费		66.88	66.88	66.88	66.88
机械费		0.00	0.00	0.00	0.00
综合人工 (39.60 元/(工·日))		10.00	20.00	18.00	16.00
主要消耗材料	汽油(120 号) (6.00 元/kg)	1.00	1.00	1.00	1.00
	信号笔 (12.00 元/支)	1.00	1.00	1.00	1.00
	扎带 (38.00 元/袋)	0.10	0.10	0.10	0.10
	电木板(5mm) (25.00 元/kg)	1.00	1.00	1.00	1.00
	擦拭布 (14.00 元/kg)	1.00	1.00	1.00	1.00
	其他材料费	6.08	6.08	6.08	6.08
施工机械	其他机械费	0.00	0.00	0.00	0.00

十三、电气柜控制线路配线

(元)

定额编号		1-4-043	1-4-044	1-4-045
项目		主机规格		
		EH3500	MT3600	R170
定额基价		9569.37	9173.37	9071.07
人工费		1425.60	1346.40	1306.80
材料费		7581.42	7264.62	7201.92
机械费		562.35	562.35	562.35
综合人工 (39.60 元/(工·日))		36.00	34.00	33.00
主要消耗材料	屏蔽双绞线 (8.12 元/米)	120.00	115.00	120.00
	擦拭布 (14.00 元/kg)	1.00	1.00	1.00
	汽油(120 号) (6.00 元/kg)	4.00	3.00	3.00
	端子头 (0.24 元/个)	320.00	280.00	290.00
	信号笔 (12.00 元/支)	5.00	4.00	4.00
	白布带 (8.00 元/卷)	1.00	1.00	1.00
	扎带 (38.00 元/袋)	0.50	0.50	0.50
	航空线 (10.00 元/米)	500.00	480.00	470.00
	透明包布 (15.00 元/卷)	1.00	1.00	1.00
	2.5mm^2 塑料软线 (0.68 元/米)	150.00	140.00	140.00
	1.5mm^2 塑料软线 (0.65 元/米)	200.00	180.00	180.00
	电木板(5mm) (25.00 元/kg)	10.00	10.00	10.00
	垫木 (7.30 元/kg)	30.00	30.00	30.00
	其他材料费	689.22	660.42	654.72
施工机械	吊装机械 (545.97 元/(台·班))	1.00	1.00	1.00
	其他机械费	16.38	16.38	16.38

十四、整车大线配线

(元)

定额编号		1-4-046	1-4-047	1-4-048
项目		主机规格		
		EH3500	MT3600	R170
定额基价		3212.78	3042.38	3002.78
人工费		1425.60	1346.40	1306.80
材料费		421.00	329.80	329.80
机械费		1366.18	1366.18	1366.18
综合人工 (39.60 元/(工·日))		36.00	34.00	33.00
主要消耗材料	擦拭布 (14.00 元/kg)	5.00	4.00	4.00
	汽油(120 号) (6.00 元/kg)	2.00	2.00	2.00
	信号笔 (12.00 元/支)	3.00	3.00	3.00
	凡士林 (10.91 元/kg)	3.00	2.00	2.00
	热缩管 (58.00 元/根)	4.00	3.00	3.00
	其他材料费	38.27	29.98	29.98
施工机械	吊装机械 (545.97 元/(台·班))	1.00	1.00	1.00
	运输机械 (480.42 元/(台·班))	1.00	1.00	1.00
	压力机 (100.00 元/(台·班))	3.00	3.00	3.00
	其他机械费	39.79	39.79	39.79

十五、整车大线安装、检查、测试

(元)

定额编号		1-4-049	1-4-050	1-4-051
项目		主机规格		
		EH3500	MT3600	R170
定额基价		4503.68	3533.33	3612.53
人工费		1900.80	1584.00	1663.20
材料费		421.00	329.80	329.80
机械费		2181.88	1619.53	1619.53
综合人工 (39.60 元/(工·日))		48.00	40.00	42.00
主要消耗材料	擦拭布 (14.00 元/kg)	5.00	4.00	4.00
	汽油(120 号) (6.00 元/kg)	2.00	2.00	2.00
	信号笔 (12.00 元/支)	3.00	3.00	3.00
	凡士林 (10.91 元/kg)	3.00	2.00	2.00
	热缩管 (58.00 元/根)	4.00	3.00	3.00
	其他材料费	38.27	29.98	29.98
施工机械	吊装机械 (545.97 元/(台·班))	3.00	2.00	2.00
	运输机械 (480.42 元/(台·班))	1.00	1.00	1.00
	其他机械费	63.55	47.17	47.17

十六、驾驶室控制线路配线

(元)

定 额 编 号		1-4-052	1-4-053	1-4-054
项 目		主 机 规 格		
		EH3500	MT3600	R170
定 额 基 价		9522.73	8895.18	9026.41
人 工 费		1425.60	1346.40	1306.80
材 料 费		7534.78	6986.43	7157.26
机 械 费		562.35	562.35	562.35
综合人工 (39.60 元/(工·日))		36.00	34.00	33.00
主要消耗材料	屏蔽双绞线 (8.12 元/米)	140.00	120.00	115.00
	擦拭布 (14.00 元/kg)	1.00	1.00	1.00
	汽油(120 号) (6.00 元/kg)	4.00	3.00	3.00
	端子头 (0.24 元/个)	300.00	280.00	290.00
	信号笔 (12.00 元/支)	5.00	4.00	4.00
	白布带 (8.00 元/卷)	1.00	1.00	1.00
	扎带 (38.00 元/袋)	0.50	0.50	0.50
	航空线 (10.00 元/米)	480.00	450.00	470.00
	透明包布 (15.00 元/卷)	1.00	1.00	1.00
	$2.5mm^2$ 塑料软线 (0.68 元/米)	150.00	140.00	140.00
	$1.5mm^2$ 塑料软线 (0.65 元/米)	200.00	190.00	180.00
	电木板(5mm) (25.00 元/kg)	10.00	10.00	10.00
	垫木 (7.30 元/kg)	30.00	30.00	30.00
	其他材料费	684.98	635.13	650.66
施工机械	吊装机械 (545.97 元/(台·班))	1.00	1.00	1.00
	其他机械费	16.38	16.38	16.38

十七、负载箱试验

(元)

定额编号		1-4-055	1-4-056	1-4-057
项目		主机规格		
		EH3500	MT3600	R170
定额基价		1009.58	3151.83	901.23
人工费		712.80	633.60	633.60
材料费		296.78	2518.23	267.63
机械费		0.00	0.00	0.00
综合人工 (39.60 元/(工·日))		18.00	16.00	16.00
主要消耗材料	屏蔽双绞线 (5.30 元/米)	30.00	25.00	25.00
	擦拭布 (14.00 元/kg)	1.00	1.00	1.00
	主回路连接线 (1023.00 元/米)	0.00	2.00	0.00
	信号笔 (12.00 元/支)	2.00	2.00	2.00
	扎带 (38.00 元/袋)	0.10	0.10	0.10
	塑料包布 (6.00 元/卷)	1.00	1.00	1.00
	1.5mm^2 二芯电缆 (2.10 元/米)	30.00	30.00	30.00
	其他材料费	26.98	228.93	24.33
施工机械	其他机械费	0.00	0.00	0.00

十八、整车调试

(元)

定 额 编 号		1-4-058	1-4-059	1-4-060
项 目		主 机 规 格		
		EH3500	MT3600	R170
定 额 基 价		1078.00	998.80	998.80
人 工 费		990.00	910.80	910.80
材 料 费		88.00	88.00	88.00
机 械 费		0.00	0.00	0.00
综合人工 (39.60 元/(工·日))		25.00	23.00	23.00
主要消耗材料	擦拭布 (14.00 元/kg)	1.00	1.00	1.00
	信号笔 (12.00 元/支)	2.00	2.00	2.00
	白布带 (8.00 元/卷)	1.00	1.00	1.00
	扎带 (38.00 元/袋)	0.50	0.50	0.50
	透明包布 (15.00 元/卷)	1.00	1.00	1.00
	其他材料费	8.00	8.00	8.00
施工机械	其他机械费	0.00	0.00	0.00

十九、联动试车

(元)

定额编号		1-4-061	1-4-062	1-4-063
项目		主机规格		
		EH3500	MT3600	R170
定额基价		680.90	562.10	562.10
人工费		594.00	475.20	475.20
材料费		86.90	86.90	86.90
机械费		0.00	0.00	0.00
综合人工（39.60元/(工·日)）		15.00	12.00	12.00
主要消耗材料	屏蔽双绞线（5.30元/米）	10.00	10.00	10.00
	擦拭布（14.00元/kg）	1.00	1.00	1.00
	信号笔（12.00元/支）	1.00	1.00	1.00
	其他材料费	7.90	7.90	7.90
施工机械	其他机械费	0.00	0.00	0.00

二十、定额总价

(元)

定额编号				
项目		主机规格		
		EH3500	MT3600	R170
定额基价		127098.63	114301.76	111632.07
人工费		30056.40	26769.60	26650.80
材料费		76679.31	69632.29	67081.40
机械费		20362.92	17899.87	17899.87
综合人工 (39.60 元/(工·日))				
主要消耗材料				
	其他材料费			
施工机械				
	其他机械费			

第五章　矿用汽车底盘

一、整车清洗、检查

(元)

定额编号		1-5-001	1-5-002	1-5-003	1-5-004	1-5-005
项目		主机规格				
		3307	A40E	TR100	R170	EH3500
定额基价		2301.43	3222.00	3682.28	4602.85	5063.14
人工费		237.60	332.64	380.16	475.20	522.72
材料费		296.40	414.96	474.24	592.81	652.09
机械费		1767.42	2474.39	2827.88	3534.85	3888.33
综合人工 (39.60 元/(工·日))		6.00	8.40	9.60	12.00	13.20
主要消耗材料	金属洗涤剂 (4.50 元/kg)	10.00	14.00	16.00	20.00	22.00
	高效清洗剂 (88.00 元/瓶)	1.00	1.40	1.60	2.00	2.20
	螺栓松动润滑剂 (30.00 元/瓶)	1.00	1.40	1.60	2.00	2.20
	氧气 (2.06 元/m³)	7.00	9.80	11.20	14.00	15.40
	乙炔 (13.45 元/m³)	3.00	4.20	4.80	6.00	6.60
	擦拭布 (14.00 元/kg)	5.00	7.00	8.00	10.00	11.00
	其他材料费	8.63	12.09	13.81	17.27	18.99
施工机械	吊装机械 (545.97 元/(台·班))	0.50	0.70	0.80	1.00	1.10
	运输机械 (480.42 元/(台·班))	0.50	0.70	0.80	1.00	1.10
	空气压缩机 (302.75 元/(台·班))	1.00	1.40	1.60	2.00	2.20
	清洗机 (300.00 元/(台·班))	3.00	4.20	4.80	6.00	6.60
	其他机械费	51.48	72.07	82.37	102.96	113.25

二、整车零件清洗

(元)

定额编号		1-5-006	1-5-007	1-5-008	1-5-009	1-5-010
项目		主机规格				
		3307	A40E	TR100	R170	EH3500
定额基价		8192.88	11470.03	13108.60	16385.75	18024.33
人工费		1188.00	1663.20	1900.80	2376.00	2613.60
材料费		1103.13	1544.38	1765.01	2206.26	2426.89
机械费		5901.75	8262.44	9442.79	11803.49	12983.84
综合人工 (39.60 元/(工·日))		30.00	42.00	48.00	60.00	66.00
主要消耗材料	金属洗涤剂 (4.50 元/kg)	62.00	86.80	99.20	124.00	136.40
	高效清洗剂 (88.00 元/瓶)	9.00	12.60	14.40	18.00	19.80
	其他材料费	32.13	44.98	51.41	64.26	70.69
施工机械	清洗机 (300.00 元/(台·班))	10.00	14.00	16.00	20.00	22.00
	吊装机械 (545.97 元/(台·班))	5.00	7.00	8.00	10.00	11.00
	其他机械费	171.90	240.65	275.03	343.79	378.17

三、车斗拆卸、清洗、修复、安装

(元)

定额编号		1-5-011	1-5-012	1-5-013	1-5-014	1-5-015
项目		主机规格				
		3307	A40E	TR100	R170	EH3500
定额基价		33721.63	45912.49	53954.62	67443.27	74187.60
人工费		4356.00	6098.40	6969.60	8712.00	9583.20
材料费		25062.39	35087.35	40099.83	50124.79	55137.26
机械费		4303.24	4726.74	6885.19	8606.48	9467.13
综合人工 (39.60 元/(工·日))		110.00	154.00	176.00	220.00	242.00
主要消耗材料	柴油 (7.76 元/kg)	10.00	14.00	16.00	20.00	22.00
	金属洗涤剂 (4.50 元/kg)	22.00	30.80	35.20	44.00	48.40
	脱漆剂 (76.00 元/升)	10.00	14.00	16.00	20.00	22.00
	高效清洗剂 (88.00 元/瓶)	1.00	1.40	1.60	2.00	2.20
	醇酸磁漆 (16.16 元/kg)	20.00	28.00	32.00	40.00	44.00
	醇酸漆稀释剂 (13.80 元/kg)	5.00	7.00	8.00	10.00	11.00
	裂纹渗透剂 (64.10 元/瓶)	1.00	1.40	1.60	2.00	2.20
	薄砂轮片 (13.56 元/片)	15.00	21.00	24.00	30.00	33.00
	氧气 (2.06 元/m³)	117.00	163.80	187.20	234.00	257.40
	乙炔 (13.45 元/m³)	68.00	95.20	108.80	136.00	149.60
	电焊条 (4.90 元/kg)	300.00	420.00	480.00	600.00	660.00
	钢材 (4.15 元/kg)	4800.00	6720.00	7680.00	9600.00	10560.00
	橡胶石棉板 (10.25 元/kg)	10.00	14.00	16.00	20.00	22.00
	其他材料费	729.97	1021.96	1167.96	1459.95	1605.94
施工机械	吊装机械 (545.97 元/(台·班))	2.00	2.80	3.20	4.00	4.40
	运输机械 (480.42 元/(台·班))	2.00	2.80	3.20	4.00	4.40
	电焊机 (77.10 元/(台·班))	10.00	14.00	16.00	20.00	22.00
	空气压缩机 (302.75 元/(台·班))	1.50	2.10	2.40	3.00	3.30
	清洗机 (300.00 元/(台·班))	3.00	4.20	4.80	6.00	6.60
	其他机械费	125.34	137.67	200.54	250.67	275.74

四、发动机拆卸、安装

(元)

定额编号		1-5-016	1-5-017	1-5-018	1-5-019	1-5-020
项目		主机规格				
		3307	A40E	TR100	R170	EH3500
定额基价		2432.18	3405.06	3891.49	4864.37	5350.80
人工费		1188.00	1663.20	1900.80	2376.00	2613.60
材料费		370.00	518.00	592.00	740.00	814.00
机械费		874.18	1223.85	1398.69	1748.36	1923.20
综合人工 (39.60元/(工·日))		30.00	42.00	48.00	60.00	66.00
主要消耗材料	平面密封胶 (35.00元/瓶)	2.00	2.80	3.20	4.00	4.40
	螺纹紧固胶 (68.00元/瓶)	2.00	2.80	3.20	4.00	4.40
	凡士林 (10.91元/kg)	0.50	0.70	0.80	1.00	1.10
	螺栓松动润滑剂 (30.00元/瓶)	1.00	1.40	1.60	2.00	2.20
	氧气 (2.06元/m³)	7.00	9.80	11.20	14.00	15.40
	乙炔 (13.45元/m³)	3.00	4.20	4.80	6.00	6.60
	擦拭布 (14.00元/kg)	3.00	4.20	4.80	6.00	6.60
	生料带 (7.00元/卷)	3.00	4.20	4.80	6.00	6.60
	其他材料费	10.78	15.09	17.24	21.55	23.71
施工机械	吊装机械 (545.97元/(台·班))	1.00	1.40	1.60	2.00	2.20
	空气压缩机 (302.75元/(台·班))	1.00	1.40	1.60	2.00	2.20
	其他机械费	25.46	35.65	40.74	50.92	56.02

五、变速箱拆卸、安装

(元)

定额编号		1-5-021	1-5-022	1-5-023	1-5-024	1-5-025
项目		主机规格				
		3307	A40E	TR100	R170	EH3500
定额基价		2274.53	3184.34	3639.24	4549.06	5003.96
人工费		475.20	665.28	760.32	950.40	1045.44
材料费		457.40	640.36	731.84	914.79	1006.27
机械费		1341.93	1878.70	2147.09	2683.86	2952.25
综合人工 (39.60 元/(工·日))		12.00	16.80	19.20	24.00	26.40
主要消耗材料	平面密封胶 (35.00 元/瓶)	0.50	0.70	0.80	1.00	1.10
	螺纹紧固胶 (68.00 元/瓶)	0.50	0.70	0.80	1.00	1.10
	凡士林 (10.91 元/kg)	0.50	0.70	0.80	1.00	1.10
	螺栓松动润滑剂 (30.00 元/瓶)	1.00	1.40	1.60	2.00	2.20
	擦拭布 (14.00 元/kg)	2.00	2.80	3.20	4.00	4.40
	机油 (15.00 元/kg)	10.00	14.00	16.00	20.00	22.00
	薄砂轮片 (13.56 元/片)	2.00	2.80	3.20	4.00	4.40
	脱漆剂 (76.00 元/升)	2.00	2.80	3.20	4.00	4.40
	其他材料费	13.32	18.65	21.32	26.64	29.31
施工机械	吊装机械 (545.97 元/(台·班))	1.00	1.40	1.60	2.00	2.20
	空气压缩机 (302.75 元/(台·班))	2.50	3.50	4.00	5.00	5.50
	其他机械费	39.09	54.72	62.54	78.17	85.99

六、前后传动轴拆卸、安装

(元)

定额编号		1-5-026	1-5-027	1-5-028	1-5-029	1-5-030
项目		主机规格				
		3307	A40E	TR100	R170	EH3500
定额基价		832.87	1177.26	1321.34	1665.73	1809.81
人工费		297.00	415.80	475.20	594.00	653.40
材料费		142.22	199.11	227.56	284.44	312.89
机械费		393.64	562.35	618.58	787.29	843.52
综合人工 (39.60 元/(工·日))		7.50	10.50	12.00	15.00	16.50
主要消耗材料	柴油 (7.76 元/kg)	5.00	7.00	8.00	10.00	11.00
	螺栓松动润滑剂 (30.00 元/瓶)	0.50	0.70	0.80	1.00	1.10
	擦拭布 (14.00 元/kg)	1.00	1.40	1.60	2.00	2.20
	氧气 (2.06 元/m³)	8.00	11.20	12.80	16.00	17.60
	乙炔 (13.45 元/m³)	4.00	5.60	6.40	8.00	8.80
	其他材料费	4.14	5.80	6.63	8.28	9.11
施工机械	吊装机械 (545.97 元/(台·班))	0.70	1.00	1.10	1.40	1.50
	其他机械费	11.47	16.38	18.02	22.93	24.57

七、驾驶室拆卸、清洗、板筋修复、装饰、安装　(元)

定额编号		1-5-031	1-5-032	1-5-033	1-5-034	1-5-035
项目		主机规格				
		3307	A40E	TR100	R170	EH3500
定额基价		10251.15	14351.61	16401.84	20502.30	22552.53
人工费		2772.00	3880.80	4435.20	5544.00	6098.40
材料费		4431.32	6203.84	7090.11	8862.64	9748.90
机械费		3047.83	4266.96	4876.53	6095.66	6705.23
综合人工 (39.60元/(工·日))		70.00	98.00	112.00	140.00	154.00
主要消耗材料	柴油 (7.76元/kg)	10.00	14.00	16.00	20.00	22.00
	高效清洗剂 (88.00元/瓶)	2.50	3.50	4.00	5.00	5.50
	金属洗涤剂 (4.50元/kg)	11.00	15.40	17.60	22.00	24.20
	螺栓松动润滑剂 (30.00元/瓶)	1.50	2.10	2.40	3.00	3.30
	平面密封胶 (35.00元/瓶)	5.00	7.00	8.00	10.00	11.00
	薄砂轮片 (13.56元/片)	6.00	8.40	9.60	12.00	13.20
	擦拭布 (14.00元/kg)	6.00	8.40	9.60	12.00	13.20
	钢材(花纹板) (5.10元/kg)	280.00	392.00	448.00	560.00	616.00
	夹层玻璃 (900.00元/m^2)	2.00	2.80	3.20	4.00	4.40
	地板革 (30.00元/米)	5.00	7.00	8.00	10.00	11.00
	塑料布 (16.83元/米)	2.00	2.80	3.20	4.00	4.40
	氧气 (2.06元/m^3)	18.00	25.20	28.80	36.00	39.60
	乙炔 (13.45元/m^3)	9.00	12.60	14.40	18.00	19.80
	其他材料费	129.07	180.69	206.51	258.14	283.95
施工机械	吊装机械 (545.97元/(台·班))	3.00	4.20	4.80	6.00	6.60
	空气压缩机 (302.75元/(台·班))	2.00	2.80	3.20	4.00	4.40
	电焊机 (77.10元/(台·班))	1.50	2.10	2.40	3.00	3.30
	清洗机 (300.00元/(台·班))	2.00	2.80	3.20	4.00	4.40
	其他机械费	88.77	124.28	142.03	177.54	195.30

八、冷却、散热系统及相关附件拆卸、维修、安装

(元)

定额编号		1-5-036	1-5-037	1-5-038	1-5-039	1-5-040
项目		主机规格				
		3307	A40E	TR100	R170	EH3500
定额基价		5448.05	7627.26	8716.87	10896.09	11985.70
人工费		1980.00	2772.00	3168.00	3960.00	4356.00
材料费		1346.96	1885.75	2155.14	2693.92	2963.32
机械费		2121.08	2969.52	3393.73	4242.17	4666.39
综合人工 (39.60元/(工·日))		50.00	70.00	80.00	100.00	110.00
主要消耗材料	柴油 (7.76元/kg)	10.00	14.00	16.00	20.00	22.00
	平面密封胶 (35.00元/瓶)	1.00	1.40	1.60	2.00	2.20
	螺纹紧固胶 (68.00元/瓶)	4.00	5.60	6.40	8.00	8.80
	螺栓松动润滑剂 (30.00元/瓶)	1.00	1.40	1.60	2.00	2.20
	裂纹渗透剂 (64.10元/瓶)	2.00	2.80	3.20	4.00	4.40
	裂纹显示剂 (18.58元/瓶)	3.00	4.20	4.80	6.00	6.60
	脱漆剂 (76.00元/升)	5.00	7.00	8.00	10.00	11.00
	电焊条 (4.90元/kg)	12.50	17.50	20.00	25.00	27.50
	擦拭布 (14.00元/kg)	6.00	8.40	9.60	12.00	13.20
	氧气 (2.06元/m³)	24.00	33.60	38.40	48.00	52.80
	乙炔 (13.45元/m³)	10.00	14.00	16.00	20.00	22.00
	其他材料费	39.23	54.92	62.77	78.46	86.31
施工机械	吊装机械 (545.97元/(台·班))	1.50	2.10	2.40	3.00	3.30
	空气压缩机 (302.75元/(台·班))	3.00	4.20	4.80	6.00	6.60
	电焊机 (77.10元/(台·班))	1.50	2.10	2.40	3.00	3.30
	探伤机 (144.30元/(台·班))	1.50	2.10	2.40	3.00	3.30
	其他机械费	61.78	86.49	98.85	123.56	135.91

九、液压油油箱和洗油油箱总成拆卸、清洗、维修、安装

(元)

定额编号		1-5-041	1-5-042	1-5-043	1-5-044	1-5-045
项目		主机规格				
		3307	A40E	TR100	R170	EH3500
定额基价		6109.25	7687.75	9774.81	12218.51	13440.36
人工费		1584.00	2217.60	2534.40	3168.00	3484.80
材料费		1770.98	2479.37	2833.57	3541.96	3896.16
机械费		2754.27	2990.78	4406.83	5508.54	6059.40
综合人工 (39.60 元/(工·日))		40.00	56.00	64.00	80.00	88.00
主要消耗材料	柴油 (7.76 元/kg)	30.00	42.00	48.00	60.00	66.00
	平面密封胶 (35.00 元/瓶)	1.00	1.40	1.60	2.00	2.20
	螺纹紧固胶 (68.00 元/瓶)	1.00	1.40	1.60	2.00	2.20
	脱漆剂 (76.00 元/升)	10.00	14.00	16.00	20.00	22.00
	高效清洗剂 (88.00 元/瓶)	2.50	3.50	4.00	5.00	5.50
	螺栓松动润滑剂 (30.00 元/瓶)	1.50	2.10	2.40	3.00	3.30
	裂纹渗透剂 (64.10 元/瓶)	1.50	2.10	2.40	3.00	3.30
	裂纹显示剂 (18.58 元/瓶)	1.50	2.10	2.40	3.00	3.30
	塑料布 (16.83 元/米)	2.00	2.80	3.20	4.00	4.40
	薄砂轮片 (13.56 元/片)	4.00	5.60	6.40	8.00	8.80
	电焊条 (4.90 元/kg)	8.00	11.20	12.80	16.00	17.60
	氧气 (2.06 元/m³)	13.00	18.20	20.80	26.00	28.60
	乙炔 (13.45 元/m³)	6.00	8.40	9.60	12.00	13.20
	其他材料费	51.58	72.21	82.53	103.16	113.48
施工机械	吊装机械 (545.97 元/(台·班))	2.50	3.50	4.00	5.00	5.50
	空气压缩机 (302.75 元/(台·班))	1.50	2.10	2.40	3.00	3.30
	电焊机 (77.10 元/(台·班))	0.50	0.70	0.80	1.00	1.10
	探伤机 (144.30 元/(台·班))	1.50	2.10	2.40	3.00	3.30
	清洗机 (300.00 元/(台·班))	2.00	2.80	3.20	4.00	4.40
	其他机械费	80.22	87.11	128.35	160.44	176.49

十、发动机排气系统附件及管路维修

(元)

定额编号		1-5-046	1-5-047	1-5-048	1-5-049	1-5-050
项目		主机规格				
		3307	A40E	TR100	R170	EH3500
定额基价		1225.64	1715.89	1961.02	2451.28	2696.41
人工费		396.00	554.40	633.60	792.00	871.20
材料费		236.63	331.29	378.61	473.26	520.59
机械费		593.01	830.21	948.81	1186.01	1304.62
综合人工 (39.60元/(工·日))		10.00	14.00	16.00	20.00	22.00
主要消耗材料	螺栓松动润滑剂 (30.00元/瓶)	0.50	0.70	0.80	1.00	1.10
	平面密封胶 (35.00元/瓶)	1.00	1.40	1.60	2.00	2.20
	螺纹紧固胶 (68.00元/瓶)	1.00	1.40	1.60	2.00	2.20
	薄砂轮片 (13.56元/片)	2.00	2.80	3.20	4.00	4.40
	擦拭布 (14.00元/kg)	1.00	1.40	1.60	2.00	2.20
	凡士林 (10.91元/kg)	2.00	2.80	3.20	4.00	4.40
	螺栓松动润滑剂 (30.00元/瓶)	1.00	1.40	1.60	2.00	2.20
	橡胶石棉板 (9.40元/kg)	2.00	2.80	3.20	4.00	4.40
	其他材料费	6.89	9.65	11.03	13.78	15.16
施工机械	吊装机械 (545.97元/(台·班))	0.50	0.70	0.80	1.00	1.10
	空气压缩机 (302.75元/(台·班))	1.00	1.40	1.60	2.00	2.20
	其他机械费	17.27	24.18	27.64	34.54	38.00

十一、轮胎拆卸、安装

(元)

定额编号		1-5-051	1-5-052	1-5-053	1-5-054	1-5-055
项目		主机规格				
		3307	A40E	TR100	R170	EH3500
定额基价		1891.58	2656.14	3058.21	3783.17	4145.64
人工费		475.20	673.20	792.00	950.40	1029.60
材料费		294.79	412.70	471.66	589.57	648.53
机械费		1121.60	1570.24	1794.56	2243.20	2467.52
综合人工 (39.60 元/(工·日))		12.00	17.00	20.00	24.00	26.00
主要消耗材料	螺栓松动润滑剂 (30.00 元/瓶)	1.00	1.40	1.60	2.00	2.20
	氧气 (2.06 元/m³)	7.00	9.80	11.20	14.00	15.40
	乙炔 (13.45 元/m³)	3.00	4.20	4.80	6.00	6.60
	柴油 (7.76 元/kg)	2.00	2.80	3.20	4.00	4.40
	机油 (15.00 元/kg)	2.00	2.80	3.20	4.00	4.40
	凡士林 (10.91 元/kg)	1.00	1.40	1.60	2.00	2.20
	乐泰胶(515) (35.00 元/支)	0.50	0.70	0.80	1.00	1.10
	平面密封胶 (35.00 元/瓶)	0.50	0.70	0.80	1.00	1.10
	螺纹紧固胶 (68.00 元/瓶)	0.50	0.70	0.80	1.00	1.10
	脱漆剂 (76.00 元/升)	1.00	1.40	1.60	2.00	2.20
	其他材料费	8.59	12.02	13.74	17.17	18.89
施工机械	吊装机械 (545.97 元/(台·班))	1.00	1.40	1.60	2.00	2.20
	空气压缩机 (302.75 元/(台·班))	1.00	1.40	1.60	2.00	2.20
	运输机械 (480.42 元/(台·班))	0.50	0.70	0.80	1.00	1.10
	其他机械费	32.67	45.74	52.27	65.34	71.87

十二、前桥总成拆卸、清洗、维修、安装

(元)

	定额编号	1-5-056	1-5-057	1-5-058	1-5-059	1-5-060
项目		主机规格				
		3307	A40E	TR100	R170	EH3500
	定额基价	5945.56	8323.78	9512.89	11891.11	13080.22
	人工费	1980.00	2772.00	3168.00	3960.00	4356.00
	材料费	939.41	1315.18	1503.06	1878.82	2066.71
	机械费	3026.15	4236.60	4841.83	6052.29	6657.52
	综合人工 (39.60 元/(工·日))	50.00	70.00	80.00	100.00	110.00
主要消耗材料	柴油 (7.76 元/kg)	17.00	23.80	27.20	34.00	37.40
	机油 (15.00 元/kg)	6.00	8.40	9.60	12.00	13.20
	齿轮油 (19.26 元/kg)	11.00	15.40	17.60	22.00	24.20
	锂基脂 (5.00 元/kg)	10.00	14.00	16.00	20.00	22.00
	平面密封胶 (35.00 元/瓶)	1.00	1.40	1.60	2.00	2.20
	螺栓松动润滑剂 (30.00 元/瓶)	0.70	0.98	1.12	1.40	1.54
	金属洗涤剂 (4.50 元/kg)	5.00	7.00	8.00	10.00	11.00
	薄砂轮片 (13.56 元/片)	4.00	5.60	6.40	8.00	8.80
	8 号铁线(2.70 元/kg)	4.00	5.60	6.40	8.00	8.80
	电焊条 (4.90 元/kg)	22.00	30.80	35.20	44.00	48.40
	擦拭布 (14.00 元/kg)	4.00	5.60	6.40	8.00	8.80
	氧气 (2.06 元/m^3)	13.00	18.20	20.80	26.00	28.60
	乙炔 (13.45 元/m^3)	7.00	9.80	11.20	14.00	15.40
	其他材料费	27.36	38.31	43.78	54.72	60.20
施工机械	吊装机械 (545.97 元/(台·班))	4.00	5.60	6.40	8.00	8.80
	空气压缩机 (302.75 元/(台·班))	1.50	2.10	2.40	3.00	3.30
	清洗机 (300.00 元/(台·班))	1.00	1.40	1.60	2.00	2.20
	其他机械费	88.14	123.40	141.02	176.28	193.91

十三、后桥总成拆卸、清洗、维修、安装 (元)

定额编号		1-5-061	1-5-062	1-5-063	1-5-064	1-5-065
项目		主机规格				
		3307	A40E	TR100	R170	EH3500
定额基价		7443.21	10420.49	11909.14	14886.42	16375.06
人工费		2772.00	3880.80	4435.20	5544.00	6098.40
材料费		1333.23	1866.52	2133.17	2666.46	2933.11
机械费		3337.98	4673.17	5340.76	6675.96	7343.55
综合人工 (39.60 元/(工·日))		70.00	98.00	112.00	140.00	154.00
主要消耗材料	柴油 (7.76 元/kg)	24.00	33.60	38.40	48.00	52.80
	机油 (15.00 元/kg)	9.00	12.60	14.40	18.00	19.80
	齿轮油 (19.26 元/kg)	15.00	21.00	24.00	30.00	33.00
	锂基脂 (5.00 元/kg)	15.00	21.00	24.00	30.00	33.00
	平面密封胶 (35.00 元/瓶)	1.50	2.10	2.40	3.00	3.30
	螺栓松动润滑剂 (30.00 元/瓶)	1.00	1.40	1.60	2.00	2.20
	金属洗涤剂 (4.50 元/kg)	5.00	7.00	8.00	10.00	11.00
	薄砂轮片 (13.56 元/片)	6.00	8.40	9.60	12.00	13.20
	8 号铁线(2.70 元/kg)	6.00	8.40	9.60	12.00	13.20
	电焊条 (4.90 元/kg)	30.00	42.00	48.00	60.00	66.00
	擦拭布 (14.00 元/kg)	6.00	8.40	9.60	12.00	13.20
	氧气 (2.06 元/m³)	20.00	28.00	32.00	40.00	44.00
	乙炔 (13.45 元/m³)	10.00	14.00	16.00	20.00	22.00
	其他材料费	38.83	54.36	62.13	77.66	85.43
施工机械	吊装机械 (545.97 元/(台·班))	4.00	5.60	6.40	8.00	8.80
	空气压缩机 (302.75 元/(台·班))	2.50	3.50	4.00	5.00	5.50
	清洗机 (300.00 元/(台·班))	1.00	1.40	1.60	2.00	2.20
	其他机械费	97.22	136.11	155.56	194.45	213.89

十四、空气系统拆卸、清洗、维修、安装

(元)

定额编号		1-5-066	1-5-067	1-5-068	1-5-069	1-5-070
项目		主机规格				
		3307	A40E	TR100	R170	EH3500
定额基价		4663.25	6528.55	7461.20	9326.51	10259.16
人工费		1980.00	2772.00	3168.00	3960.00	4356.00
材料费		855.47	1197.65	1368.75	1710.93	1882.03
机械费		1827.79	2558.90	2924.46	3655.57	4021.13
综合人工 (39.60元/(工·日))		50.00	70.00	80.00	100.00	110.00
主要消耗材料	柴油 (7.76元/kg)	10.00	14.00	16.00	20.00	22.00
	脱漆剂 (76.00元/升)	2.00	2.80	3.20	4.00	4.40
	高效清洗剂 (88.00元/瓶)	2.00	2.80	3.20	4.00	4.40
	金属洗涤剂 (4.50元/kg)	5.00	7.00	8.00	10.00	11.00
	螺栓松动润滑剂 (30.00元/瓶)	2.10	2.94	3.36	4.20	4.62
	裂纹渗透剂 (64.10元/瓶)	1.00	1.40	1.60	2.00	2.20
	裂纹显示剂 (18.58元/瓶)	1.00	1.40	1.60	2.00	2.20
	裂纹清洗剂 (18.29元/瓶)	1.00	1.40	1.60	2.00	2.20
	凡士林 (10.91元/kg)	2.00	2.80	3.20	4.00	4.40
	砂布 (1.00元/张)	15.00	21.00	24.00	30.00	33.00
	塑料布 (16.83元/米)	2.00	2.80	3.20	4.00	4.40
	擦拭布 (14.00元/kg)	12.00	16.80	19.20	24.00	26.40
	其他材料费	24.92	34.88	39.87	49.83	54.82
施工机械	空气压缩机 (302.75元/(台·班))	4.00	5.60	6.40	8.00	8.80
	电焊机 (77.10元/(台·班))	0.50	0.70	0.80	1.00	1.10
	加热电炉箱 (150.00元/(台·班))	1.50	2.10	2.40	3.00	3.30
	清洗机 (300.00元/(台·班))	1.00	1.40	1.60	2.00	2.20
	其他机械费	53.24	74.53	85.18	106.47	117.12

十五、液压系统元件拆卸、维修、安装

(元)

定额编号		1-5-071	1-5-072	1-5-073	1-5-074	1-5-075
项目		主机规格				
		3307	A40E	TR100	R170	EH3500
定额基价		10544.86	14762.80	16871.78	21089.72	23198.69
人工费		3168.00	4435.20	5068.80	6336.00	6969.60
材料费		1809.38	2533.13	2895.01	3618.76	3980.64
机械费		5567.48	7794.47	8907.97	11134.96	12248.46
综合人工 (39.60元/(工·日))		80.00	112.00	128.00	160.00	176.00
主要消耗材料	柴油 (7.76元/kg)	55.00	77.00	88.00	110.00	121.00
	机油 (15.00元/kg)	25.00	35.00	40.00	50.00	55.00
	齿轮油 (19.26元/kg)	5.00	7.00	8.00	10.00	11.00
	液压油 (19.58元/kg)	20.00	28.00	32.00	40.00	44.00
	平面密封胶 (35.00元/瓶)	1.50	2.10	2.40	3.00	3.30
	螺纹紧固胶 (68.00元/瓶)	1.00	1.40	1.60	2.00	2.20
	丙酮 (12.00元/升)	8.00	11.20	12.80	16.00	17.60
	螺栓松动润滑剂 (30.00元/瓶)	1.50	2.10	2.40	3.00	3.30
	擦拭布 (14.00元/kg)	7.00	9.80	11.20	14.00	15.40
	氧气 (2.06元/m³)	13.00	18.20	20.80	26.00	28.60
	乙炔 (13.45元/m³)	6.00	8.40	9.60	12.00	13.20
	其他材料费	52.70	73.78	84.32	105.40	115.94
施工机械	吊装机械 (545.97元/(台·班))	6.00	8.40	9.60	12.00	13.20
	空气压缩机 (302.75元/(台·班))	5.00	7.00	8.00	10.00	11.00
	电焊机 (77.10元/(台·班))	0.50	0.70	0.80	1.00	1.10
	探伤机 (144.30元/(台·班))	4.00	5.60	6.40	8.00	8.80
	其他机械费	162.16	227.02	259.46	324.32	356.75

十六、举升、转向系统拆卸、清洗、维修、安装

(元)

定额编号		1-5-076	1-5-077	1-5-078	1-5-079	1-5-080
项目		主机规格				
		3307	A40E	TR100	R170	EH3500
定额基价		5394.01	7551.62	8630.42	10788.03	11866.83
人工费		3366.00	4712.40	5385.60	6732.00	7405.20
材料费		688.92	964.48	1102.27	1377.83	1515.62
机械费		1339.10	1874.74	2142.56	2678.20	2946.02
综合人工 (39.60 元/(工·日))		85.00	119.00	136.00	170.00	187.00
主要消耗材料	柴油 (7.76 元/kg)	25.00	35.00	40.00	50.00	55.00
	机油 (15.00 元/kg)	10.00	14.00	16.00	20.00	22.00
	凡士林 (10.91 元/kg)	3.10	4.34	4.96	6.20	6.82
	平面密封胶 (35.00 元/瓶)	1.00	1.40	1.60	2.00	2.20
	螺纹紧固胶 (68.00 元/瓶)	1.00	1.40	1.60	2.00	2.20
	螺栓松动润滑剂 (30.00 元/瓶)	1.00	1.40	1.60	2.00	2.20
	金属洗涤剂 (4.50 元/kg)	5.00	7.00	8.00	10.00	11.00
	裂纹渗透剂 (64.10 元/瓶)	1.00	1.40	1.60	2.00	2.20
	裂纹显示剂 (18.58 元/瓶)	1.00	1.40	1.60	2.00	2.20
	裂纹清洗剂 (18.29 元/瓶)	1.00	1.40	1.60	2.00	2.20
	水砂纸 (1.00 元/张)	7.00	9.80	11.20	14.00	15.40
	薄砂轮片 (13.56 元/片)	1.00	1.40	1.60	2.00	2.20
	擦拭布 (14.00 元/kg)	1.00	1.40	1.60	2.00	2.20
	其他材料费	20.07	28.09	32.10	40.13	44.14
施工机械	吊装机械 (545.97 元/(台·班))	1.00	1.40	1.60	2.00	2.20
	空气压缩机 (302.75 元/(台·班))	1.50	2.10	2.40	3.00	3.30
	清洗机 (300.00 元/(台·班))	1.00	1.40	1.60	2.00	2.20
	其他机械费	39.00	54.60	62.40	78.01	85.81

十七、减震系统拆卸、维修、安装

(元)

定额编号		1-5-081	1-5-082	1-5-083	1-5-084	1-5-085
项目		主机规格				
		3307	A40E	TR100	R170	EH3500
定额基价		3936.55	5511.16	6298.47	7873.09	8660.40
其中	人工费	1584.00	2217.60	2534.40	3168.00	3484.80
	材料费	1122.88	1572.03	1796.60	2245.75	2470.33
	机械费	1229.67	1721.54	1967.47	2459.34	2705.28
综合人工 (39.60 元/(工·日))		40.00	56.00	64.00	80.00	88.00
主要消耗材料	柴油 (7.76 元/kg)	20.00	28.00	32.00	40.00	44.00
	液压油 (19.58 元/kg)	10.00	14.00	16.00	20.00	22.00
	机油 (15.00 元/kg)	10.00	14.00	16.00	20.00	22.00
	螺栓松动润滑剂 (30.00 元/瓶)	0.80	1.12	1.28	1.60	1.76
	脱漆剂 (76.00 元/升)	2.00	2.80	3.20	4.00	4.40
	裂纹渗透剂 (64.10 元/瓶)	1.00	1.40	1.60	2.00	2.20
	裂纹显示剂 (18.58 元/瓶)	1.00	1.40	1.60	2.00	2.20
	丙酮 (12.00 元/升)	12.00	16.80	19.20	24.00	26.40
	电焊条 (4.90 元/kg)	2.00	2.80	3.20	4.00	4.40
	氮气 (1.73 元/升)	40.00	56.00	64.00	80.00	88.00
	擦拭布 (14.00 元/kg)	2.00	2.80	3.20	4.00	4.40
	氧气 (2.06 元/m³)	19.00	26.60	30.40	38.00	41.80
	乙炔 (13.45 元/m³)	3.00	4.20	4.80	6.00	6.60
	其他材料费	32.71	45.79	52.33	65.41	71.95
施工机械	吊装机械 (545.97 元/(台·班))	1.50	2.10	2.40	3.00	3.30
	空气压缩机 (302.75 元/(台·班))	1.00	1.40	1.60	2.00	2.20
	探伤机 (144.30 元/(台·班))	0.50	0.70	0.80	1.00	1.10
	其他机械费	35.82	50.14	57.31	71.63	78.79

十八、整车电气线路拆卸、维修、安装

(元)

定额编号		1-5-086	1-5-087	1-5-088	1-5-089	1-5-090
项目		主机规格				
		3307	A40E	TR100	R170	EH3500
定额基价		4920.18	6888.25	7872.28	9840.35	10824.39
人工费		2376.00	3326.40	3801.60	4752.00	5227.20
材料费		2388.26	3343.57	3821.22	4776.52	5254.17
机械费		155.92	218.28	249.47	311.83	343.02
综合人工 (39.60元/(工·日))		60.00	84.00	96.00	120.00	132.00
主要消耗材料	柴油 (7.76元/kg)	10.00	14.00	16.00	20.00	22.00
	平面密封胶 (35.00元/瓶)	0.30	0.42	0.48	0.60	0.66
	螺纹紧固胶 (68.00元/瓶)	0.20	0.28	0.32	0.40	0.44
	脱漆剂 (76.00元/升)	10.00	14.00	16.00	20.00	22.00
	螺栓松动润滑剂 (30.00元/瓶)	2.00	2.80	3.20	4.00	4.40
	焊锡丝 (15.00元/盒)	2.00	2.80	3.20	4.00	4.40
	绝缘包布 (3.50元/卷)	10.00	14.00	16.00	20.00	22.00
	扎带 (38.00元/袋)	1.00	1.40	1.60	2.00	2.20
	乙烯线 (4.16元/米)	200.00	280.00	320.00	400.00	440.00
	卡扣 (2.80元/个)	50.00	70.00	80.00	100.00	110.00
	擦拭布 (14.00元/kg)	23.00	32.20	36.80	46.00	50.60
	其他材料费	69.56	97.39	111.30	139.12	153.03
施工机械	空气压缩机 (302.75元/(台·班))	0.50	0.70	0.80	1.00	1.10
	其他机械费	4.54	6.36	7.27	9.08	9.99

十九、制动器及管路拆卸、安装

(元)

定额编号		1-5-091	1-5-092	1-5-093	1-5-094	1-5-095
项目		主机规格				
		3307	A40E	TR100	R170	EH3500
定额基价		1626.18	2287.89	2590.63	3252.35	3611.33
人工费		792.00	1108.80	1267.20	1584.00	1742.40
材料费		409.87	573.82	655.80	819.75	901.72
机械费		424.30	605.27	667.64	848.60	967.21
综合人工 (39.60 元/(工·日))		20.00	28.00	32.00	40.00	44.00
主要消耗材料	平面密封胶 (35.00 元/瓶)	0.30	0.42	0.48	0.60	0.66
	螺纹紧固胶 (68.00 元/瓶)	0.30	0.42	0.48	0.60	0.66
	螺栓松动润滑剂 (30.00 元/瓶)	0.10	0.14	0.16	0.20	0.22
	胶带纸 (1.65 元/卷)	1.00	1.40	1.60	2.00	2.20
	擦拭布 (14.00 元/kg)	1.00	1.40	1.60	2.00	2.20
	塑料布 (16.83 元/米)	1.00	1.40	1.60	2.00	2.20
	氧气 (2.06 元/m³)	3.00	4.20	4.80	6.00	6.60
	乙炔 (13.45 元/m³)	1.50	2.10	2.40	3.00	3.30
	柴油 (7.76 元/kg)	20.00	28.00	32.00	40.00	44.00
	机油 (15.00 元/kg)	10.00	14.00	16.00	20.00	22.00
	其他材料费	11.94	16.71	19.10	23.88	26.26
施工机械	空气压缩机 (302.75 元/(台·班))	1.00	1.40	1.60	2.00	2.20
	吊装机械 (545.97 元/(台·班))	0.20	0.30	0.30	0.40	0.50
	其他机械费	12.36	17.63	19.45	24.72	28.17

二十、仪表显示系统线路检测、修复

(元)

定额编号		1-5-096	1-5-097	1-5-098	1-5-099	1-5-100
项目		主机规格				
		3307	A40E	TR100	R170	EH3500
定额基价		962.34	1347.27	1539.74	1924.67	2117.14
人工费		792.00	1108.80	1267.20	1584.00	1742.40
材料费		14.42	20.19	23.07	28.84	31.72
机械费		155.92	218.28	249.47	311.83	343.02
综合人工 (39.60 元/(工·日))		20.00	28.00	32.00	40.00	44.00
主要消耗材料	擦拭布 (14.00 元/kg)	1.00	1.40	1.60	2.00	2.20
	其他材料费	0.42	0.59	0.67	0.84	0.92
施工机械	空气压缩机 (302.75 元/(台·班))	0.50	0.70	0.80	1.00	1.10
	其他机械费	4.54	6.36	7.27	9.08	9.99

二十一、主控阀维修及安装

(元)

定额编号		1-5-101	1-5-102	1-5-103	1-5-104	1-5-105
项目		主机规格				
		3307	A40E	TR100	R170	EH3500
定额基价		850.44	1190.62	1360.71	1700.89	1870.98
人工费		297.00	415.80	475.20	594.00	653.40
材料费		323.21	452.50	517.14	646.43	711.07
机械费		230.23	322.32	368.37	460.46	506.51
综合人工 (39.60 元/(工·日))		7.50	10.50	12.00	15.00	16.50
主要消耗材料	柴油 (7.76 元/kg)	5.00	7.00	8.00	10.00	11.00
	机油 (15.00 元/kg)	5.00	7.00	8.00	10.00	11.00
	砂布 (1.00 元/张)	4.00	5.60	6.40	8.00	8.80
	擦拭布 (14.00 元/kg)	1.00	1.40	1.60	2.00	2.20
	螺栓松动润滑剂 (30.00 元/瓶)	1.00	1.40	1.60	2.00	2.20
	脱漆剂 (76.00 元/升)	2.00	2.80	3.20	4.00	4.40
	其他材料费	9.41	13.18	15.06	18.83	20.71
施工机械	空气压缩机 (302.75 元/(台·班))	0.50	0.70	0.80	1.00	1.10
	探伤机 (144.30 元/(台·班))	0.50	0.70	0.80	1.00	1.10
	其他机械费	6.71	9.39	10.73	13.41	14.75

二十二、车架维修

(元)

定额编号		1-5-106	1-5-107	1-5-108	1-5-109	1-5-110
项目		主机规格				
		3307	A40E	TR100	R170	EH3500
定额基价		4796.48	6084.71	7254.12	9067.65	9711.77
人工费		1584.00	2217.60	2534.40	3168.00	3484.80
材料费		2139.76	2365.31	3003.38	3754.23	3867.00
机械费		1072.71	1501.80	1716.34	2145.43	2359.97
综合人工 (39.60 元/(工·日))		40.00	56.00	64.00	80.00	88.00
主要消耗材料	脱漆剂 (76.00 元/升)	2.00	2.80	3.20	4.00	4.40
	钢材(花纹板) (5.10 元/kg)	300.00	300.00	400.00	500.00	500.00
	薄砂轮片 (13.56 元/片)	10.00	14.00	16.00	20.00	22.00
	氧气 (2.06 元/m³)	24.00	33.60	38.40	48.00	52.80
	乙炔 (13.45 元/m³)	12.00	16.80	19.20	24.00	26.40
	电焊条 (4.90 元/kg)	10.00	14.00	16.00	20.00	22.00
	其他材料费	62.32	68.89	87.48	109.35	112.63
施工机械	吊装机械 (545.97 元/(台·班))	1.00	1.40	1.60	2.00	2.20
	空气压缩机 (302.75 元/(台·班))	1.00	1.40	1.60	2.00	2.20
	电焊机 (77.10 元/(台·班))	2.50	3.50	4.00	5.00	5.50
	其他机械费	31.24	43.74	49.99	62.49	68.74

二十三、消音器及烟道维修

(元)

定额编号		1-5-111	1-5-112	1-5-113	1-5-114	1-5-115
项目		主机规格				
		3307	A40E	TR100	R170	EH3500
定额基价		1158.88	1622.43	1854.20	2317.76	2549.53
人工费		594.00	831.60	950.40	1188.00	1306.80
材料费		124.88	174.83	199.80	249.75	274.73
机械费		440.00	616.00	704.00	880.00	968.00
综合人工 (39.60 元/(工·日))		15.00	21.00	24.00	30.00	33.00
主要消耗材料	薄砂轮片 (13.56 元/片)	4.00	5.60	6.40	8.00	8.80
	白钢焊条 (67.00 元/kg)	1.00	1.40	1.60	2.00	2.20
	其他材料费	3.64	5.09	5.82	7.27	8.00
施工机械	吊装机械 (545.97 元/(台·班))	0.50	0.70	0.80	1.00	1.10
	电焊机 (77.10 元/(台·班))	2.00	2.80	3.20	4.00	4.40
	其他机械费	12.82	17.94	20.50	25.63	28.19

二十四、储能器分解、维修、安装

(元)

定额编号		1-5-116	1-5-117	1-5-118	1-5-119	1-5-120
项目		主机规格				
		3307	A40E	TR100	R170	EH3500
定额基价		677.23	948.12	1083.57	1354.46	1489.90
人工费		396.00	554.40	633.60	792.00	871.20
材料费		203.27	284.58	325.23	406.54	447.20
机械费		77.96	109.14	124.73	155.92	171.51
综合人工 (39.60 元/(工·日))		10.00	14.00	16.00	20.00	22.00
主要消耗材料	柴油 (7.76 元/kg)	5.00	7.00	8.00	10.00	11.00
	机油 (15.00 元/kg)	5.00	7.00	8.00	10.00	11.00
	凡士林 (10.91 元/kg)	5.00	7.00	8.00	10.00	11.00
	螺栓松动润滑剂 (30.00 元/瓶)	0.50	0.70	0.80	1.00	1.10
	擦拭布 (14.00 元/kg)	1.00	1.40	1.60	2.00	2.20
	其他材料费	5.92	8.29	9.47	11.84	13.03
施工机械	空气压缩机 (302.75 元/(台·班))	0.25	0.35	0.40	0.50	0.55
	其他机械费	2.27	3.18	3.63	4.54	5.00

二十五、牵引车架与挂车车架分解、连接

(元)

定额编号		1-5-121	1-5-122	1-5-123	1-5-124	1-5-125
项目		主机规格				
		3307	A40E	TR100	R170	EH3500
定额基价		0.00	2958.62	0.00	0.00	0.00
人工费		0.00	396.00	0.00	0.00	0.00
材料费		0.00	345.26	0.00	0.00	0.00
机械费		0.00	2217.36	0.00	0.00	0.00
综合人工 (39.60元/(工·日))		0.00	10.00	0.00	0.00	0.00
主要消耗材料	机油 (15.00元/kg)	0.00	10.00	0.00	0.00	0.00
	柴油 (7.76元/kg)	0.00	20.00	0.00	0.00	0.00
	螺栓松动润滑剂 (30.00元/瓶)	0.00	1.00	0.00	0.00	0.00
	其他材料费	0.00	10.06	0.00	0.00	0.00
施工机械	吊装机械 (545.97元/(台·班))	0.00	2.00	0.00	0.00	0.00
	运输机械 (480.42元/(台·班))	0.00	2.00	0.00	0.00	0.00
	压力机 (100.00元/(台·班))	0.00	1.00	0.00	0.00	0.00
	其他机械费	0.00	64.58	0.00	0.00	0.00

说明：无3307、TR100、R170、EH3500车型。

二十六、PTO 检修

(元)

定额编号		1-5-126	1-5-127	1-5-128	1-5-129	1-5-130
项目		主机规格				
		3307	A40E	TR100	R170	EH3500
定额基价		1863.52	0.00	2981.63	0.00	0.00
人工费		594.00	0.00	950.40	0.00	0.00
材料费		551.26	0.00	882.01	0.00	0.00
机械费		718.27	0.00	1149.22	0.00	0.00
综合人工 (39.60 元/(工·日))		15.00	0.00	24.00	0.00	0.00
主要消耗材料	机油 (15.00 元/kg)	10.00	0.00	16.00	0.00	0.00
	齿轮油 (19.26 元/kg)	20.00	0.00	32.00	0.00	0.00
	其他材料费	16.06	0.00	25.69	0.00	0.00
施工机械	吊装机械 (545.97 元/(台·班))	1.00	0.00	1.60	0.00	0.00
	空气压缩机 (302.75 元/(台·班))	0.50	0.00	0.80	0.00	0.00
	其他机械费	20.92	0.00	33.47	0.00	0.00

说明: A40E、R170、EH3500 车型无此项检修。

二十七、走台、护栏、前脸板筋检修

(元)

定额编号		1-5-131	1-5-132	1-5-133	1-5-134	1-5-135
项目		主机规格				
		3307	A40E	TR100	R170	EH3500
定额基价		5828.16	8159.43	9325.06	11656.32	12821.96
人工费		1980.00	2772.00	3168.00	3960.00	4356.00
材料费		2252.81	3153.93	3604.49	4505.61	4956.17
机械费		1595.36	2233.50	2552.57	3190.71	3509.78
综合人工 (39.60 元/(工·日))		50.00	70.00	80.00	100.00	110.00
主要消耗材料	电焊条 (4.90 元/kg)	40.00	56.00	64.00	80.00	88.00
	钢丝绳 (7.64 元/kg)	10.00	14.00	16.00	20.00	22.00
	钢材(花纹板) (5.10 元/kg)	300.00	420.00	480.00	600.00	660.00
	白钢焊条 (67.00 元/kg)	1.00	1.40	1.60	2.00	2.20
	薄砂轮片 (13.56 元/片)	4.00	5.60	6.40	8.00	8.80
	氧气 (2.06 元/m³)	30.00	42.00	48.00	60.00	66.00
	乙炔 (13.45 元/m³)	15.00	21.00	24.00	30.00	33.00
	其他材料费	65.62	91.86	104.99	131.23	144.35
施工机械	吊装机械 (545.97 元/(台·班))	2.00	2.80	3.20	4.00	4.40
	空气压缩机 (302.75 元/(台·班))	1.00	1.40	1.60	2.00	2.20
	电焊机 (77.10 元/(台·班))	2.00	2.80	3.20	4.00	4.40
	其他机械费	46.47	65.05	74.35	92.93	102.23

二十八、整车调试

(元)

定额编号		1-5-136	1-5-137	1-5-138	1-5-139	1-5-140
项目		主机规格				
		3307	A40E	TR100	R170	EH3500
定额基价		12739.45	15149.65	17313.89	24114.36	26278.59
人工费		297.00	415.80	475.20	594.00	653.40
材料费		12130.62	14297.29	16339.76	22896.69	24939.16
机械费		311.83	436.57	498.93	623.67	686.03
综合人工 (39.60 元/(工·日))		7.50	10.50	12.00	15.00	16.50
主要消耗材料	柴油 (7.76 元/kg)	840.00	840.00	960.00	1200.00	1320.00
	齿轮油 (19.26 元/kg)	50.00	70.00	80.00	100.00	110.00
	液压油 (19.58 元/kg)	200.00	280.00	320.00	400.00	440.00
	擦拭布 (14.00 元/kg)	2.00	2.80	3.20	4.00	4.40
	氮气 (1.73 元/升)	30.00	42.00	48.00	60.00	66.00
	机油 (15.00 元/kg)	20.00	28.00	32.00	40.00	44.00
	154 专用脂 (4800.00 元/桶)	0.00	0.00	0.00	0.50	0.50
	其他材料费	353.32	416.43	475.92	666.89	726.38
施工机械	空气压缩机 (302.75 元/(台·班))	1.00	1.40	1.60	2.00	2.20
	其他机械费	9.08	12.72	14.53	18.17	19.98

二十九、全车喷漆、出厂

(元)

定额编号		1-5-141	1-5-142	1-5-143	1-5-144	1-5-145
项目		主机规格				
		3307	A40E	TR100	R170	EH3500
定额基价		6783.25	9496.55	10853.20	13566.50	14923.15
人工费		594.00	831.60	950.40	1188.00	1306.80
材料费		4877.98	6829.17	7804.76	9755.95	10731.55
机械费		1311.27	1835.78	2098.04	2622.54	2884.80
综合人工 (39.60 元/(工·日))		15.00	21.00	24.00	30.00	33.00
主要消耗材料	金属洗涤剂 (4.50 元/kg)	20.00	28.00	32.00	40.00	44.00
	脱漆剂 (76.00 元/升)	20.00	28.00	32.00	40.00	44.00
	高效清洗剂 (88.00 元/瓶)	4.00	5.60	6.40	8.00	8.80
	醇酸磁漆 (16.16 元/kg)	40.00	56.00	64.00	80.00	88.00
	稀释剂 (13.80 元/kg)	10.00	14.00	16.00	20.00	22.00
	薄砂轮片 (13.56 元/片)	5.00	7.00	8.00	10.00	11.00
	擦拭布 (14.00 元/kg)	7.00	9.80	11.20	14.00	15.40
	底漆 (9.50 元/kg)	55.00	77.00	88.00	110.00	121.00
	硝基磁漆 (19.00 元/kg)	55.00	77.00	88.00	110.00	121.00
	8 号铁线 (2.70 元/kg)	10.00	14.00	16.00	20.00	22.00
	钢丝绳 (7.64 元/kg)	30.00	42.00	48.00	60.00	66.00
	其他材料费	142.08	198.91	227.32	284.15	312.57
施工机械	空气压缩机 (302.75 元/(台·班))	1.50	2.10	2.40	3.00	3.30
	吊装机械 (545.97 元/(台·班))	1.50	2.10	2.40	3.00	3.30
	其他机械费	38.19	53.47	61.11	76.38	84.02

三十、定额总价

(元)

定额编号						
项　目		主机规格				
		3307	A40E	TR100	R170	EH3500
定额基价		154814.73	211641.78	244223.28	304012.57	333899.38
人工费		40095.00	55705.32	64183.68	79002.00	86886.36
材料费		67677.85	91006.54	104795.08	132363.33	145089.82
机械费		47041.88	64929.92	75244.52	92647.23	101923.20
综合人工 (39.60 元/(工·日))						
主要消耗材料	其他材料费					
施工机械	其他机械费					

第二篇

工程机械

工程机械定额说明

工程机械定额说明包括以下几项：

(1) 本定额适用于工程机械检修工程。

(2) 本定额对检修质量的要求有以下3项：

1) 以原总成设备厂商的检修质量标准为验收标准。

2) 在满足生产要求的前提下，以设备所属厂(矿)提出经与施工企业及设备主管部门研究商定的检修质量要求为验收标准。

3) 定额中的吊装机械、运输机械、焊接机械的台班均是以综合机械台班给定的，吊装机械综合台班单价为545.97元(包括汽车吊、桥式起重机)，运输机械综合台班单价为480.42元。

(3) 本定额包括的工作内容(定额项目中另有规定的除外)有以下8项：

1) 施工准备工作和检修设备的检查并作记录。

2) 分解成部件或零件进行清洗、检查、简单修理或更换，提交备件更换计划。

3) 零件和部件的更换均包括零件、部件质量合格的前提下所需要的研磨、找接触面、调整间隙及一般的缺陷处理。

4) 检修设备的组装、检测、调试并作记录，制作加工各种专用拆卸、组装、连接工器具及螺栓，以及完成检修设备所需的其他正常工作。

5) 领退材料、工具和设备检修过程中必须进行的其他一般性工作。

6) 施工过程中产生的油污、泥土、废物等清除工作及文明施工措施，栏杆、安全罩及地沟盖板等拆除、恢复工作。

7) 所检修设备的备品、备件150m以内的水平搬运(对超高、超宽、超重的特大备件需要采取运输措施的，其搬运费用另行考虑)。

8) 添加检修及测试设备用油。

(4) 本定额不包括下列内容：

1) 凡属设备上使用的定额以外的材料(定额内的材料不能代替的)。

2) 备件组装加热用的油、木材、木炭等消耗材料。

3) 检修前的生产废物的清除，如车辆上的水、油污、矿石、岩土、废物等生产垃圾。

4) 各种大型临时施工措施的制作、搭设与拆除(各种大型预装钢平台，大型保护棚，上下水主干线，超长、超宽、超高特大件的运输等)。

5) 检修设备在车辆上的加注油工作(油料由甲方提供，如需乙方加注油料则另行编制预算)。

(5) 本定额执行细则有以下19项：

1) 凡备品、备件需要拆装或组装时，可按备品、备件组、拆装定额另行计取费用，但在单项定额中已注明包括备品、备件组、拆装及更换的，不得再套用备品、备件组、拆装及更换定额。

2) 在定额子项工作内容中，如不换或少换时，应按定额扣除相应的工、料、机具费，但需检查、清洗、研磨、测量、测试等处理时，则按定额取费。

3) 凡是车辆上与发动机、变速箱总成安装连接所需的垫板、销子、螺栓、安装座、胶垫、垫圈、密封圈、胶管等均由设备所属单位提供。如需乙方提供，另行取费。

4) 施工使用贵重材料及定额给定的消耗材料以外，并且必须使用的消耗材料，如特殊材质焊条、非标准螺栓等，可按图纸及实际需要量编入预算。

5) 检修车辆上的发动机、变速箱等设备时，由于检修部位的需要而拆除、恢复没有检修内容的项目(施工障碍拆除、恢复)，可按相应定额另行取费。

6) 机械设备附属的结构件的拆卸安装(定额内未包括者)，可另行取费。

7) 单机试车费按单机检修项目人工费总和的 8%计取，联合试车费按检修范围内设备检修项目人工费总和的 2%计取。该费用为试车保修费，即在 72h 的保修期内，由于检修方原因造成设备某些部位需要再次处理所发生的费用均由检修方承担，不再计取费用。如果是由于非检修方原因造成的返修，可另行编制预算。

8) 没有对应定额目的的零星项目工程，可执行零星设备项目定额或双方商定相近定额。

9) 发动机、变速箱等总成检修时，从车辆上的拆卸及后期安装连接工作由甲方负责。如需乙方连接安装，可另行编制预算。

10) 备品、备件超过 150m 的水平运输为二次倒运，可执行备品备件的倒运定额或相关的运输定额。

11) 备品、备件的垂直运输费用已包括在本定额的设备检修工序过程中，同时考虑了设备所在位置高度，不再另行计取或增调费用。

12) 由于设备改进、改造后而造成与定额项目不符时，各单位可根据改造后的实际情况对定额相应子目的人工、材料、机械费进行适当调整。

13) 施工作业环境温度在 35°C(生产干扰高温)以上或有毒有害气体超过规定标准时，可适当增加因间歇作业所多耗的人工，最高增加人工可按该项目定额人工的 15%计取。

14) 本定额各种设备是按系统、按部分分解立项，所立项目之和已构成设备所包括的各部分，不能再作调整。

15) 设备分解后不进行检修时，按该项目定额的 30%取费(定额中有特殊规定除外)。

16) 机械费不包括车、铣、刨、镗床加工台班，各种镗孔、焊补、研磨，备品、备件的修复再生，可按实际编制预算，另行取费。

17) 检修项目中主机规格与定额注明的主机规格不完全相符合时，可套用相近主机规格定额执行，但应做系数调整；本定额中没有的项目，可执行其他定额。

18) 在矿山采场工区检修时，人工工日和机械台班分别增加 20%；对检修工程确实发生多消耗机械台班时，由甲、乙双方协商决定。

19) 施工准备阶段和工程实施过程中，根据甲方无偿提供起重设备、运输设备的比例，扣除定额中相应的吊装机械、运输机械台班费。

第一章　挖掘机、平路机

一、整车清洗、检查

(元)

定 额 编 号		2-1-001	2-1-002	2-1-003
设 备 名 称		沃尔沃挖掘机		卡特平路机
项　目		主 机 规 格		
		EC360	EC460	16G
定 额 基 价		1031.69	1238.02	1668.19
人 工 费		396.00	475.20	990.00
材 料 费		17.69	21.22	214.69
机 械 费		618.00	741.60	463.50
综合人工 (39.60 元/(工·日))		10.00	12.00	25.00
主要消耗材料	毛刷 (1.58 元/把)	0.10	0.12	2.00
	钢丝刷 (3.14 元/把)	0.10	0.12	2.00
	金属洗涤剂 (4.50 元/kg)	0.20	0.24	2.00
	高效清洗剂 (88.00 元/瓶)	0.10	0.12	2.00
	擦拭布 (14.00 元/kg)	0.50	0.60	1.00
	其他材料费	0.52	0.62	6.25
施工机械	清洗机 (300.00 元/(台·班))	2.00	2.40	1.50
	其他机械费	18.00	21.60	13.50

二、发电机总成拆卸、检修、安装

(元)

定额编号		2-1-004	2-1-005	2-1-006
设备名称		沃尔沃挖掘机		卡特平路机
项目		主机规格		
		EC360	EC460	16G
定额基价		2133.16	2243.00	2547.98
人工费		1584.00	1584.00	1980.00
材料费		471.20	565.45	505.62
机械费		77.96	93.55	62.37
综合人工 (39.60 元/(工·日))		40.00	40.00	50.00
主要消耗材料	毛刷 (1.58 元/把)	1.00	1.20	2.00
	锯条 (0.20 元/根)	3.00	3.60	3.00
	水砂纸 (1.00 元/张)	5.00	6.00	6.00
	接线端子 (0.24 元/个)	10.00	12.00	10.00
	绝缘漆 (18.50 元/kg)	2.00	2.40	2.00
	擦拭布 (14.00 元/kg)	3.00	3.60	4.00
	塑料布 (16.83 元/米)	2.00	2.40	3.00
	接地线 (50.00 元/米)	4.00	4.80	4.00
	醇酸磁漆 (16.16 元/kg)	5.00	6.00	5.00
	醇酸漆稀释剂 (7.30 元/kg)	5.00	6.00	5.00
	黑包布 (2.97 元/卷)	2.00	2.40	2.00
	塑料包布 (6.00 元/卷)	2.00	2.40	2.00
	其他材料费	13.72	16.47	14.73
施工机械	空气压缩机 (302.75 元/(台·班))	0.25	0.30	0.20
	其他机械费	2.27	2.72	1.82

三、启动马达分解、检修、安装

(元)

定 额 编 号		2-1-007	2-1-008	2-1-009
设 备 名 称		沃尔沃挖掘机		卡特平路机
项 目		主 机 规 格		
		EC360	EC460	16G
定 额 基 价		475.85	542.21	634.25
人 工 费		237.60	237.60	396.00
材 料 费		175.88	211.06	175.88
机 械 费		62.37	93.55	62.37
综合人工 (39.60 元/(工·日))		6.00	6.00	10.00
主要消耗材料	毛刷 (1.58 元/把)	1.00	1.20	1.00
	锯条 (0.20 元/根)	3.00	3.60	3.00
	水砂纸 (1.00 元/张)	5.00	6.00	5.00
	接线端子 (0.24 元/个)	10.00	12.00	10.00
	绝缘漆 (7.76 元/kg)	2.00	2.40	2.00
	擦拭布 (14.00 元/kg)	3.00	3.60	3.00
	塑料布 (16.83 元/米)	2.00	2.40	2.00
	接地线 (3.00 元/卷)	4.00	4.80	4.00
	白布带 (8.00 元/卷)	2.00	2.40	2.00
	透明包布 (15.00 元/卷)	2.00	2.40	2.00
	塑料包布 (6.00 元/卷)	2.00	2.40	2.00
	其他材料费	5.12	6.15	5.12
施工机械	空气压缩机 (302.75 元/(台·班))	0.20	0.30	0.20
	其他机械费	1.82	2.72	1.82

四、带断电器的预加热器分解、检修、安装

(元)

定额编号		2-1-010	2-1-011	2-1-012
设备名称		沃尔沃挖掘机		卡特平路机
项目		主机规格		
		EC360	EC460	16G
定额基价		527.21	680.17	0.00
人工费		158.40	237.60	0.00
材料费		368.81	442.57	0.00
机械费		0.00	0.00	0.00
综合人工 (39.60 元/(工·日))		4.00	6.00	0.00
主要消耗材料	毛刷 (1.58 元/把)	1.00	1.20	0.00
	高效清洗剂 (88.00 元/瓶)	3.00	3.60	0.00
	擦拭布 (14.00 元/kg)	3.00	3.60	0.00
	塑料布 (16.83 元/米)	3.00	3.60	0.00
	其他材料费	10.74	12.89	0.00
施工机械	其他机械费	0.00	0.00	0.00

说明：卡特平路机 16G 无此项检修。

五、照明系统分解、检修、安装

(元)

定额编号		2-1-013	2-1-014	2-1-015
设备名称		沃尔沃挖掘机		卡特平路机
项目		主机规格		
		EC360	EC460	16G
定额基价		2703.54	3242.00	3099.54
人工费		792.00	950.40	1188.00
材料费		1911.54	2291.60	1911.54
机械费		0.00	0.00	0.00
综合人工 (39.60 元/(工·日))		20.00	24.00	30.00
主要消耗材料	透明包布 (15.00 元/卷)	25.00	30.00	25.00
	塑料包布 (6.00 元/卷)	18.00	21.60	2.00
	接线端子 (0.24 元/个)	30.00	40.00	40.00
	接地线 (3.14 元/卷)	5.00	5.00	5.00
	水砂纸 (1.00 元/张)	5.00	6.00	6.00
	2.5 mm^2 塑料软线 (0.68 元/米)	150.00	180.00	150.00
	1.5 mm^2 塑料软线 (0.65 元/米)	120.00	144.00	120.00
	高效清洗剂 (88.00 元/瓶)	2.00	2.40	2.00
	螺栓松动润滑剂 (30.00 元/瓶)	3.10	3.72	4.00
	擦拭布 (14.00 元/kg)	25.00	30.00	25.00
	塑料布 (16.83 元/米)	12.00	14.40	12.00
	清洗剂(脱轮特) (19.20 元/升)	15.00	18.00	18.00
	白布带 (8.00 元/卷)	7.00	8.40	8.00
	其他材料费	55.68	66.75	55.68
施工机械	其他机械费	0.00	0.00	0.00

六、驾驶室仪表、开关、电子装置分解、检修、安装

(元)

定额编号		2-1-016	2-1-017	2-1-018
设备名称		沃尔沃挖掘机		卡特平路机
项目		主机规格		
		EC360	EC460	16G
定额基价		1578.23	1970.64	1575.14
人工费		594.00	792.00	594.00
材料费		984.23	1178.64	981.14
机械费		0.00	0.00	0.00
综合人工 (39.60 元/(工·日))		15.00	20.00	15.00
主要消耗材料	透明包布 (15.00 元/卷)	5.00	6.00	6.00
	塑料包布 (6.00 元/卷)	5.00	6.00	2.00
	接线端子 (0.24 元/个)	10.00	10.00	10.00
	接地线 (3.14 元/卷)	3.00	3.00	3.00
	水砂纸 (1.00 元/张)	5.00	6.00	5.00
	2.5 mm^2 塑料软线 (0.68 元/米)	10.00	12.00	10.00
	1.5 mm^2 塑料软线 (0.65 元/米)	30.00	36.00	30.00
	高效清洗剂 (88.00 元/瓶)	2.00	2.40	2.00
	螺栓松动润滑剂 (30.00 元/瓶)	2.00	2.40	2.00
	擦拭布 (14.00 元/kg)	16.00	19.20	16.00
	塑料布 (16.83 元/米)	8.00	9.60	8.00
	清洗剂(脱轮特) (19.20 元/升)	9.00	10.80	9.00
	白布带 (8.00 元/卷)	5.00	6.00	5.00
	其他材料费	28.67	34.33	28.58
施工机械	其他机械费	0.00	0.00	0.00

七、ECU 电脑电缆和线束分解、检修、安装　　(元)

定 额 编 号		2-1-019	2-1-020	2-1-021
设 备 名 称		沃尔沃挖掘机		卡特平路机
项 目		主 机 规 格		
		EC360	EC460	16G
定 额 基 价		1061.90	1067.48	1061.90
人 工 费		792.00	792.00	792.00
材 料 费		269.90	275.48	269.90
机 械 费		0.00	0.00	0.00
综合人工 (39.60 元/(工·日))		20.00	20.00	20.00
主要消耗材料	透明包布 (15.00 元/卷)	5.00	5.00	5.00
	塑料包布 (6.00 元/卷)	2.00	2.00	2.00
	毛刷 (1.58 元/把)	3.00	3.60	3.00
	接线端子 (0.24 元/个)	8.00	8.00	8.00
	接地线 (3.14 元/卷)	5.00	6.00	5.00
	2.5 mm^2 塑料软线 (0.68 元/米)	5.00	6.00	5.00
	1.5 mm^2 塑料软线 (0.65 元/米)	5.00	6.00	5.00
	高效清洗剂 (88.00 元/瓶)	1.00	1.00	1.00
	螺栓松动润滑剂 (30.00 元/瓶)	0.00	0.00	0.00
	擦拭布 (14.00 元/kg)	1.00	1.00	1.00
	塑料布 (16.83 元/米)	1.00	1.00	1.00
	清洗剂(脱轮特) (19.20 元/升)	1.00	1.00	1.00
	白布带 (8.00 元/卷)	1.00	1.00	1.00
	其他材料费	7.86	8.02	7.86
施工机械	其他机械费	0.00	0.00	0.00

八、行走齿轮箱拆卸、检修、安装

(元)

定 额 编 号		2-1-022	2-1-023	2-1-024
设 备 名 称		沃尔沃挖掘机		卡特平路机
项 目		主 机 规 格		
		EC360	EC460	16G
定 额 基 价		3038.40	3451.94	2964.17
人 工 费		871.20	1029.60	1108.80
材 料 费		1543.54	1798.68	1543.54
机 械 费		623.67	623.67	311.83
综合人工 (39.60 元/(工·日))		22.00	26.00	28.00
主要消耗材料	乐泰胶(515) (35.00 元/支)	6.00	7.20	6.00
	底漆 (9.50 元/kg)	0.00	0.00	0.00
	柴油 (7.76 元/kg)	20.00	20.00	20.00
	脱漆剂 (76.00 元/kg)	0.00	0.00	0.00
	高效清洗剂 (88.00 元/瓶)	1.00	1.00	1.00
	螺栓松动润滑剂 (30.00 元/瓶)	2.00	2.40	2.00
	平面密封胶 (35.00 元/瓶)	7.00	8.40	7.00
	螺纹紧固胶 (68.00 元/瓶)	0.00	0.00	0.00
	擦拭布 (5.83 元/kg)	25.00	30.00	25.00
	塑料布 (16.83 元/米)	1.00	1.00	1.00
	醇酸磁漆 (16.16 元/kg)	0.00	0.00	0.00
	齿轮油 (19.26 元/kg)	30.00	36.00	30.00
	硝基磁漆 (19.00 元/kg)	0.00	0.00	0.00
	其他材料费	44.96	52.39	44.96
施工机械	空气压缩机 (302.75 元/(台·班))	2.00	2.00	1.00
	其他机械费	18.17	18.17	9.08

九、回转齿轮箱拆卸、检修、安装

(元)

定 额 编 号		2-1-025	2-1-026	2-1-027
设 备 名 称		沃尔沃挖掘机		卡特平路机
项 目		主 机 规 格		
		EC360	EC460	16G
定 额 基 价		2997.70	3472.40	0.00
	人 工 费	712.80	1029.60	0.00
	材 料 费	848.37	1006.27	0.00
	机 械 费	1436.53	1436.53	0.00
综合人工 (39.60 元/(工·日))		18.00	26.00	0.00
主要消耗材料	机油 (15.00 元/kg)	5.00	6.00	0.00
	乐泰胶(515) (35.00 元/支)	6.00	7.20	0.00
	柴油 (7.76 元/kg)	15.00	15.00	0.00
	脱漆剂 (76.00 元/升)	0.00	0.00	0.00
	高效清洗剂 (88.00 元/瓶)	0.00	0.00	0.00
	螺栓松动润滑剂 (30.00 元/瓶)	1.00	1.00	0.00
	平面密封胶 (35.00 元/瓶)	2.00	2.00	0.00
	螺纹紧固胶 (68.00 元/瓶)	1.00	1.00	0.00
	擦拭布 (14.00 元/kg)	2.00	2.00	0.00
	塑料布 (16.83 元/米)	2.00	2.00	0.00
	醇酸磁漆 (16.16 元/kg)	0.00	0.00	0.00
	齿轮油 (19.26 元/kg)	10.00	15.00	0.00
	硝基磁漆 (19.00 元/kg)	0.00	0.00	0.00
	其他材料费	24.71	29.31	0.00
施工机械	吊装机械 (545.97 元/(台·班))	2.00	2.00	0.00
	空气压缩机 (302.75 元/(台·班))	1.00	1.00	0.00
	其他机械费	41.84	41.84	0.00

说明：卡特平路机 16G 无此项检修。

十、泵齿轮箱(泵连接附件)拆卸、检修、安装

(元)

定额编号		2-1-028	2-1-029	2-1-030
设备名称		沃尔沃挖掘机		卡特平路机
项目		主机规格		
		EC360	EC460	16G
定额基价		520.82	545.78	1837.60
人工费		396.00	396.00	475.20
材料费		124.82	149.78	1362.40
机械费		0.00	0.00	0.00
综合人工 (39.60 元/(工·日))		10.00	10.00	12.00
主要消耗材料	毛刷 (1.58 元/把)	1.00	1.20	2.00
	钢丝刷 (3.14 元/把)	1.00	1.20	2.00
	锯条 (0.20 元/根)	1.00	1.20	2.00
	砂布 (0.80 元/张)	2.00	2.40	2.00
	金属洗涤剂 (4.50 元/kg)	2.00	2.40	2.00
	螺栓松动润滑剂 (30.00 元/瓶)	1.00	1.20	1.00
	擦拭布 (14.00 元/kg)	3.00	3.60	3.00
	塑料布 (16.83 元/米)	2.00	2.40	2.00
	凡士林 (10.91 元/kg)	0.00	0.00	2.00
	液压油 (19.58 元/kg)	0.00	0.00	60.00
	其他材料费	3.64	4.36	39.68
施工机械	其他机械费	0.00	0.00	0.00

十一、回转马达接头总成及附件拆卸、检修、安装

(元)

定 额 编 号		2-1-031	2-1-032	2-1-033
设 备 名 称		沃尔沃挖掘机		卡特平路机
项 目		主 机 规 格		
		EC360	EC460	16G
定 额 基 价		4946.86	5592.15	0.00
人 工 费		2653.20	3183.84	0.00
材 料 费		1419.47	1534.13	0.00
机 械 费		874.18	874.18	0.00
综合人工 (39.60 元/(工·日))		67.00	80.40	0.00
主要消耗材料	乐泰胶(515) (35.00 元/支)	1.00	1.20	0.00
	液压油 (19.58 元/kg)	10.00	10.00	0.00
	柴油 (7.76 元/kg)	10.00	10.00	0.00
	脱漆剂 (76.00 元/升)	5.00	5.00	0.00
	螺栓松动润滑剂 (30.00 元/瓶)	1.00	1.20	0.00
	平面密封胶 (35.00 元/瓶)	3.00	3.60	0.00
	螺纹紧固胶 (68.00 元/瓶)	3.00	3.60	0.00
	擦拭布 (14.00 元/kg)	5.00	6.00	0.00
	塑料布 (16.83 元/米)	5.00	5.00	0.00
	扎带(3×120 mm) (27.00 元/袋)	1.00	1.00	0.00
	醇酸磁漆 (16.16 元/kg)	3.00	3.60	0.00
	裂纹渗透剂 (64.10 元/瓶)	1.00	1.20	0.00
	硝基磁漆 (19.00 元/kg)	3.00	3.00	0.00
	其他材料费	41.34	44.68	0.00
施工机械	吊装机械 (545.97 元/(台·班))	1.00	1.00	0.00
	空气压缩机 (302.75 元/(台·班))	1.00	1.00	0.00
	其他机械费	25.46	25.46	0.00

说明: 卡特平路机 16G 无此项检修。

十二、配重拆卸、安装

(元)

定额编号		2-1-034	2-1-035	2-1-036
设备名称		沃尔沃挖掘机		卡特平路机
项目		主机规格		
		EC360	EC460	16G
定额基价		5707.30	6836.28	0.00
人工费		396.00	475.20	0.00
材料费		4124.23	4949.08	0.00
机械费		1187.06	1412.00	0.00
综合人工 (39.60 元/(工·日))		10.00	12.00	0.00
主要消耗材料	钢丝刷 (3.14 元/把)	1.00	1.20	0.00
	锯条 (0.20 元/根)	3.00	3.60	0.00
	螺栓松动润滑剂 (30.00 元/瓶)	3.00	3.60	0.00
	擦拭布 (14.00 元/kg)	3.00	3.60	0.00
	氧气 (2.06 元/m^3)	2.00	2.40	0.00
	乙炔 (13.45 元/m^3)	1.00	1.20	0.00
	铁线 8 号 (2.70 元/kg)	4.00	4.80	0.00
	螺纹紧固胶 (68.00 元/瓶)	5.00	6.00	0.00
	复合脂 (700.00 元/kg)	5.00	6.00	0.00
	其他材料费	120.12	144.15	0.00
施工机械	吊装机械 (545.97 元/(台·班))	2.00	2.40	0.00
	空气压缩机 (302.75 元/(台·班))	0.20	0.20	0.00
	其他机械费	34.57	41.13	0.00

说明：卡特平路机 16G 无此项检修。

十三、车架拆卸、焊修、喷漆、安装

(元)

定额编号		2-1-037	2-1-038	2-1-039
设备名称		沃尔沃挖掘机		卡特平路机
项目		主机规格		
		EC360	EC460	16G
定额基价		5228.69	5823.50	5923.52
人工费		871.20	1029.60	1188.00
材料费		1984.02	2261.61	2044.40
机械费		2373.47	2532.30	2691.12
综合人工 (39.60元/(工·日))		22.00	26.00	30.00
主要消耗材料	底漆 (9.50元/kg)	10.00	12.00	12.00
	金属洗涤剂 (4.50元/kg)	5.00	5.00	5.00
	脱漆剂 (76.00元/升)	5.00	5.00	5.00
	高效清洗剂 (88.00元/瓶)	3.50	4.20	3.50
	擦拭布 (14.00元/kg)	6.50	7.80	6.50
	塑料布 (16.83元/米)	1.00	1.20	1.00
	醇酸磁漆 (16.16元/kg)	10.00	10.00	12.00
	醇酸漆稀释剂 (7.30元/kg)	2.00	2.00	3.00
	硝基磁漆 (19.00元/kg)	0.00	0.00	0.00
	氧气 (2.06元/m^3)	20.00	24.00	20.00
	乙炔 (13.45元/m^3)	10.00	12.00	10.00
	电焊条 (4.90元/kg)	120.00	144.00	120.00
	醇酸漆稀释剂 (7.30元/kg)	10.00	12.00	10.00
	其他材料费	57.79	65.87	59.55
施工机械	吊装机械 (545.97元/(台·班))	2.00	2.00	2.00
	空气压缩机 (302.75元/(台·班))	2.00	2.00	2.00
	超声波探伤机 (144.30元/(台·班))	1.00	1.00	1.00
	电焊机 (77.10元/(台·班))	6.00	8.00	10.00
	其他机械费	69.13	73.76	78.38

十四、履带及附件拆卸、检修、安装

(元)

定额编号		2-1-040	2-1-041	2-1-042
设备名称		沃尔沃挖掘机		卡特平路机
项目		主机规格		
		EC360	EC460	16G
定额基价		1712.60	2115.40	0.00
人工费		594.00	792.00	0.00
材料费		244.42	293.30	0.00
机械费		874.18	1030.10	0.00
综合人工 (39.60 元/(工·日))		15.00	20.00	0.00
主要消耗材料	螺栓松动润滑剂 (30.00 元/瓶)	4.00	4.80	0.00
	醇酸磁漆 (16.16 元/kg)	5.00	6.00	0.00
	醇酸漆稀释剂 (7.30 元/kg)	5.00	6.00	0.00
	复合脂 (700.00 元/kg)	0.00	0.00	0.00
	柴油 (7.76 元/kg)	0.00	0.00	0.00
	其他材料费	7.12	8.54	0.00
施工机械	吊装机械 (545.97 元/(台·班))	1.00	1.00	0.00
	运输机械 (480.42 元/(台·班))	0.00	0.00	0.00
	空气压缩机 (302.75 元/(台·班))	1.00	1.50	0.00
	其他机械费	25.46	30.00	0.00

说明：卡特平路机 16G 无此项检修。

十五、弹簧套件拆卸、检修、安装

(元)

定 额 编 号		2-1-043	2-1-044	2-1-045
设 备 名 称		沃尔沃挖掘机		卡特平路机
项 目		主 机 规 格		
		EC360	EC460	16G
定 额 基 价		4966.95	5056.52	0.00
人 工 费		396.00	475.20	0.00
材 料 费		3696.77	3707.13	0.00
机 械 费		874.18	874.18	0.00
综合人工 (39.60 元/(工·日))		10.00	12.00	0.00
主要消耗材料	柴油 (7.76 元/kg)	5.00	5.00	0.00
	金属洗涤剂 (4.50 元/kg)	1.00	1.20	0.00
	复合脂 (700.00 元/kg)	5.00	5.00	0.00
	高效清洗剂 (88.00 元/瓶)	0.10	0.12	0.00
	擦拭布 (14.00 元/kg)	0.50	0.60	0.00
	螺栓松动润滑剂 (30.00 元/瓶)	1.00	1.20	0.00
	其他材料费	107.67	107.97	0.00
施工机械	吊装机械 (545.97 元/(台·班))	1.00	1.00	0.00
	空气压缩机 (302.75 元/(台·班))	1.00	1.00	0.00
	其他机械费	25.46	25.46	0.00

说明: 卡特平路机 16G 无此项检修。

十六、前引导轮拆卸、检修、安装

(元)

	定额编号	2-1-046	2-1-047	2-1-048
	设备名称	沃尔沃挖掘机		卡特平路机
	项目	主机规格		
		EC360	EC460	16G
	定额基价	3740.87	4291.97	0.00
	人工费	475.20	554.40	0.00
	材料费	2391.48	2863.39	0.00
	机械费	874.18	874.18	0.00
	综合人工 (39.60 元/(工·日))	12.00	14.00	0.00
主要消耗材料	柴油 (7.76 元/kg)	4.00	4.00	0.00
	金属洗涤剂 (4.50 元/kg)	1.00	1.20	0.00
	复合脂 (700.00 元/kg)	3.00	3.60	0.00
	高效清洗剂 (88.00 元/瓶)	0.10	0.12	0.00
	擦拭布 (14.00 元/kg)	8.00	9.60	0.00
	塑料布 (16.83 元/米)	3.00	3.60	0.00
	螺栓松动润滑剂 (30.00 元/瓶)	0.50	0.60	0.00
	其他材料费	69.65	83.40	0.00
施工机械	吊装机械 (545.97 元/(台·班))	1.00	1.00	0.00
	空气压缩机 (302.75 元/(台·班))	1.00	1.00	0.00
	其他机械费	25.46	25.46	0.00

说明：卡特平路机 16G 无此项检修。

十七、支重轮拆卸、检修、安装

(元)

定额编号		2-1-049	2-1-050	2-1-051
设备名称		沃尔沃挖掘机		卡特平路机
项目		主机规格		
		EC360	EC460	16G
定额基价		2553.18	3079.10	0.00
人工费		396.00	475.20	0.00
材料费		1845.35	2292.07	0.00
机械费		311.83	311.83	0.00
综合人工 (39.60 元/(工·日))		10.00	12.00	0.00
主要消耗材料	锯条 (0.20 元/根)	10.00	12.00	0.00
	砂布 (0.80 元/张)	12.00	14.40	0.00
	柴油 (7.76 元/kg)	4.00	4.00	0.00
	螺纹紧固胶 (68.00 元/瓶)	1.00	2.40	0.00
	擦拭布 (14.00 元/kg)	5.00	6.00	0.00
	塑料布 (16.83 元/米)	2.00	2.40	0.00
	醇酸磁漆 (16.16 元/kg)	5.00	6.00	0.00
	醇酸漆稀释剂 (7.30 元/kg)	5.00	6.00	0.00
	复合脂 (700.00 元/kg)	2.00	2.40	0.00
	螺栓松动润滑剂 (30.00 元/瓶)	2.00	2.40	0.00
	其他材料费	53.75	66.76	0.00
施工机械	空气压缩机 (302.75 元/(台·班))	1.00	1.00	0.00
	其他机械费	9.08	9.08	0.00

说明：卡特平路机 16G 无此项检修。

十八、驾驶室结构及附件拆卸、焊修、安装

(元)

定额编号		2-1-052	2-1-053	2-1-054
设备名称		沃尔沃挖掘机		卡特平路机
项目		主机规格		
		EC360	EC460	16G
定额基价		6681.96	7727.32	6051.81
人工费		1980.00	2376.00	1188.00
材料费		3668.97	4318.31	3830.81
机械费		1033.01	1033.01	1033.01
综合人工 (39.60 元/(工·日))		50.00	60.00	30.00
主要消耗材料	薄砂轮片 (13.56 元/片)	12.00	14.40	14.00
	平面呢 (130.00 元/张)	5.00	6.00	6.00
	脱漆剂 (76.00 元/升)	5.00	5.00	5.00
	螺栓松动润滑剂 (30.00 元/瓶)	1.00	1.00	1.00
	座垫套布 (30.00 元/米)	3.00	3.60	3.00
	门牙条 (10.00 元/米)	30.00	36.00	30.00
	绒条 (15.00 元/根)	30.00	36.00	30.00
	塑料布 (16.83 元/米)	3.00	3.60	3.00
	硝基磁漆 (19.00 元/kg)	30.00	36.00	30.00
	氧气 (2.06 元/m^3)	15.00	18.00	15.00
	乙炔 (13.45 元/m^3)	25.00	30.00	25.00
	电焊条 (4.90 元/kg)	80.00	96.00	80.00
	钢材 (4.15 元/kg)	20.00	24.00	20.00
	人造革 (12.25 元/米)	3.00	3.60	3.00
	其他材料费	105.98	124.71	110.69
施工机械	吊装机械 (545.97 元/(台·班))	1.00	1.00	1.00
	空气压缩机 (302.75 元/(台·班))	1.00	1.00	1.00
	电焊机 (77.10 元/(台·班))	2.00	2.00	2.00
	其他机械费	30.09	30.09	30.09

十九、机罩及罩架拆卸、焊修、安装

(元)

定 额 编 号		2-1-055	2-1-056	2-1-057
设 备 名 称		沃尔沃挖掘机		卡特平路机
项 目		主 机 规 格		
		EC360	EC460	16G
定 额 基 价		4361.80	5182.09	3910.67
人 工 费		1188.00	1386.00	1188.00
材 料 费		2022.78	2427.33	1957.43
机 械 费		1151.03	1368.76	765.24
综合人工 (39.60 元/(工·日))		30.00	35.00	30.00
主要消耗材料	纸砂轮 (2.50 元/个)	20.00	24.00	18.00
	薄砂轮片 (13.56 元/片)	9.00	10.80	10.00
	脱漆剂 (76.00 元/升)	8.00	9.60	7.00
	高效清洗剂 (88.00 元/瓶)	1.00	1.20	2.00
	螺栓松动润滑剂 (30.00 元/瓶)	2.00	2.40	2.00
	擦拭布 (14.00 元/kg)	14.00	16.80	8.00
	原子灰 (5.00 元/kg)	5.00	6.00	5.00
	铝银浆 (6.50 元/kg)	6.00	7.20	6.00
	硝基磁漆 (19.00 元/kg)	28.00	33.60	28.00
	氧气 (2.06 元/m^3)	12.00	14.40	12.00
	乙炔 (13.45 元/m^3)	8.00	9.60	8.00
	电焊条 (4.90 元/kg)	20.00	24.00	20.00
	铁线 8 号 (2.70 元/kg)	5.00	6.00	5.00
	其他材料费	58.92	70.70	57.01
施工机械	空气压缩机 (302.75 元/(台·班))	1.20	1.40	0.60
	清洗机 (300.00 元/(台·班))	2.00	2.40	1.10
	电焊机 (77.10 元/(台·班))	2.00	2.40	3.00
	其他机械费	33.53	39.87	22.29

二十、空调管线、冷却和加热器拆卸检修、安装

(元)

定额编号		2-1-058	2-1-059	2-1-060
设备名称		沃尔沃挖掘机		卡特平路机
项目		主机规格		
		EC360	EC460	16G
定额基价		699.73	839.67	3099.56
人工费		514.80	617.76	1900.80
材料费		184.93	221.91	284.25
机械费		0.00	0.00	914.51
综合人工 (39.60 元/(工·日))		13.00	15.60	48.00
主要消耗材料	擦拭布 (14.00 元/kg)	4.00	4.80	6.00
	塑料布 (16.83 元/米)	2.00	2.40	3.00
	扎带 (4×200mm) (27.00 元/袋)	0.20	0.24	1.00
	高效清洗剂 (88.00 元/瓶)	0.10	0.12	0.10
	纸砂轮 (2.50 元/个)	2.00	2.40	2.00
	薄砂轮片 (13.56 元/片)	3.00	3.60	3.00
	螺栓松动润滑剂 (30.00 元/瓶)	1.00	1.20	2.00
	其他材料费	5.39	6.46	8.28
施工机械	吊装机械 (545.97 元/(台·班))	0.00	0.00	0.80
	空气压缩机 (302.75 元/(台·班))	0.00	0.00	0.40
	清洗机 (300.00 元/(台·班))	0.00	0.00	1.10
	其他机械费	0.00	0.00	26.64

二十一、仪表盘控制板拆卸、检修、安装

(元)

定额编号		2-1-061	2-1-062	2-1-063
设备名称		沃尔沃挖掘机		卡特平路机
项目		主机规格		
		EC360	EC460	16G
定额基价		3498.13	4135.39	2012.72
人工费		2970.00	3564.00	1782.00
材料费		216.30	259.56	230.72
机械费		311.83	311.83	0.00
综合人工 (39.60 元/(工·日))		75.00	90.00	45.00
主要消耗材料	擦拭布 (14.00 元/kg)	10.00	12.00	11.00
	醇酸磁漆 (16.16 元/kg)	0.00	0.00	0.00
	醇酸漆稀释剂 (7.30 元/kg)	0.00	0.00	0.00
	硝基磁漆 (19.00 元/kg)	0.00	0.00	0.00
	乐泰胶(515) (35.00 元/支)	2.00	2.40	2.00
	其他材料费	6.30	7.56	6.72
施工机械	空气压缩机 (302.75 元/(台·班))	1.00	1.00	0.00
	其他机械费	9.08	9.08	0.00

二十二、液压油箱拆卸、检修、安装

(元)

定额编号		2-1-064	2-1-065	2-1-066
设备名称		沃尔沃挖掘机		卡特平路机
项目		主机规格		
		EC360	EC460	16G
定额基价		10886.98	12746.76	10759.27
人工费		1584.00	1782.00	1386.00
材料费		8428.80	10090.58	8499.09
机械费		874.18	874.18	874.18
综合人工 (39.60 元/(工·日))		40.00	45.00	35.00
主要消耗材料	底漆 (9.50 元/kg)	7.00	8.40	8.00
	铝银浆 (6.50 元/kg)	0.00	0.00	0.00
	液压油 (19.58 元/kg)	345.00	414.00	348.00
	柴油 (7.76 元/kg)	15.00	15.00	15.00
	脱漆剂 (76.00 元/升)	7.00	8.40	7.00
	高效清洗剂 (88.00 元/瓶)	1.00	1.20	1.00
	螺栓松动润滑剂 (30.00 元/瓶)	2.00	2.40	2.00
	平面密封胶 (35.00 元/瓶)	2.00	2.40	2.00
	擦拭布 (14.00 元/kg)	20.00	24.00	20.00
	醇酸磁漆 (16.16 元/kg)	5.00	6.00	5.00
	醇酸漆稀释剂 (7.30 元/kg)	5.00	6.00	5.00
	硝基磁漆 (19.00 元/kg)	0.00	0.00	0.00
	电焊条 (4.90 元/kg)	20.00	24.00	20.00
	其他材料费	245.50	293.90	247.55
施工机械	吊装机械 (545.97 元/(台·班))	1.00	1.00	1.00
	空气压缩机 (302.75 元/(台·班))	1.00	1.00	1.00
	其他机械费	25.46	25.46	25.46

二十三、液压泵拆卸、检修、安装

(元)

定额编号		2-1-067	2-1-068	2-1-069
设备名称		沃尔沃挖掘机		卡特平路机
项目		主机规格		
		EC360	EC460	16G
定额基价		6217.60	7461.12	0.00
人工费		2534.40	3041.28	0.00
材料费		1378.69	1654.42	0.00
机械费		2304.51	2765.41	0.00
综合人工（39.60元/(工·日)）		64.00	76.80	0.00
主要消耗材料	凡士林（10.91元/kg）	1.00	1.20	0.00
	毛刷（1.58元/把）	4.00	4.80	0.00
	砂布（0.80元/张）	12.00	14.40	0.00
	水砂纸（1.00元/张）	10.00	12.00	0.00
	液压油（19.58元/kg）	12.00	14.40	0.00
	柴油（7.76元/kg）	60.00	72.00	0.00
	金属洗涤剂（4.50元/kg）	5.00	6.00	0.00
	高效清洗剂（88.00元/瓶）	1.00	1.20	0.00
	螺栓松动润滑剂（30.00元/瓶）	2.00	2.40	0.00
	平面密封胶（35.00元/瓶）	2.00	2.40	0.00
	擦拭布（14.00元/kg）	15.00	18.00	0.00
	塑料布（16.83元/米）	8.00	9.60	0.00
	白布带（8.00元/卷）	2.00	2.40	0.00
	其他材料费	40.16	48.19	0.00
施工机械	吊装机械（545.97元/(台·班)）	1.00	1.20	0.00
	运输机械（480.42元/(台·班)）	1.00	1.20	0.00
	空气压缩机（302.75元/(台·班)）	4.00	4.80	0.00
	其他机械费	67.12	80.55	0.00

说明：卡特平路机16G无此项检修。

二十四、油冷风马达拆卸、检修、安装

(元)

定额编号		2-1-070	2-1-071	2-1-072
设备名称		沃尔沃挖掘机		卡特平路机
项目		主机规格		
		EC360	EC460	16G
定额基价		1527.22	1698.08	0.00
人工费		396.00	475.20	0.00
材料费		538.22	629.87	0.00
机械费		593.01	593.01	0.00
综合人工 (39.60 元/(工·日))		10.00	12.00	0.00
主要消耗材料	凡士林 (10.91 元/kg)	1.00	1.20	0.00
	毛刷 (1.58 元/把)	1.00	1.20	0.00
	砂布 (0.80 元/张)	3.00	3.60	0.00
	水砂纸 (1.00 元/张)	5.00	6.00	0.00
	纸砂轮 (2.50 元/个)	1.00	1.20	0.00
	液压油 (19.58 元/kg)	5.00	6.00	0.00
	柴油 (7.76 元/kg)	10.00	10.00	0.00
	金属洗涤剂 (4.50 元/kg)	1.00	1.20	0.00
	高效清洗剂 (88.00 元/瓶)	1.00	1.20	0.00
	擦拭布 (14.00 元/kg)	10.00	12.00	0.00
	塑料布 (16.83 元/米)	5.00	6.00	0.00
	白布带 (8.00 元/卷)	1.00	1.20	0.00
	其他材料费	15.68	18.35	0.00
施工机械	吊装机械 (545.97 元/(台·班))	0.50	0.50	0.00
	空气压缩机 (302.75 元/(台·班))	1.00	1.00	0.00
	其他机械费	17.27	17.27	0.00

说明：卡特平路机 16G 无此项检修。

二十五、液压泵稳压器拆卸、检修、安装

(元)

定 额 编 号		2-1-073	2-1-074	2-1-075
设 备 名 称		沃尔沃挖掘机		卡特平路机
项 目		主 机 规 格		
		EC360	EC460	16G
定 额 基 价		1207.57	1386.71	0.00
人 工 费		396.00	475.20	0.00
材 料 费		499.74	599.68	0.00
机 械 费		311.83	311.83	0.00
综合人工 (39.60 元/(工·日))		10.00	12.00	0.00
主要消耗材料	凡士林 (10.91 元/kg)	1.00	1.20	0.00
	毛刷 (1.58 元/把)	1.00	1.20	0.00
	砂布 (0.80 元/张)	5.00	6.00	0.00
	水砂纸 (1.00 元/张)	6.00	7.20	0.00
	纸砂轮 (2.50 元/个)	2.00	2.40	0.00
	液压油 (19.58 元/kg)	5.00	6.00	0.00
	柴油 (7.76 元/kg)	5.00	6.00	0.00
	金属洗涤剂 (4.50 元/kg)	1.00	1.20	0.00
	高效清洗剂 (88.00 元/瓶)	1.00	1.20	0.00
	螺栓松动润滑剂 (30.00 元/瓶)	1.00	1.20	0.00
	擦拭布 (14.00 元/kg)	10.00	12.00	0.00
	塑料布 (16.83 元/米)	3.00	3.60	0.00
	白布带 (8.00 元/卷)	1.00	1.20	0.00
	其他材料费	14.56	17.47	0.00
施工机械	空气压缩机 (302.75 元/(台·班))	1.00	1.00	0.00
	其他机械费	9.08	9.08	0.00

说明：卡特平路机 16G 无此项检修。

二十六、行走马达遥控阀踏板拆卸、检修、安装

(元)

定额编号		2-1-076	2-1-077	2-1-078
设备名称		沃尔沃挖掘机		卡特平路机
项目		主机规格		
		EC360	EC460	16G
定额基价		983.05	1102.88	0.00
人工费		396.00	475.20	0.00
材料费		275.22	315.85	0.00
机械费		311.83	311.83	0.00
综合人工 (39.60 元/(工·日))		10.00	12.00	0.00
主要消耗材料	凡士林 (10.91 元/kg)	1.00	1.20	0.00
	毛刷 (1.58 元/把)	1.00	1.20	0.00
	砂布 (0.80 元/张)	6.00	7.20	0.00
	水砂纸 (1.00 元/张)	8.00	9.60	0.00
	纸砂轮 (2.50 元/个)	1.00	1.20	0.00
	液压油 (19.58 元/kg)	0.00	0.00	0.00
	柴油 (7.76 元/kg)	5.00	6.00	0.00
	金属洗涤剂 (4.50 元/kg)	0.25	0.30	0.00
	螺栓松动润滑剂 (30.00 元/瓶)	1.00	1.20	0.00
	擦拭布 (14.00 元/kg)	5.00	5.00	0.00
	塑料布 (16.83 元/米)	3.00	3.60	0.00
	平面密封胶 (35.00 元/瓶)	1.00	1.20	0.00
	生料带 (7.00 元/卷)	2.00	2.40	0.00
	其他材料费	8.02	9.20	0.00
施工机械	空气压缩机 (302.75 元/(台·班))	1.00	1.00	0.00
	其他机械费	9.08	9.08	0.00

说明：卡特平路机 16G 无此项检修。

二十七、伺服系统遥控阀拆卸、检修、安装

(元)

定 额 编 号		2-1-079	2-1-080	2-1-081
设 备 名 称		沃尔沃挖掘机		卡特平路机
项 目		主 机 规 格		
		EC360	EC460	16G
定 额 基 价		1118.29	1341.94	0.00
人 工 费		752.40	902.88	0.00
材 料 费		209.97	251.96	0.00
机 械 费		155.92	187.10	0.00
综合人工 (39.60 元/(工·日))		19.00	22.80	0.00
主要消耗材料	凡士林 (10.91 元/kg)	0.50	0.60	0.00
	毛刷 (1.58 元/把)	1.00	1.20	0.00
	锯条 (0.20 元/根)	1.00	1.20	0.00
	水砂纸 (1.00 元/张)	1.00	1.20	0.00
	柴油 (7.76 元/kg)	5.00	6.00	0.00
	擦拭布 (14.00 元/kg)	5.00	6.00	0.00
	塑料布 (16.83 元/米)	2.00	2.40	0.00
	生料带 (7.00 元/卷)	2.00	2.40	0.00
	液压油 (19.58 元/kg)	2.00	2.40	0.00
	其他材料费	6.12	7.34	0.00
施工机械	空气压缩机 (302.75 元/(台·班))	0.50	0.60	0.00
	其他机械费	4.54	5.45	0.00

说明：卡特平路机 16G 无此项检修。

二十八、工作液压破碎遥控阀拆卸、检修、安装

(元)

定额编号		2-1-082	2-1-083	2-1-084
设备名称		沃尔沃挖掘机		卡特平路机
项目		主机规格		
		EC360	EC460	16G
定额基价		1343.47	1612.17	0.00
人工费		831.60	997.92	0.00
材料费		355.96	427.15	0.00
机械费		155.92	187.10	0.00
综合人工 (39.60 元/(工·日))		21.00	25.20	0.00
主要消耗材料	凡士林 (10.91 元/kg)	1.00	1.20	0.00
	毛刷 (1.58 元/把)	1.00	1.20	0.00
	锯条 (0.20 元/根)	1.00	1.20	0.00
	柴油 (7.76 元/kg)	10.00	12.00	0.00
	平面密封胶 (35.00 元/瓶)	1.00	1.20	0.00
	擦拭布 (14.00 元/kg)	8.00	9.60	0.00
	塑料布 (16.83 元/米)	3.00	3.60	0.00
	美纹纸 (3.00 元/卷)	1.00	1.20	0.00
	胶带纸 (1.65 元/卷)	1.00	1.20	0.00
	生料带 (7.00 元/卷)	2.00	2.40	0.00
	液压油 (19.58 元/kg)	2.00	2.40	0.00
	其他材料费	10.37	12.44	0.00
施工机械	空气压缩机 (302.75 元/(台·班))	0.50	0.60	0.00
	其他机械费	4.54	5.45	0.00

说明：卡特平路机 16G 无此项检修。

二十九、小臂、大臂、铲斗油缸拆卸、检修、安装

(元)

定额编号		2-1-085	2-1-086	2-1-087
设备名称		沃尔沃挖掘机		卡特平路机
项目		主机规格		
		EC360	EC460	16G
定额基价		4105.56	4544.18	0.00
人工费		2376.00	2772.00	0.00
材料费		293.03	335.65	0.00
机械费		1436.53	1436.53	0.00
综合人工 (39.60 元/(工·日))		60.00	70.00	0.00
主要消耗材料	凡士林 (10.91 元/kg)	0.20	0.24	0.00
	毛刷 (1.58 元/把)	2.00	2.40	0.00
	砂布 (0.80 元/张)	10.00	12.00	0.00
	水砂纸 (1.00 元/张)	20.00	24.00	0.00
	薄砂轮片 (13.56 元/片)	1.00	1.20	0.00
	柴油 (7.76 元/kg)	10.00	10.00	0.00
	金属洗涤剂 (4.50 元/kg)	1.00	1.20	0.00
	擦拭布 (14.00 元/kg)	6.00	7.20	0.00
	塑料布 (16.83 元/米)	3.00	3.60	0.00
	硝基磁漆 (19.00 元/kg)	0.00	0.00	0.00
	生料带 (7.00 元/卷)	3.00	3.60	0.00
	其他材料费	8.53	9.78	0.00
施工机械	吊装机械 (545.97 元/(台·班))	2.00	2.00	0.00
	空气压缩机 (302.75 元/(台·班))	1.00	1.00	0.00
	其他机械费	41.84	41.84	0.00

说明：卡特平路机 16G 无此项检修。

三十、快速装配阀拆卸、检修、安装

(元)

	定额编号	2-1-088	2-1-089	2-1-090
	设备名称	沃尔沃挖掘机		卡特平路机
	项目	主机规格		
		EC360	EC460	16G
	定额基价	1589.00	1906.81	0.00
	人工费	1188.00	1425.60	0.00
	材料费	245.09	294.11	0.00
	机械费	155.92	187.10	0.00
	综合人工 (39.60 元/(工·日))	30.00	36.00	0.00
主要消耗材料	凡士林 (10.91 元/kg)	1.00	1.20	0.00
	毛刷 (1.58 元/把)	1.00	1.20	0.00
	锯条 (0.20 元/根)	1.00	1.20	0.00
	水砂纸 (1.00 元/张)	1.00	1.20	0.00
	薄砂轮片 (13.56 元/片)	5.00	6.00	0.00
	柴油 (7.76 元/kg)	5.00	6.00	0.00
	擦拭布 (14.00 元/kg)	5.00	6.00	0.00
	塑料布 (16.83 元/米)	2.00	2.40	0.00
	生料带 (7.00 元/卷)	2.00	2.40	0.00
	其他材料费	7.14	8.57	0.00
施工机械	空气压缩机 (302.75 元/(台·班))	0.50	0.60	0.00
	其他机械费	4.54	5.45	0.00

说明：卡特平路机 16G 无此项检修。

三十一、铲斗拆卸、检修、安装

(元)

定 额 编 号		2-1-091	2-1-092	2-1-093
设 备 名 称		沃尔沃挖掘机		卡特平路机
项 目		主 机 规 格		
		EC360	EC460	16G
定 额 基 价		13492.23	15853.26	0.00
人 工 费		1980.00	2376.00	0.00
材 料 费		8410.22	10092.26	0.00
机 械 费		3102.01	3385.00	0.00
综合人工 (39.60 元/(工·日))		50.00	60.00	0.00
主要消耗材料	钢丝刷 (3.14 元/把)	2.00	2.40	0.00
	擦拭布 (14.00 元/kg)	1.50	1.80	0.00
	塑料布 (16.83 元/米)	1.00	1.20	0.00
	美纹纸 (3.00 元/卷)	1.00	1.20	0.00
	胶带纸 (1.65 元/卷)	1.00	1.20	0.00
	醇酸磁漆 (16.16 元/kg)	5.00	6.00	0.00
	醇酸漆稀释剂 (7.30 元/kg)	5.00	6.00	0.00
	电焊条 (4.90 元/kg)	100.00	120.00	0.00
	钢材 (2.67 元/kg)	50.00	60.00	0.00
	氧气 (2.06 元/m^3)	20.00	24.00	0.00
	乙炔 (13.45 元/m^3)	10.00	12.00	0.00
	钢材 (3.60 元/kg)	2000.00	2400.00	0.00
	其他材料费	244.96	293.95	0.00
施工机械	吊装机械 (545.97 元/(台·班))	3.00	3.00	0.00
	空气压缩机 (302.75 元/(台·班))	1.00	1.20	0.00
	清洗机 (300.00 元/(台·班))	1.00	1.20	0.00
	电焊机 (77.10 元/(台·班))	10.00	12.00	0.00
	其他机械费	90.35	98.59	0.00

说明：卡特平路机 16G 无此项检修。

三十二、大臂、小臂拆卸、焊修、安装

(元)

定额编号		2-1-094	2-1-095	2-1-096
设备名称		沃尔沃挖掘机		卡特平路机
项目		主机规格		
		EC360	EC460	16G
定额基价		5245.50	6294.60	0.00
人工费		1267.20	1520.64	0.00
材料费		2477.47	2972.96	0.00
机械费		1500.83	1801.00	0.00
综合人工 (39.60 元/(工·日))		32.00	38.40	0.00
主要消耗材料	钢丝刷 (3.14 元/把)	4.00	4.80	0.00
	金属洗涤剂 (4.50 元/kg)	5.00	6.00	0.00
	高效清洗剂 (88.00 元/瓶)	2.00	2.40	0.00
	擦拭布 (14.00 元/kg)	30.00	36.00	0.00
	塑料布 (16.83 元/米)	10.00	12.00	0.00
	胶带纸 (1.65 元/卷)	1.00	1.20	0.00
	底漆 (9.50 元/kg)	15.00	18.00	0.00
	原子灰 (5.00 元/kg)	12.00	14.40	0.00
	铝银浆 (6.50 元/kg)	16.00	19.20	0.00
	硝基磁漆 (19.00 元/kg)	60.00	72.00	0.00
	电焊条 (4.90 元/kg)	30.00	36.00	0.00
	铁线 8 号 (2.70 元/kg)	4.00	4.80	0.00
	其他材料费	72.16	86.59	0.00
施工机械	吊装机械 (545.97 元/(台·班))	1.00	1.20	0.00
	空气压缩机 (302.75 元/(台·班))	1.00	1.20	0.00
	清洗机 (300.00 元/(台·班))	1.00	1.20	0.00
	电焊机 (77.10 元/(台·班))	4.00	4.80	0.00
	其他机械费	43.71	52.46	0.00

说明：卡特平路机 16G 无此项检修。

三十三、各部液压系统管线拆卸、清洗、检修、安装

(元)

定 额 编 号		2-1-097	2-1-098	2-1-099
设 备 名 称		沃尔沃挖掘机		卡特平路机
项 目		主 机 规 格		
		EC360	EC460	16G
定 额 基 价		3855.00	4427.27	0.00
人 工 费		1584.00	1782.00	0.00
材 料 费		1026.50	1151.87	0.00
机 械 费		1244.50	1493.40	0.00
综合人工 (39.60 元/(工·日))		40.00	45.00	0.00
主要消耗材料	毛刷 (1.58 元/把)	10.00	12.00	0.00
	柴油 (7.76 元/kg)	50.00	50.00	0.00
	金属洗涤剂 (4.50 元/kg)	1.00	1.20	0.00
	擦拭布 (14.00 元/kg)	30.00	36.00	0.00
	塑料布 (16.83 元/米)	10.00	12.00	0.00
	其他材料费	29.90	33.55	0.00
施工机械	空气压缩机 (302.75 元/(台·班))	3.00	3.60	0.00
	清洗机 (300.00 元/(台·班))	1.00	1.20	0.00
	其他机械费	36.25	43.50	0.00

说明: 卡特平路机 16G 无此项检修。

三十四、润滑管线拆卸、清洗、检修、安装

(元)

定额编号		2-1-100	2-1-101	2-1-102
设备名称		沃尔沃挖掘机		卡特平路机
项目		主机规格		
		EC360	EC460	16G
定额基价		1409.42	1670.80	0.00
人工费		594.00	792.00	0.00
材料费		194.59	196.17	0.00
机械费		620.83	682.63	0.00
综合人工 (39.60 元/(工·日))		15.00	20.00	0.00
主要消耗材料	毛刷 (1.58 元/把)	2.00	2.40	0.00
	柴油 (7.76 元/kg)	10.00	10.00	0.00
	金属洗涤剂 (4.50 元/kg)	1.00	1.20	0.00
	擦拭布 (14.00 元/kg)	5.00	5.00	0.00
	塑料布 (16.83 元/米)	2.00	2.00	0.00
	其他材料费	5.67	5.71	0.00
施工机械	空气压缩机 (302.75 元/(台·班))	1.00	1.00	0.00
	清洗机 (300.00 元/(台·班))	1.00	1.20	0.00
	其他机械费	18.08	19.88	0.00

说明: 卡特平路机 16G 无此项检修。

三十五、继电器的短路保护器分解、检修、安装　　(元)

定 额 编 号		2-1-103	2-1-104	2-1-105
设 备 名 称		沃尔沃挖掘机		卡特平路机
项 目		主 机 规 格		
		EC360	EC460	16G
定 额 基 价		0.00	0.00	1663.50
人 工 费		0.00	0.00	1188.00
材 料 费		0.00	0.00	475.50
机 械 费		0.00	0.00	0.00
综合人工 (39.60 元/(工·日))		0.00	0.00	30.00
主要消耗材料	毛刷 (1.58 元/把)	0.00	0.00	2.00
	高效清洗剂 (88.00 元/瓶)	0.00	0.00	4.00
	擦拭布 (14.00 元/kg)	0.00	0.00	4.00
	塑料布 (16.83 元/米)	0.00	0.00	3.00
	其他材料费	0.00	0.00	13.85
施工机械	其他机械费	0.00	0.00	0.00

说明：沃尔沃挖掘机 EC360、EC460 无此项检修。

三十六、动力传动系统拆卸、检修、安装

(元)

定额编号		2-1-106	2-1-107	2-1-108
设备名称		沃尔沃挖掘机		卡特平路机
项目		主机规格		
		EC360	EC460	16G
定额基价		0.00	0.00	7818.25
人工费		0.00	0.00	2376.00
材料费		0.00	0.00	4447.39
机械费		0.00	0.00	994.87
综合人工 (39.60 元/(工·日))		0.00	0.00	60.00
主要消耗材料	机油 (15.00 元/kg)	0.00	0.00	8.00
	乐泰胶(515) (35.00 元/支)	0.00	0.00	7.00
	柴油 (7.76 元/kg)	0.00	0.00	20.00
	脱漆剂 (76.00 元/升)	0.00	0.00	11.00
	高效清洗剂 (88.00 元/瓶)	0.00	0.00	7.00
	螺栓松动润滑剂 (30.00 元/瓶)	0.00	0.00	5.00
	平面密封胶 (35.00 元/瓶)	0.00	0.00	6.00
	螺纹紧固胶 (68.00 元/瓶)	0.00	0.00	2.00
	擦拭布 (14.00 元/kg)	0.00	0.00	20.00
	塑料布 (16.83 元/米)	0.00	0.00	15.00
	醇酸磁漆 (16.16 元/kg)	0.00	0.00	10.00
	齿轮油 (19.26 元/kg)	0.00	0.00	60.00
	硝基磁漆 (19.00 元/kg)	0.00	0.00	0.00
	其他材料费	0.00	0.00	129.54
施工机械	吊装机械 (545.97 元/(台·班))	0.00	0.00	1.00
	空气压缩机 (302.75 元/(台·班))	0.00	0.00	0.80
	清洗机 (300.00 元/(台·班))	0.00	0.00	0.40
	探伤机 (144.30 元/(台·班))	0.00	0.00	0.40
	其他机械费	0.00	0.00	28.98

说明：沃尔沃挖掘机 EC360、EC460 无此项检修。

三十七、发动机(发动机连接附件)拆卸、检修、安装 (元)

	定额编号	2-1-109	2-1-110	2-1-111
	设备名称	沃尔沃挖掘机		卡特平路机
	项目	主机规格		
		EC360	EC460	16G
	定额基价	0.00	0.00	34639.84
	人工费	0.00	0.00	14256.00
	材料费	0.00	0.00	6482.24
	机械费	0.00	0.00	13901.60
	综合人工 (39.60 元/(工·日))	0.00	0.00	360.00
主要消耗材料	凡士林 (10.91 元/kg)	0.00	0.00	2.00
	乐泰胶(515) (35.00 元/支)	0.00	0.00	7.00
	柴油 (7.76 元/kg)	0.00	0.00	450.00
	脱漆剂 (76.00 元/升)	0.00	0.00	9.00
	螺栓松动润滑剂 (30.00 元/瓶)	0.00	0.00	5.00
	平面密封胶 (35.00 元/瓶)	0.00	0.00	3.00
	螺纹紧固胶 (68.00 元/瓶)	0.00	0.00	2.00
	生料带 (7.00 元/卷)	0.00	0.00	5.00
	擦拭布 (14.00 元/kg)	0.00	0.00	20.00
	塑料布 (16.83 元/米)	0.00	0.00	18.00
	醇酸磁漆 (16.16 元/kg)	0.00	0.00	3.00
	裂纹渗透剂 (64.10 元/瓶)	0.00	0.00	2.00
	硝基磁漆 (19.00 元/kg)	0.00	0.00	35.00
	其他材料费	0.00	0.00	188.80
施工机械	吊装机械 (545.97 元/(台·班))	0.00	0.00	2.00
	空气压缩机 (302.75 元/(台·班))	0.00	0.00	0.80
	超声波探伤机 (103.20 元/(台·班))	0.00	0.00	0.80
	清洗机 (300.00 元/(台·班))	0.00	0.00	40.00
	压力机 (100.00 元/(台·班))	0.00	0.00	0.80
	其他机械费	0.00	0.00	404.90

说明：沃尔沃挖掘机 EC360、EC460 无此项检修。

三十八、变速箱分解、检修、安装

(元)

定额编号		2-1-112	2-1-113	2-1-114
设备名称		沃尔沃挖掘机		卡特平路机
项目		主机规格		
		EC360	EC460	16G
定额基价		0.00	0.00	32277.94
人工费		0.00	0.00	12672.00
材料费		0.00	0.00	2526.77
机械费		0.00	0.00	17079.17
综合人工 (39.60 元/(工·日))		0.00	0.00	320.00
主要消耗材料	凡士林 (10.91 元/kg)	0.00	0.00	3.00
	毛刷 (1.58 元/把)	0.00	0.00	3.00
	砂布 (0.80 元/张)	0.00	0.00	6.00
	水砂纸 (1.00 元/张)	0.00	0.00	8.00
	纸砂轮 (2.50 元/个)	0.00	0.00	1.00
	液压油 (19.58 元/kg)	0.00	0.00	5.00
	柴油 (7.76 元/kg)	0.00	0.00	240.00
	金属洗涤剂 (4.50 元/kg)	0.00	0.00	0.25
	螺栓松动润滑剂 (30.00 元/瓶)	0.00	0.00	1.00
	擦拭布 (14.00 元/kg)	0.00	0.00	15.00
	塑料布 (16.83 元/米)	0.00	0.00	6.00
	平面密封胶 (35.00 元/瓶)	0.00	0.00	2.00
	生料带 (7.00 元/卷)	0.00	0.00	4.00
	其他材料费	0.00	0.00	73.60
施工机械	吊装机械 (545.97 元/(台·班))	0.00	0.00	0.70
	运输机械 (480.42 元/(台·班))	0.00	0.00	0.70
	空气压缩机 (302.75 元/(台·班))	0.00	0.00	15.00
	清洗机 (300.00 元/(台·班))	0.00	0.00	30.00
	超声波探伤机 (103.20 元/(台·班))	0.00	0.00	22.50
	其他机械费	0.00	0.00	497.45

说明：沃尔沃挖掘机 EC360、EC460 无此项检修。

三十九、车轮及附件拆卸、检修、安装

(元)

定 额 编 号		2-1-115	2-1-116	2-1-117
设 备 名 称		沃尔沃挖掘机		卡特平路机
项 目		主 机 规 格		
		EC360	EC460	16G
定 额 基 价		0.00	0.00	14208.80
人 工 费		0.00	0.00	2376.00
材 料 费		0.00	0.00	9938.04
机 械 费		0.00	0.00	1894.76
综合人工 (39.60 元/(工·日))		0.00	0.00	60.00
主要消耗材料	螺栓松动润滑剂 (30.00 元/瓶)	0.00	0.00	5.00
	醇酸磁漆 (16.16 元/kg)	0.00	0.00	8.00
	醇酸漆稀释剂 (7.30 元/kg)	0.00	0.00	5.00
	复合脂 (700.00 元/kg)	0.00	0.00	13.00
	柴油 (7.76 元/kg)	0.00	0.00	30.00
	其他材料费	0.00	0.00	289.46
施工机械	吊装机械 (545.97 元/(台·班))	0.00	0.00	2.00
	运输机械 (480.42 元/(台·班))	0.00	0.00	0.80
	空气压缩机 (302.75 元/(台·班))	0.00	0.00	1.20
	其他机械费	0.00	0.00	55.19

说明：沃尔沃挖掘机 EC360、EC460 无此项检修。

四十、转盘及转盘马达拆卸、检修、安装

(元)

定额编号		2-1-118	2-1-119	2-1-120
设备名称		沃尔沃挖掘机		卡特平路机
项目		主机规格		
		EC360	EC460	16G
定额基价		0.00	0.00	6770.99
人工费		0.00	0.00	3366.00
材料费		0.00	0.00	1673.24
机械费		0.00	0.00	1731.76
综合人工 (39.60 元/(工·日))		0.00	0.00	85.00
主要消耗材料	凡士林 (10.91 元/kg)	0.00	0.00	2.00
	毛刷 (1.58 元/把)	0.00	0.00	5.00
	砂布 (0.80 元/张)	0.00	0.00	13.00
	水砂纸 (1.00 元/张)	0.00	0.00	10.00
	液压油 (19.58 元/kg)	0.00	0.00	18.00
	柴油 (7.76 元/kg)	0.00	0.00	80.00
	金属洗涤剂 (4.50 元/kg)	0.00	0.00	5.00
	高效清洗剂 (88.00 元/瓶)	0.00	0.00	1.00
	螺栓松动润滑剂 (30.00 元/瓶)	0.00	0.00	2.00
	平面密封胶 (35.00 元/瓶)	0.00	0.00	2.00
	擦拭布 (14.00 元/kg)	0.00	0.00	15.00
	塑料布 (16.83 元/米)	0.00	0.00	8.00
	白布带 (8.00 元/卷)	0.00	0.00	2.00
	其他材料费	0.00	0.00	48.74
施工机械	吊装机械 (545.97 元/(台·班))	0.00	0.00	0.80
	运输机械 (480.42 元/(台·班))	0.00	0.00	0.70
	空气压缩机 (302.75 元/(台·班))	0.00	0.00	3.00
	其他机械费	0.00	0.00	50.44

说明：沃尔沃挖掘机 EC360、EC460 无此项检修。

四十一、大铲拆卸、焊修、安装

(元)

定 额 编 号		2-1-121	2-1-122	2-1-123
设 备 名 称		沃尔沃挖掘机		卡特平路机
项 目		主 机 规 格		
		EC360	EC460	16G
定 额 基 价		0.00	0.00	5749.18
人 工 费		0.00	0.00	1782.00
材 料 费		0.00	0.00	2869.53
机 械 费		0.00	0.00	1097.65
综合人工 (39.60 元/(工·日))		0.00	0.00	45.00
主要消耗材料	钢丝刷 (3.14 元/把)	0.00	0.00	5.00
	金属洗涤剂 (4.50 元/kg)	0.00	0.00	6.00
	高效清洗剂 (88.00 元/瓶)	0.00	0.00	3.00
	擦拭布 (14.00 元/kg)	0.00	0.00	30.00
	塑料布 (16.83 元/米)	0.00	0.00	10.00
	胶带纸 (1.65 元/卷)	0.00	0.00	1.00
	底漆 (9.50 元/kg)	0.00	0.00	15.00
	原子灰 (5.00 元/kg)	0.00	0.00	12.00
	铝银浆 (6.50 元/kg)	0.00	0.00	16.00
	硝基磁漆 (19.00 元/kg)	0.00	0.00	75.00
	电焊条 (4.90 元/kg)	0.00	0.00	30.00
	铁线 8 号 (2.70 元/kg)	0.00	0.00	4.00
	其他材料费	0.00	0.00	83.58
施工机械	吊装机械 (545.97 元/(台·班))	0.00	0.00	0.70
	空气压缩机 (302.75 元/(台·班))	0.00	0.00	0.80
	清洗机 (300.00 元/(台·班))	0.00	0.00	0.70
	电焊机 (77.10 元/(台·班))	0.00	0.00	3.00
	其他机械费	0.00	0.00	31.97

说明：沃尔沃挖掘机 EC360、EC460 无此项检修。

四十二、整车调试

(元)

定额编号		2-1-124	2-1-125	2-1-126
设备名称		沃尔沃挖掘机		卡特平路机
项目		主机规格		
		EC360	EC460	16G
定额基价		3993.24	4791.89	4977.26
人工费		792.00	950.40	1267.20
材料费		3201.24	3841.49	3710.06
机械费		0.00	0.00	0.00
综合人工 (39.60 元/(工·日))		20.00	24.00	32.00
主要消耗材料	机油 (15.00 元/kg)	50.00	60.00	70.00
	柴油 (7.76 元/kg)	175.00	210.00	200.00
	防冻液 (10.00 元/kg)	100.00	120.00	100.00
	其他材料费	93.24	111.89	108.06
施工机械	其他机械费	0.00	0.00	0.00

四十三、全车喷漆、贴纸、出厂

(元)

	定 额 编 号	2-1-127	2-1-128	2-1-129
	设 备 名 称	沃尔沃挖掘机		卡特平路机
	项 目	主 机 规 格		
		EC360	EC460	16G
	定 额 基 价	3322.45	3986.94	3661.82
	人 工 费	792.00	950.40	1108.80
	材 料 费	1906.79	2288.15	2085.28
	机 械 费	623.67	748.40	467.75
	综合人工 (39.60 元/(工·日))	20.00	24.00	28.00
主要消耗材料	擦拭布 (14.00 元/kg)	15.00	18.00	16.00
	塑料布 (16.83 元/米)	10.00	12.00	12.00
	美纹纸 (3.00 元/卷)	10.00	12.00	11.00
	胶带纸 (1.65 元/卷)	1.00	1.20	2.00
	醇酸磁漆 (16.16 元/kg)	5.00	6.00	8.00
	醇酸漆稀释剂 (7.30 元/kg)	5.00	6.00	5.00
	底漆 (9.50 元/kg)	10.00	12.00	15.00
	原子灰 (5.00 元/kg)	10.00	12.00	15.00
	铝银浆 (6.50 元/kg)	6.00	7.20	6.00
	硝基磁漆 (19.00 元/kg)	60.00	72.00	60.00
	其他材料费	55.54	66.65	60.74
施工机械	空气压缩机 (302.75 元/(台·班))	2.00	2.40	1.50
	其他机械费	18.17	21.80	13.62

四十四、定额总价

(元)

定额编号				
设备名称		沃尔沃挖掘机		卡特平路机
项目		主机规格		
		EC360	EC460	16G
定额基价		120432.67	139921.86	158883.43
人工费		36432.00	43171.92	56548.80
材料费		57925.71	68174.15	57988.94
机械费		26074.96	28575.79	44345.69
综合人工 (39.60 元/(工·日))				
主要消耗材料				
	其他材料费			
施工机械				
	其他机械费			

第二章　推　土　机

一、整车分解

(元)

定额编号		2-2-001	2-2-002	2-2-003	2-2-004
项　目		主机规格			
		320 系列	220 系列	120 系列	D9R 系列
定额基价		5282.95	4965.44	4307.18	5829.55
其中	人工费	950.40	712.80	475.20	1188.00
	材料费	1451.19	1371.28	950.62	1451.19
	机械费	2881.36	2881.36	2881.36	3190.36
	综合人工 (39.60 元/(工·日))	24.00	18.00	12.00	30.00
主要消耗材料	柴油 (7.76 元/kg)	0.00	0.00	0.00	0.00
	细油石 (10.00 元/个)	0.00	0.00	0.00	0.00
	水砂纸 (1.00 元/张)	0.00	0.00	0.00	0.00
	毛刷 (1.58 元/把)	10.00	9.00	8.00	10.00
	金属洗涤剂 (4.00 元/kg)	10.00	10.00	9.00	10.00
	脱漆剂 (76.00 元/升)	5.00	4.00	2.00	5.00
	高效清洗剂 (88.00 元/瓶)	6.00	6.00	4.00	6.00
	螺栓松动润滑剂 (30.00 元/瓶)	4.00	4.00	3.00	4.00
	裂纹渗透剂 (64.10 元/瓶)	1.00	1.00	1.00	1.00
	裂纹显示剂 (18.58 元/瓶)	1.00	1.00	1.00	1.00
	裂纹清洗剂 (18.29 元/瓶)	1.00	1.00	1.00	1.00
	擦拭布 (14.00 元/kg)	10.00	10.00	8.00	10.00
	塑料布 (16.83 元/米)	5.00	5.00	4.00	5.00
	其他材料费	42.27	39.94	27.69	42.27
施工机械	吊装机械 (545.97 元/(台·班))	2.00	2.00	2.00	2.00
	压力机 (100.00 元/(台·班))	2.00	2.00	2.00	2.00
	空气压缩机 (302.75 元/(台·班))	2.00	2.00	2.00	2.00
	探伤机 (144.30 元/(台·班))	0.00	0.00	0.00	0.00
	清洗机 (300.00 元/(台·班))	3.00	3.00	3.00	4.00
	其他机械费	83.92	83.92	83.92	92.92

说明：整车分解包括拆卸清洗检查各部分总成。

二、整车组装

(元)

定 额 编 号		2-2-005	2-2-006	2-2-007	2-2-008
项 目		主 机 规 格			
		320 系列	220 系列	120 系列	D9R 系列
定 额 基 价		5663.22	4444.94	3983.43	6239.56
人 工 费		1663.20	1425.60	1188.00	1900.80
材 料 费		1298.06	1191.57	967.65	1324.97
机 械 费		2701.96	1827.78	1827.78	3013.79
综合人工 (39.60 元/(工·日))		42.00	36.00	30.00	48.00
主要消耗材料	柴油 (7.76 元/kg)	0.00	0.00	0.00	0.00
	机油 (15.00 元/kg)	0.00	0.00	0.00	0.00
	平面密封胶 (35.00 元/瓶)	10.00	9.00	8.00	10.00
	螺纹紧固胶 (68.00 元/瓶)	5.00	5.00	3.00	5.00
	凡士林 (10.91 元/kg)	5.00	4.00	3.00	5.00
	电焊条 (4.90 元/kg)	1.00	1.00	1.00	1.00
	高效清洗剂 (88.00 元/瓶)	1.00	1.00	1.00	1.00
	液压油 (19.58 元/kg)	0.00	0.00	0.00	0.00
	美纹纸 (3.00 元/卷)	10.00	9.00	8.00	12.00
	胶带纸 (1.65 元/卷)	10.00	9.00	8.00	12.00
	白布带 (8.00 元/卷)	5.00	4.00	4.00	5.00
	擦拭布 (14.00 元/kg)	12.00	10.00	9.00	12.00
	塑料布 (16.83 元/米)	10.00	9.00	8.00	11.00
	其他材料费	37.81	34.71	28.18	38.59
施工机械	吊装机械 (545.97 元/(台·班))	3.00	2.00	2.00	3.00
	加热电炉箱 (150.00 元/(台·班))	0.00	0.00	0.00	0.00
	空气压缩机 (302.75 元/(台·班))	3.00	2.00	2.00	4.00
	电焊机 (77.10 元/(台·班))	1.00	1.00	1.00	1.00
	压力机 (100.00 元/(台·班))	0.00	0.00	0.00	0.00
	其他机械费	78.70	53.24	53.24	87.78

说明：整车组装包括各总成连接组装。

三、发动机总成检修

(元)

定额编号		2-2-009	2-2-010	2-2-011	2-2-012
项目		主机规格			
		320 系列	220 系列	120 系列	D9R 系列
定额基价		7485.92	7326.07	6211.89	7805.24
人工费		1108.80	1108.80	950.40	1425.60
材料费		3803.65	3643.79	2688.01	4118.00
机械费		2573.48	2573.48	2573.48	2261.64
综合人工 (39.60 元/(工·日))		28.00	28.00	24.00	36.00
主要消耗材料	柴油 (7.76 元/kg)	180.00	160.00	120.00	200.00
	机油 (15.00 元/kg)	50.00	50.00	50.00	60.00
	平面密封胶 (35.00 元/瓶)	10.00	10.00	8.00	10.00
	螺纹紧固胶 (68.00 元/瓶)	2.00	2.00	1.00	2.00
	凡士林 (10.91 元/kg)	2.00	2.00	1.00	2.00
	脱漆剂 (76.00 元/升)	2.00	2.00	1.00	2.00
	高效清洗剂 (88.00 元/瓶)	2.00	2.00	1.00	2.00
	螺栓松动润滑剂 (30.00 元/瓶)	2.00	2.00	1.00	2.00
	裂纹渗透剂 (64.10 元/瓶)	2.00	2.00	1.00	2.00
	裂纹显示剂 (18.58 元/瓶)	2.00	2.00	1.00	2.00
	裂纹清洗剂 (18.29 元/瓶)	2.00	2.00	1.00	2.00
	擦拭布 (14.00 元/kg)	20.00	20.00	10.00	20.00
	塑料布 (16.83 元/米)	10.00	10.00	8.00	10.00
	其他材料费	110.79	106.13	78.29	119.94
施工机械	吊装机械 (545.97 元/(台·班))	1.00	1.00	1.00	1.00
	加热电炉箱 (150.00 元/(台·班))	0.00	0.00	0.00	0.00
	空气压缩机 (302.75 元/(台·班))	3.00	3.00	3.00	2.00
	探伤机 (144.30 元/(台·班))	1.00	1.00	1.00	1.00
	清洗机 (300.00 元/(台·班))	3.00	3.00	3.00	3.00
	其他机械费	74.96	74.96	74.96	65.87

说明：发动机总成检修包括缸体、曲轴、减振器、活塞及连杆、凸轮轴、齿轮室盖、缸盖、凸轮轴从动件及推杆、摇臂室、机油冷却器、机油滤清器、机油盘、机油泵、燃油泵、水泵、增压器、中冷器。

四、发动机附属装置检修

(元)

定额编号		2-2-013	2-2-014	2-2-015	2-2-016
项目		主机规格			
		320 系列	220 系列	120 系列	D9R 系列
定额基价		1469.66	1311.26	1138.44	1469.66
人工费		792.00	633.60	475.20	792.00
材料费		368.66	368.66	354.24	368.66
机械费		309.00	309.00	309.00	309.00
综合人工 (39.60 元/(工·日))		20.00	16.00	12.00	20.00
主要消耗材料	柴油 (7.76 元/kg)	0.00	0.00	0.00	0.00
	机油 (15.00 元/kg)	1.00	1.00	1.00	1.00
	平面密封胶 (35.00 元/瓶)	1.00	1.00	1.00	1.00
	螺纹紧固胶 (68.00 元/瓶)	1.00	1.00	1.00	1.00
	凡士林 (10.91 元/kg)	0.10	0.10	0.10	0.10
	脱漆剂 (76.00 元/升)	1.00	1.00	1.00	1.00
	高效清洗剂 (88.00 元/瓶)	1.00	1.00	1.00	1.00
	螺栓松动润滑剂 (30.00 元/瓶)	1.00	1.00	1.00	1.00
	裂纹渗透剂 (64.10 元/瓶)	0.00	0.00	0.00	0.00
	裂纹显示剂 (18.58 元/瓶)	0.00	0.00	0.00	0.00
	裂纹清洗剂 (18.29 元/瓶)	0.00	0.00	0.00	0.00
	擦拭布 (14.00 元/kg)	2.00	2.00	1.00	2.00
	塑料布 (16.83 元/米)	1.00	1.00	1.00	1.00
	其他材料费	10.74	10.74	10.32	10.74
施工机械	吊装机械 (545.97 元/(台·班))	0.00	0.00	0.00	0.00
	加热电炉箱 (150.00 元/(台·班))	0.00	0.00	0.00	0.00
	空气压缩机 (302.75 元/(台·班))	0.00	0.00	0.00	0.00
	探伤机 (144.30 元/(台·班))	0.00	0.00	0.00	0.00
	清洗机 (300.00 元/(台·班))	1.00	1.00	1.00	1.00
	其他机械费	9.00	9.00	9.00	9.00

说明：发动机附属装置检修包括前支架、油门操纵及联动装置，减速踏板、排气管及消音器、空气滤清器、乙醚启动装置等。

五、燃油系统检修

(元)

定额编号		2-2-017	2-2-018	2-2-019	2-2-020
项目		主机规格			
		320 系列	220 系列	120 系列	D9R 系列
定额基价		1929.30	1850.10	1680.83	2009.23
人工费		396.00	316.80	198.00	396.00
材料费		637.16	637.16	586.69	717.09
机械费		896.14	896.14	896.14	896.14
	综合人工 (39.60 元/(工·日))	10.00	8.00	5.00	10.00
主要消耗材料	柴油 (7.76 元/kg)	20.00	20.00	20.00	30.00
	机油 (15.00 元/kg)	0.00	0.00	0.00	0.00
	平面密封胶 (35.00 元/瓶)	3.00	3.00	2.00	3.00
	螺纹紧固胶 (68.00 元/瓶)	1.00	1.00	1.00	1.00
	凡士林 (10.91 元/kg)	0.10	0.10	0.10	0.10
	脱漆剂 (76.00 元/升)	1.00	1.00	1.00	1.00
	高效清洗剂 (88.00 元/瓶)	1.00	1.00	1.00	1.00
	螺栓松动润滑剂 (30.00 元/瓶)	1.00	1.00	1.00	1.00
	裂纹渗透剂 (64.10 元/瓶)	0.50	0.50	0.50	0.50
	裂纹显示剂 (18.58 元/瓶)	0.50	0.50	0.50	0.50
	裂纹清洗剂 (18.29 元/瓶)	0.50	0.50	0.50	0.50
	擦拭布 (14.00 元/kg)	2.00	2.00	1.00	2.00
	塑料布 (16.83 元/米)	1.00	1.00	1.00	1.00
	其他材料费	18.56	18.56	17.09	20.89
施工机械	吊装机械 (545.97 元/(台·班))	0.50	0.50	0.50	0.50
	加热电炉箱 (150.00 元/(台·班))	0.00	0.00	0.00	0.00
	空气压缩机 (302.75 元/(台·班))	1.00	1.00	1.00	1.00
	探伤机 (144.30 元/(台·班))	1.00	1.00	1.00	1.00
	清洗机 (300.00 元/(台·班))	0.50	0.50	0.50	0.50
	其他机械费	26.10	26.10	26.10	26.10

说明：燃油系统检修包括燃油箱、燃油管路、PT 泵。

六、动力输出系统检修

(元)

定额编号		2-2-021	2-2-022	2-2-023	2-2-024
项目		主机规格			
		320 系列	220 系列	120 系列	D9R 系列
定额基价		2158.37	2032.29	1835.13	2158.37
人工费		396.00	316.80	237.60	396.00
材料费		634.49	587.60	469.64	634.49
机械费		1127.89	1127.89	1127.89	1127.89
综合人工 (39.60 元/(工·日))		10.00	8.00	6.00	10.00
主要消耗材料	柴油 (7.76 元/kg)	10.00	8.00	6.00	10.00
	机油 (15.00 元/kg)	5.00	3.00	2.00	5.00
	平面密封胶 (35.00 元/瓶)	3.00	3.00	1.00	3.00
	螺纹紧固胶 (68.00 元/瓶)	1.00	1.00	1.00	1.00
	凡士林 (10.91 元/kg)	0.10	0.10	0.10	0.10
	脱漆剂 (76.00 元/升)	1.00	1.00	1.00	1.00
	高效清洗剂 (88.00 元/瓶)	1.00	1.00	1.00	1.00
	螺栓松动润滑剂 (30.00 元/瓶)	1.00	1.00	1.00	1.00
	裂纹渗透剂 (64.10 元/瓶)	0.50	0.50	0.50	0.50
	裂纹显示剂 (18.58 元/瓶)	0.50	0.50	0.50	0.50
	裂纹清洗剂 (18.29 元/瓶)	0.50	0.50	0.50	0.50
	擦拭布 (14.00 元/kg)	2.00	2.00	1.00	2.00
	塑料布 (16.83 元/米)	1.00	1.00	1.00	1.00
	其他材料费	18.48	17.11	13.68	18.48
施工机械	吊装机械 (545.97 元/(台·班))	0.50	0.50	0.50	0.50
	加热电炉箱 (150.00 元/(台·班))	0.50	0.50	0.50	0.50
	空气压缩机 (302.75 元/(台·班))	1.00	1.00	1.00	1.00
	探伤机 (144.30 元/(台·班))	1.00	1.00	1.00	1.00
	清洗机 (300.00 元/(台·班))	1.00	1.00	1.00	1.00
	其他机械费	32.85	32.85	32.85	32.85

说明：动力输出系统检修包括分动箱、飞轮罩总成、取力装置。

七、散热系统检修

(元)

定额编号		2-2-025	2-2-026	2-2-027	2-2-028
项目		主机规格			
		320 系列	220 系列	120 系列	D9R 系列
定额基价		2763.62	2684.42	2163.35	3151.82
人工费		396.00	316.80	237.60	475.20
材料费		1620.11	1620.11	1178.24	1929.11
机械费		747.51	747.51	747.51	747.51
综合人工 (39.60 元/(工·日))		10.00	8.00	6.00	12.00
主要消耗材料	防冻液 (10.00 元/kg)	120.00	120.00	80.00	150.00
	机油 (15.00 元/kg)	2.00	2.00	1.00	2.00
	平面密封胶 (35.00 元/瓶)	1.00	1.00	1.00	1.00
	螺纹紧固胶 (68.00 元/瓶)	1.00	1.00	1.00	1.00
	凡士林 (10.91 元/kg)	0.10	0.10	0.10	0.10
	脱漆剂 (76.00 元/升)	1.00	1.00	1.00	1.00
	高效清洗剂 (88.00 元/瓶)	1.00	1.00	1.00	1.00
	螺栓松动润滑剂 (30.00 元/瓶)	1.00	1.00	1.00	1.00
	裂纹渗透剂 (64.10 元/瓶)	0.00	0.00	0.00	0.00
	裂纹显示剂 (18.58 元/瓶)	0.00	0.00	0.00	0.00
	裂纹清洗剂 (18.29 元/瓶)	0.00	0.00	0.00	0.00
	擦拭布 (14.00 元/kg)	2.00	2.00	1.00	2.00
	塑料布 (16.83 元/米)	1.00	1.00	1.00	1.00
	其他材料费	47.19	47.19	34.32	56.19
施工机械	吊装机械 (545.97 元/(台·班))	0.50	0.50	0.50	0.50
	加热电炉箱 (150.00 元/(台·班))	0.00	0.00	0.00	0.00
	空气压缩机 (302.75 元/(台·班))	1.00	1.00	1.00	1.00
	探伤机 (144.30 元/(台·班))	0.00	0.00	0.00	0.00
	清洗机 (300.00 元/(台·班))	0.50	0.50	0.50	0.50
	其他机械费	21.77	21.77	21.77	21.77

说明：散热系统检修包括散热器、散热器管路、护风罩、风扇、冷却器。

八、液力变矩器检修

(元)

定额编号		2-2-029	2-2-030	2-2-031	2-2-032
项目		主机规格			
		320 系列	220 系列	120 系列	D9R 系列
定额基价		3255.81	3033.83	2498.25	3255.81
人工费		1188.00	990.00	594.00	1188.00
材料费		788.92	764.94	625.35	788.92
机械费		1278.89	1278.89	1278.89	1278.89
综合人工 (39.60 元/(工·日))		30.00	25.00	15.00	30.00
主要消耗材料	柴油 (7.76 元/kg)	15.00	12.00	10.00	15.00
	机油 (15.00 元/kg)	5.00	5.00	3.00	5.00
	平面密封胶 (35.00 元/瓶)	1.00	1.00	1.00	1.00
	螺纹紧固胶 (68.00 元/瓶)	1.00	1.00	1.00	1.00
	凡士林 (10.91 元/kg)	1.00	1.00	1.00	1.00
	脱漆剂 (76.00 元/升)	2.00	2.00	1.00	2.00
	高效清洗剂 (88.00 元/瓶)	1.00	1.00	1.00	1.00
	螺栓松动润滑剂 (30.00 元/瓶)	1.00	1.00	1.00	1.00
	裂纹渗透剂 (64.10 元/瓶)	1.00	1.00	1.00	1.00
	裂纹显示剂 (18.58 元/瓶)	1.00	1.00	1.00	1.00
	裂纹清洗剂 (18.29 元/瓶)	1.00	1.00	1.00	1.00
	擦拭布 (14.00 元/kg)	4.00	4.00	3.00	4.00
	塑料布 (16.83 元/米)	2.00	2.00	2.00	2.00
	其他材料费	22.98	22.28	18.21	22.98
施工机械	吊装机械 (545.97 元/(台·班))	1.00	1.00	1.00	1.00
	压力机 (100.00 元/(台·班))	1.00	1.00	1.00	1.00
	空气压缩机 (302.75 元/(台·班))	0.50	0.50	0.50	0.50
	探伤机 (144.30 元/(台·班))	1.00	1.00	1.00	1.00
	清洗机 (300.00 元/(台·班))	1.00	1.00	1.00	1.00
	其他机械费	37.25	37.25	37.25	37.25

说明：液力变矩器检修包括液力变矩器壳体、回油泵、过滤器、安全阀、调节阀、泵轮、涡轮、导轮、涡轮轴、轴承、万向节等。

九、变速箱总成检修

(元)

定额编号		2-2-033	2-2-034	2-2-035	2-2-036
项目		主机规格			
		320 系列	220 系列	120 系列	D9R 系列
定额基价		2354.19	2354.19	2031.37	3120.01
人工费		792.00	792.00	633.60	950.40
材料费		877.97	877.97	713.55	892.39
机械费		684.21	684.21	684.21	1277.22
综合人工 (39.60 元/(工·日))		20.00	20.00	16.00	24.00
主要消耗材料	柴油 (7.76 元/kg)	20.00	20.00	15.00	20.00
	机油 (15.00 元/kg)	5.00	5.00	5.00	5.00
	平面密封胶 (35.00 元/瓶)	1.00	1.00	1.00	1.00
	螺纹紧固胶 (68.00 元/瓶)	1.00	1.00	1.00	1.00
	凡士林 (10.91 元/kg)	1.00	1.00	1.00	1.00
	脱漆剂 (76.00 元/升)	2.00	2.00	1.00	2.00
	高效清洗剂 (88.00 元/瓶)	1.00	1.00	1.00	1.00
	螺栓松动润滑剂 (30.00 元/瓶)	1.00	1.00	1.00	1.00
	裂纹渗透剂 (64.10 元/瓶)	1.00	1.00	1.00	1.00
	裂纹显示剂 (18.58 元/瓶)	1.00	1.00	1.00	1.00
	裂纹清洗剂 (18.29 元/瓶)	1.00	1.00	1.00	1.00
	擦拭布 (14.00 元/kg)	5.00	5.00	3.00	6.00
	塑料布 (16.83 元/米)	4.00	4.00	3.00	4.00
	其他材料费	25.57	25.57	20.78	25.99
施工机械	吊装机械 (545.97 元/(台·班))	0.50	0.50	0.50	1.00
	加热电炉箱 (150.00 元/(台·班))	0.00	0.00	0.00	0.00
	空气压缩机 (302.75 元/(台·班))	1.00	1.00	1.00	2.00
	电焊机 (77.10 元/(台·班))	0.50	0.50	0.50	0.50
	压力机 (100.00 元/(台·班))	0.50	0.50	0.50	0.50
	其他机械费	19.93	19.93	19.93	37.20

说明：变速箱总成检修包括变速箱壳、润滑阀、变速箱齿轮和轴、行星架、齿圈、摩擦片、活塞、轴承，变速控制阀、变速操纵杆，变速油泵、变速滤油器等。

十、液力变矩器管路检测

(元)

定 额 编 号		2-2-037	2-2-038	2-2-039	2-2-040
项 目		主 机 规 格			
		320 系列	220 系列	120 系列	D9R 系列
定 额 基 价		512.44	504.44	453.71	889.84
人 工 费		79.20	79.20	79.20	79.2
材 料 费		122.82	114.83	64.09	500.32
机 械 费		310.42	310.42	310.42	310.42
综合人工 (39.60 元/(工·日))		2.00	2.00	2.00	2.00
主要消耗材料	柴油 (7.76 元/kg)	4.00	3.00	2.00	4.00
	机油 (15.00 元/kg)	0.10	0.10	0.10	1.00
	平面密封胶 (35.00 元/瓶)	0.10	0.10	0.00	1.00
	螺纹紧固胶 (68.00 元/瓶)	0.10	0.10	0.10	1.00
	凡士林 (10.91 元/kg)	0.10	0.10	0.10	1.00
	脱漆剂 (76.00 元/升)	0.50	0.50	0.00	1.00
	高效清洗剂 (88.00 元/瓶)	0.10	0.10	0.10	1.00
	螺栓松动润滑剂 (30.00 元/瓶)	0.10	0.10	0.10	1.00
	裂纹渗透剂 (64.10 元/瓶)	0.10	0.10	0.10	1.00
	裂纹显示剂 (18.58 元/瓶)	0.10	0.10	0.10	1.00
	裂纹清洗剂 (18.29 元/瓶)	0.10	0.10	0.10	1.00
	擦拭布 (14.00 元/kg)	0.50	0.50	0.50	1.00
	塑料布 (16.83 元/米)	0.50	0.50	0.50	1.00
	其他材料费	3.58	3.34	1.87	14.57
施工机械	空气压缩机 (302.75 元/(台·班))	0.50	0.50	0.50	0.50
	探伤机 (144.30 元/(台·班))	0.00	0.00	0.00	0.00
	清洗机 (300.00 元/(台·班))	0.50	0.50	0.50	0.50
	加热电炉箱 (150.00 元/(台·班))	0.00	0.00	0.00	0.00
	压力机 (100.00 元/(台·班))	0.00	0.00	0.00	0.00
	其他机械费	9.04	9.04	9.04	9.04

说明：液力变矩器管路检测包括液力变矩器管路及变速管路。

十一、转向系统检修

(元)

定额编号		2-2-041	2-2-042	2-2-043	2-2-044
项目		主机规格			
		320 系列	220 系列	120 系列	D9R 系列
定额基价		3081.67	3045.62	2352.92	3878.07
人工费		1188.00	1188.00	594.00	1386.00
材料费		398.66	362.61	263.90	434.71
机械费		1495.01	1495.01	1495.01	2057.36
综合人工 (39.60 元/(工·日))		30.00	30.00	15.00	35.00
主要消耗材料	柴油 (7.76 元/kg)	10.00	10.00	10.00	10.00
	机油 (15.00 元/kg)	5.00	5.00	3.00	5.00
	平面密封胶 (35.00 元/瓶)	3.00	2.00	1.00	4.00
	螺纹紧固胶 (68.00 元/瓶)	0.10	0.10	0.10	0.10
	凡士林 (10.91 元/kg)	0.10	0.10	0.10	0.10
	脱漆剂 (76.00 元/升)	0.50	0.50	0.50	0.50
	高效清洗剂 (88.00 元/瓶)	0.10	0.10	0.10	0.10
	螺栓松动润滑剂 (30.00 元/瓶)	0.10	0.10	0.10	0.10
	裂纹渗透剂 (64.10 元/瓶)	0.10	0.10	0.10	0.10
	裂纹显示剂 (18.58 元/瓶)	0.10	0.10	0.10	0.10
	裂纹清洗剂 (18.29 元/瓶)	0.10	0.10	0.10	0.10
	擦拭布 (14.00 元/kg)	2.00	2.00	1.00	2.00
	塑料布 (16.83 元/米)	2.00	2.00	1.00	2.00
	其他材料费	11.61	10.56	7.69	12.66
施工机械	吊装机械 (545.97 元/(台·班))	1.00	1.00	1.00	2.00
	加热电炉箱 (150.00 元/(台·班))	0.00	0.00	0.00	0.00
	空气压缩机 (302.75 元/(台·班))	2.00	2.00	2.00	2.00
	探伤机 (144.30 元/(台·班))	0.00	0.00	0.00	0.00
	清洗机 (300.00 元/(台·班))	1.00	1.00	1.00	1.00
	其他机械费	43.54	43.54	43.54	59.92

说明：转向系统检修包括转向箱及主机架、伞齿轮及轴、转向离合器、转向控制杆、转向泵、粗滤器总成、转向滤油器、转向控制阀、主安全阀及安全阀、转向管路。

十二、制动系统检修

(元)

定 额 编 号		2-2-045	2-2-046	2-2-047	2-2-048
项 目		主 机 规 格			
		320 系列	220 系列	120 系列	D9R 系列
定 额 基 价		898.87	890.87	882.88	1136.47
人 工 费		237.60	237.60	237.60	475.20
材 料 费		69.68	61.68	53.69	69.68
机 械 费		591.59	591.59	591.59	591.59
综合人工 (39.60 元/(工·日))		6.00	6.00	6.00	12.00
主要消耗材料	柴油 (7.76 元/kg)	4.00	3.00	2.00	4.00
	机油 (15.00 元/kg)	0.10	0.10	0.10	0.10
	平面密封胶 (35.00 元/瓶)	0.00	0.00	0.00	0.00
	螺纹紧固胶 (68.00 元/瓶)	0.10	0.10	0.10	0.10
	凡士林 (10.91 元/kg)	0.10	0.10	0.10	0.10
	脱漆剂 (76.00 元/升)	0.00	0.00	0.00	0.00
	高效清洗剂 (88.00 元/瓶)	0.10	0.10	0.10	0.10
	螺栓松动润滑剂 (30.00 元/瓶)	0.10	0.10	0.10	0.10
	裂纹渗透剂 (64.10 元/瓶)	0.00	0.00	0.00	0.00
	裂纹显示剂 (18.58 元/瓶)	0.00	0.00	0.00	0.00
	裂纹清洗剂 (18.29 元/瓶)	0.00	0.00	0.00	0.00
	擦拭布 (14.00 元/kg)	0.50	0.50	0.50	0.50
	塑料布 (16.83 元/米)	0.50	0.50	0.50	0.50
	其他材料费	2.03	1.80	1.56	2.03
施工机械	吊装机械 (545.97 元/(台·班))	0.50	0.50	0.50	0.50
	加热电炉箱 (150.00 元/(台·班))	0.00	0.00	0.00	0.00
	空气压缩机 (302.75 元/(台·班))	0.50	0.50	0.50	0.50
	探伤机 (144.30 元/(台·班))	0.00	0.00	0.00	0.00
	清洗机 (300.00 元/(台·班))	0.50	0.50	0.50	0.50
	其他机械费	17.23	17.23	17.23	17.23

说明：制动系统检修包括制动带及联动装置、制动助力器、制动踏板、制动联动装置、停车锁杆。

十三、终传动箱检修

(元)

定额编号		2-2-049	2-2-050	2-2-051	2-2-052
项目		主机规格			
		320 系列	220 系列	120 系列	D9R 系列
定额基价		3824.36	3808.91	3314.13	5278.55
人工费		792.00	792.00	475.20	1188.00
材料费		445.58	430.13	252.15	580.92
机械费		2586.78	2586.78	2586.78	3509.63
综合人工 (39.60 元/(工·日))		20.00	20.00	12.00	30.00
主要消耗材料	柴油 (7.76 元/kg)	15.00	15.00	10.00	30.00
	机油 (15.00 元/kg)	5.00	4.00	3.00	6.00
	平面密封胶 (35.00 元/瓶)	5.00	5.00	2.00	5.00
	螺纹紧固胶 (68.00 元/瓶)	0.10	0.10	0.10	0.10
	凡士林 (10.91 元/kg)	0.10	0.10	0.10	0.10
	齿轮油 (19.26 元/kg)	0.00	0.00	0.00	0.00
	高效清洗剂 (88.00 元/瓶)	0.10	0.10	0.10	0.10
	螺栓松动润滑剂 (30.00 元/瓶)	0.10	0.10	0.10	0.10
	裂纹渗透剂 (64.10 元/瓶)	0.10	0.10	0.10	0.10
	裂纹显示剂 (18.58 元/瓶)	0.10	0.10	0.10	0.10
	裂纹清洗剂 (18.29 元/瓶)	0.10	0.10	0.10	0.10
	擦拭布 (14.00 元/kg)	2.00	2.00	1.00	2.00
	塑料布 (16.83 元/米)	0.50	0.50	0.50	0.50
	其他材料费	12.98	12.53	7.34	16.92
施工机械	吊装机械 (545.97 元/(台·班))	3.00	3.00	3.00	4.00
	加热电炉箱 (150.00 元/(台·班))	2.00	2.00	2.00	3.00
	空气压缩机 (302.75 元/(台·班))	0.50	0.50	0.50	0.50
	探伤机 (144.30 元/(台·班))	0.50	0.50	0.50	0.50
	清洗机 (300.00 元/(台·班))	0.50	0.50	0.50	0.50
	压力机 (100.00 元/(台·班))	2.00	2.00	2.00	4.00
	其他机械费	75.34	75.34	75.34	102.22

说明：终传动箱检修包括终传动箱及齿轮、链轮及轴。

十四、行走装置检修

(元)

定 额 编 号		2-2-053	2-2-054	2-2-055	2-2-056
项 目		主 机 规 格			
		320 系列	220 系列	120 系列	D9R 系列
定 额 基 价		3982.49	3925.82	3013.76	4435.10
人 工 费		594.00	594.00	316.80	792.00
材 料 费		939.16	882.49	638.87	1034.95
机 械 费		2449.33	2449.33	2058.08	2608.16
综合人工 (39.60 元/(工·日))		15.00	15.00	8.00	20.00
主要消耗材料	柴油 (7.76 元/kg)	10.00	8.00	6.00	10.00
	机油 (15.00 元/kg)	0.50	0.40	0.30	0.50
	平面密封胶 (35.00 元/瓶)	0.50	0.50	0.50	0.50
	螺纹紧固胶 (68.00 元/瓶)	0.10	0.10	0.10	0.10
	凡士林 (10.91 元/kg)	0.10	0.10	0.10	0.10
	脱漆剂 (76.00 元/升)	2.00	1.50	1.00	2.00
	高效清洗剂 (88.00 元/瓶)	0.10	0.10	0.10	0.10
	螺栓松动润滑剂 (30.00 元/瓶)	0.10	0.10	0.10	0.10
	裂纹渗透剂 (64.10 元/瓶)	0.10	0.10	0.10	0.10
	裂纹显示剂 (18.58 元/瓶)	0.10	0.10	0.10	0.10
	裂纹清洗剂 (18.29 元/瓶)	0.10	0.10	0.10	0.10
	擦拭布 (14.00 元/kg)	0.50	0.50	0.50	0.50
	塑料布 (16.83 元/米)	0.50	0.50	0.50	0.50
	锂基脂 (5.00 元/kg)	10.00	10.00	5.00	12.00
	电焊条 (4.90 元/kg)	30.00	30.00	15.00	30.00
	钢材 (4.15 元/kg)	100.00	100.00	80.00	120.00
	其他材料费	27.35	25.70	18.61	30.14
施工机械	吊装机械 (545.97 元/(台·班))	2.00	2.00	2.00	2.00
	电焊机 (77.10 元/(台·班))	4.00	4.00	3.00	6.00
	空气压缩机 (302.75 元/(台·班))	2.00	2.00	1.00	2.00
	探伤机 (144.30 元/(台·班))	0.50	0.50	0.50	0.50
	清洗机 (300.00 元/(台·班))	1.00	1.00	1.00	1.00
	其他机械费	71.34	71.34	59.94	75.97

说明：行走装置检修包括台车架、涨紧装置、台车护板、履带、引导轮、支重轮、托轮。

十五、防护装置检修

(元)

定额编号		2-2-057	2-2-058	2-2-059	2-2-060
项目		主机规格			
		320 系列	220 系列	120 系列	D9R 系列
定额基价		1373.07	1292.79	1122.43	1609.36
人工费		237.60	198.00	118.80	237.60
材料费		310.74	270.06	178.90	229.37
机械费		824.73	824.73	824.73	1142.38
综合人工 (39.60 元/(工·日))		6.00	5.00	3.00	6.00
主要消耗材料	柴油 (7.76 元/kg)	0.00	0.00	0.00	0.00
	机油 (15.00 元/kg)	0.50	0.40	0.30	0.30
	平面密封胶 (35.00 元/瓶)	0.50	0.50	0.50	0.50
	螺纹紧固胶 (68.00 元/瓶)	0.10	0.10	0.10	0.10
	凡士林 (10.91 元/kg)	0.10	0.10	0.10	0.10
	脱漆剂 (76.00 元/升)	2.00	1.50	1.00	1.00
	高效清洗剂 (88.00 元/瓶)	0.10	0.10	0.10	0.10
	螺栓松动润滑剂 (30.00 元/瓶)	0.10	0.10	0.10	0.10
	裂纹渗透剂 (64.10 元/瓶)	0.00	0.00	0.00	0.00
	裂纹显示剂 (18.58 元/瓶)	0.00	0.00	0.00	0.00
	裂纹清洗剂 (18.29 元/瓶)	0.00	0.00	0.00	0.00
	擦拭布 (14.00 元/kg)	0.50	0.50	0.50	0.50
	电焊条 (4.90 元/kg)	20.00	20.00	10.00	20.00
	其他材料费	9.05	7.87	5.21	6.68
施工机械	吊装机械 (545.97 元/(台·班))	0.50	0.50	0.50	0.50
	电焊机 (77.10 元/(台·班))	2.00	2.00	2.00	6.00
	空气压缩机 (302.75 元/(台·班))	0.50	0.50	0.50	0.50
	探伤机 (144.30 元/(台·班))	0.50	0.50	0.50	0.50
	清洗机 (300.00 元/(台·班))	0.50	0.50	0.50	0.50
	其他机械费	24.02	24.02	24.02	33.27

说明：防护装置检修包括散热器护架、发动机罩、翼板、支架及后盖、底板、平衡梁、牵引杆、牵引架。

十六、液压系统检修

(元)

	定 额 编 号	2-2-061	2-2-062	2-2-063	2-2-064
项 目		主 机 规 格			
		320 系列	220 系列	120 系列	D9R 系列
	定 额 基 价	1190.67	1138.64	1034.34	1424.72
	人 工 费	396.00	396.00	316.80	594.00
	材 料 费	203.08	151.05	125.94	239.13
	机 械 费	591.59	591.59	591.59	591.59
综合人工 (39.60 元/(工·日))		10.00	10.00	8.00	15.00
主要消耗材料	柴油 (7.76 元/kg)	10.00	8.00	5.00	10.00
	液压油 (19.58 元/kg)	0.00	0.00	0.00	0.00
	平面密封胶 (35.00 元/瓶)	2.00	1.00	1.00	3.00
	螺纹紧固胶 (68.00 元/瓶)	0.10	0.10	0.10	0.10
	凡士林 (10.91 元/kg)	0.50	0.50	0.40	0.50
	脱漆剂 (76.00 元/升)	0.00	0.00	0.00	0.00
	高效清洗剂 (88.00 元/瓶)	0.10	0.10	0.10	0.10
	螺栓松动润滑剂 (30.00 元/瓶)	0.10	0.10	0.10	0.10
	裂纹渗透剂 (64.10 元/瓶)	0.10	0.10	0.10	0.10
	裂纹显示剂 (18.58 元/瓶)	0.10	0.10	0.10	0.10
	裂纹清洗剂 (18.29 元/瓶)	0.10	0.10	0.10	0.10
	擦拭布 (14.00 元/kg)	0.50	0.50	0.50	0.50
	塑料布 (16.83 元/米)	0.50	0.50	0.50	0.50
	其他材料费	5.92	4.40	3.67	6.97
施工机械	吊装机械 (545.97 元/(台·班))	0.50	0.50	0.50	0.50
	加热电炉箱 (150.00 元/(台·班))	0.00	0.00	0.00	0.00
	空气压缩机 (302.75 元/(台·班))	0.50	0.50	0.50	0.50
	探伤机 (144.30 元/(台·班))	0.00	0.00	0.00	0.00
	清洗机 (300.00 元/(台·班))	0.50	0.50	0.50	0.50
	其他机械费	17.23	17.23	17.23	17.23

说明：液压系统检修包括液压泵、液压箱、液压过滤器、液压管路。

十七、附属装置控制系统检修

(元)

定额编号		2-2-065	2-2-066	2-2-067	2-2-068
项 目		主机规格			
		320 系列	220 系列	120 系列	D9R 系列
定额基价		1586.21	1370.68	1066.83	1744.61
人工费		792.00	594.00	316.80	950.40
材料费		128.31	110.78	84.13	128.31
机械费		665.91	665.91	665.91	665.91
综合人工 (39.60 元/(工·日))		20.00	15.00	8.00	24.00
主要消耗材料	柴油 (7.76 元/kg)	10.00	8.00	5.00	10.00
	机油 (15.00 元/kg)	0.50	0.40	0.30	0.50
	平面密封胶 (35.00 元/瓶)	0.00	0.00	0.00	0.00
	螺纹紧固胶 (68.00 元/瓶)	0.10	0.10	0.10	0.10
	凡士林 (10.91 元/kg)	0.50	0.50	0.40	0.50
	脱漆剂 (76.00 元/升)	0.00	0.00	0.00	0.00
	高效清洗剂 (88.00 元/瓶)	0.10	0.10	0.10	0.10
	螺栓松动润滑剂 (30.00 元/瓶)	0.10	0.10	0.10	0.10
	裂纹渗透剂 (64.10 元/瓶)	0.00	0.00	0.00	0.00
	裂纹显示剂 (18.58 元/瓶)	0.00	0.00	0.00	0.00
	裂纹清洗剂 (18.29 元/瓶)	0.00	0.00	0.00	0.00
	擦拭布 (14.00 元/kg)	0.50	0.50	0.50	0.50
	塑料布 (16.83 元/米)	0.50	0.50	0.50	0.50
	其他材料费	3.74	3.23	2.45	3.74
施工机械	吊装机械 (545.97 元/(台·班))	0.50	0.50	0.50	0.50
	加热电炉箱 (150.00 元/(台·班))	0.00	0.00	0.00	0.00
	空气压缩机 (302.75 元/(台·班))	0.50	0.50	0.50	0.50
	探伤机 (144.30 元/(台·班))	0.50	0.50	0.50	0.50
	清洗机 (300.00 元/(台·班))	0.50	0.50	0.50	0.50
	其他机械费	19.40	19.40	19.40	19.40

说明：附属装置控制系统检修包括铲刀提升缸和倾斜操纵阀、铲刀倾斜缸、提升随动阀。

十八、整车磨合调试

(元)

定 额 编 号		2-2-069	2-2-070	2-2-071	2-2-072
项　目		主 机 规 格			
		320 系列	220 系列	120 系列	D9R 系列
定 额 基 价		10471.43	10230.10	5717.38	12741.03
人 工 费		396.00	396.00	316.80	475.20
材 料 费		10075.43	9834.10	5400.58	12265.83
机 械 费		0.00	0.00	0.00	0.00
综合人工 (39.60 元/(工·日))		10.00	10.00	8.00	12.00
主要消耗材料	柴油 (7.76 元/kg)	150.00	120.00	80.00	210.00
	机油 (15.00 元/kg)	0.50	0.40	0.30	0.50
	平面密封胶 (35.00 元/瓶)	0.00	0.00	0.00	0.00
	螺纹紧固胶 (68.00 元/瓶)	0.10	0.10	0.10	0.10
	凡士林 (10.91 元/kg)	0.50	0.50	0.40	0.50
	脱漆剂 (76.00 元/升)	0.00	0.00	0.00	0.00
	高效清洗剂 (88.00 元/瓶)	0.00	0.00	0.00	0.00
	螺栓松动润滑剂 (30.00 元/瓶)	0.00	0.00	0.00	0.00
	液力传动油 (15.00 元/kg)	80.00	80.00	60.00	100.00
	齿轮油 (19.26 元/kg)	180.00	180.00	90.00	210.00
	液压油 (19.58 元/kg)	200.00	200.00	100.00	240.00
	擦拭布 (14.00 元/kg)	0.50	0.50	0.50	0.50
	塑料布 (16.83 元/米)	0.50	0.50	0.50	0.50
	其他材料费	293.46	286.43	157.30	357.26
施工机械	吊装机械 (545.97 元/(台·班))	0.00	0.00	0.00	0.00
	加热电炉箱 (150.00 元/(台·班))	0.00	0.00	0.00	0.00
	空气压缩机 (302.75 元/(台·班))	0.00	0.00	0.00	0.00
	探伤机 (144.30 元/(台·班))	0.00	0.00	0.00	0.00
	清洗机 (300.00 元/(台·班))	0.00	0.00	0.00	0.00
	其他机械费	0.00	0.00	0.00	0.00

十九、松土器系统检修

(元)

定额编号		2-2-073	2-2-074	2-2-075	2-2-076
项目		主机规格			
		320 系列	220 系列	120 系列	D9R 系列
定额基价		1441.82	1440.28	1279.21	1877.79
人工费		396.00	396.00	237.60	792.00
材料费		98.74	97.20	94.53	138.71
机械费		947.08	947.08	947.08	947.08
综合人工 (39.60 元/(工·日))		10.00	10.00	6.00	20.00
主要消耗材料	柴油 (7.76 元/kg)	5.00	5.00	5.00	10.00
	机油 (15.00 元/kg)	0.50	0.40	0.30	0.50
	平面密封胶 (35.00 元/瓶)	0.00	0.00	0.00	0.00
	螺纹紧固胶 (68.00 元/瓶)	0.10	0.10	0.10	0.10
	凡士林 (10.91 元/kg)	0.50	0.50	0.40	0.50
	脱漆剂 (76.00 元/升)	0.00	0.00	0.00	0.00
	高效清洗剂 (88.00 元/瓶)	0.10	0.10	0.10	0.10
	螺栓松动润滑剂 (30.00 元/瓶)	0.10	0.10	0.10	0.10
	裂纹渗透剂 (64.10 元/瓶)	0.10	0.10	0.10	0.10
	裂纹显示剂 (18.58 元/瓶)	0.10	0.10	0.10	0.10
	裂纹清洗剂 (18.29 元/瓶)	0.10	0.10	0.10	0.10
	擦拭布 (14.00 元/kg)	0.50	0.50	0.50	0.50
	塑料布 (16.83 元/米)	0.50	0.50	0.50	0.50
	其他材料费	2.88	2.83	2.75	4.04
施工机械	吊装机械 (545.97 元/(台·班))	1.00	1.00	1.00	1.00
	加热电炉箱 (150.00 元/(台·班))	0.00	0.00	0.00	0.00
	空气压缩机 (302.75 元/(台·班))	0.50	0.50	0.50	0.50
	探伤机 (144.30 元/(台·班))	0.50	0.50	0.50	0.50
	清洗机 (300.00 元/(台·班))	0.50	0.50	0.50	0.50
	其他机械费	27.58	27.58	27.58	27.58

说明：松土器系统检修包括控制杆托架及阀座、铲刀控制杆、松土器控制杆、升降及松土器控制联动装置、油缸体。

二十、大铲检修

(元)

定 额 编 号		2-2-077	2-2-078	2-2-079	2-2-080
项 目		主 机 规 格			
		320 系列	220 系列	120 系列	D9R 系列
定 额 基 价		11650.05	9289.57	6109.71	13301.41
人 工 费		792.00	594.00	396.00	950.40
材 料 费		9029.05	6866.56	4526.31	9959.65
机 械 费		1829.00	1829.00	1187.40	2391.35
综合人工 (39.60 元/(工·日))		20.00	15.00	10.00	24.00
主要消耗材料	钢材 (4.15 元/kg)	2000.00	1500.00	1000.00	2200.00
	电焊条 (4.90 元/kg)	85.00	80.00	40.00	100.00
	平面密封胶 (35.00 元/瓶)	0.00	0.00	0.00	0.00
	螺纹紧固胶 (68.00 元/瓶)	0.10	0.10	0.10	0.10
	凡士林 (10.91 元/kg)	0.50	0.50	0.40	0.50
	脱漆剂 (76.00 元/升)	0.00	0.00	0.00	0.00
	高效清洗剂 (88.00 元/瓶)	0.10	0.10	0.10	0.10
	螺栓松动润滑剂 (30.00 元/瓶)	0.10	0.10	0.10	0.10
	裂纹渗透剂 (64.10 元/瓶)	0.10	0.10	0.10	0.10
	裂纹显示剂 (18.58 元/瓶)	0.10	0.10	0.10	0.10
	裂纹清洗剂 (18.29 元/瓶)	0.10	0.10	0.10	0.10
	擦拭布 (14.00 元/kg)	0.50	0.50	0.50	0.50
	塑料布 (16.83 元/米)	0.50	0.50	0.50	0.50
	其他材料费	262.98	200.00	131.83	290.09
施工机械	吊装机械 (545.97 元/(台·班))	2.00	2.00	1.00	3.00
	电焊机 (76.94 元/(台·班))	6.00	6.00	5.00	6.00
	空气压缩机 (302.75 元/(台·班))	0.00	0.00	0.00	0.00
	探伤机 (144.30 元/(台·班))	0.50	0.50	0.50	0.50
	清洗机 (300.00 元/(台·班))	0.50	0.50	0.50	0.50
	其他机械费	53.27	53.27	34.58	69.65

说明：大铲检修包括铲刀、大铲支架、角铲、弓形架、U 形架、铲角、铲面。

二十一、驾驶室检修

(元)

定 额 编 号		2-2-081	2-2-082	2-2-083	2-2-084
项 目		主 机 规 格			
		320 系列	220 系列	120 系列	D9R 系列
定 额 基 价		2084.21	2032.71	1663.87	2488.89
人 工 费		316.80	316.80	316.80	396.00
材 料 费		1096.40	1044.90	676.07	1421.88
机 械 费		671.00	671.00	671.00	671.00
综合人工 (39.60 元/(工·日))		8.00	8.00	8.00	10.00
主要消耗材料	棚布 (12.00 元/米)	2.40	2.40	1.80	2.40
	玻璃牙条 (10.00 元/米)	40.00	35.00	25.00	40.00
	平面密封胶 (35.00 元/瓶)	0.00	0.00	0.00	0.00
	螺纹紧固胶 (68.00 元/瓶)	0.10	0.10	0.10	0.10
	凡士林 (10.91 元/kg)	0.50	0.50	0.40	0.50
	脱漆剂 (76.00 元/升)	5.00	5.00	3.00	8.00
	高效清洗剂 (88.00 元/瓶)	2.00	2.00	1.00	3.00
	螺栓松动润滑剂 (30.00 元/瓶)	0.10	0.10	0.10	0.10
	裂纹渗透剂 (64.10 元/瓶)	0.00	0.00	0.00	0.00
	裂纹显示剂 (18.58 元/瓶)	0.00	0.00	0.00	0.00
	电焊条 (4.90 元/kg)	10.00	10.00	8.00	10.00
	擦拭布 (14.00 元/kg)	0.50	0.50	0.50	0.50
	塑料布 (16.83 元/米)	0.50	0.50	0.50	0.50
	其他材料费	31.93	30.43	19.69	41.41
施工机械	吊装机械 (545.97 元/(台·班))	0.50	0.50	0.50	0.50
	加热电炉箱 (150.00 元/(台·班))	0.00	0.00	0.00	0.00
	空气压缩机 (302.75 元/(台·班))	0.50	0.50	0.50	0.50
	电焊机 (77.10 元/(台·班))	1.00	1.00	1.00	1.00
	清洗机 (300.00 元/(台·班))	0.50	0.50	0.50	0.50
	其他机械费	19.54	19.54	19.54	19.54

说明：驾驶室检修包括驾驶室、防翻滚驾驶棚。

二十二、电气系统检修

(元)

定 额 编 号		2-2-085	2-2-086	2-2-087	2-2-088
项 目		主 机 规 格			
		320 系列	220 系列	120 系列	D9R 系列
定 额 基 价		2775.08	2260.08	1720.36	2933.48
人 工 费		316.80	316.80	316.80	475.20
材 料 费		2147.87	1632.87	1093.15	2147.87
机 械 费		310.42	310.42	310.42	310.42
综合人工 (39.60 元/(工·日))		8.00	8.00	8.00	12.00
主要消耗材料	柴油 (7.76 元/kg)	0.00	0.00	0.00	0.00
	机油 (15.00 元/kg)	0.00	0.00	0.00	0.00
	平面密封胶 (35.00 元/瓶)	0.00	0.00	0.00	0.00
	螺纹紧固胶 (68.00 元/瓶)	0.00	0.00	0.00	0.00
	凡士林 (10.91 元/kg)	0.10	0.10	0.10	0.10
	脱漆剂 (76.00 元/升)	0.00	0.00	0.00	0.00
	高效清洗剂 (88.00 元/瓶)	0.10	0.10	0.10	0.10
	螺栓松动润滑剂 (30.00 元/瓶)	0.00	0.00	0.00	0.00
	裂纹渗透剂 (64.10 元/瓶)	0.00	0.00	0.00	0.00
	塑料包布 (6.00 元/卷)	10.00	10.00	6.00	10.00
	电线 2.5 (10.00 元/米)	200.00	150.00	100.00	200.00
	擦拭布 (14.00 元/kg)	0.50	0.50	0.50	0.50
	塑料布 (16.83 元/米)	0.50	0.50	0.50	0.50
	其他材料费	62.56	47.56	31.84	62.56
施工机械	吊装机械 (545.97 元/(台·班))	0.00	0.00	0.00	0.00
	加热电炉箱 (150.00 元/(台·班))	0.00	0.00	0.00	0.00
	空气压缩机 (302.75 元/(台·班))	0.50	0.50	0.50	0.50
	探伤机 (144.30 元/(台·班))	0.00	0.00	0.00	0.00
	清洗机 (300.00 元/(台·班))	0.50	0.50	0.50	0.50
	其他机械费	9.04	9.04	9.04	9.04

说明：电气系统检修包括蓄电池及继电器开关、仪表板、大灯、全车大线、起动机、发动机、空调系统。

二十三、整车喷漆、出厂

(元)

定 额 编 号		2-2-089	2-2-090	2-2-091	2-2-092
项 目		主机规格			
		320 系列	220 系列	120 系列	D9R 系列
定 额 基 价		4192.18	3965.54	2300.80	5353.50
人 工 费		237.60	198.00	118.80	316.80
材 料 费		2712.92	2525.87	1561.17	3795.04
机 械 费		1241.67	1241.67	620.83	1241.67
综合人工 (39.60 元/(工·日))		6.00	5.00	3.00	8.00
主要消耗材料	柴油 (7.76 元/kg)	0.00	0.00	0.00	0.00
	机油 (15.00 元/kg)	0.00	0.00	0.00	0.00
	平面密封胶 (35.00 元/瓶)	0.00	0.00	0.00	0.00
	螺纹紧固胶 (68.00 元/瓶)	0.00	0.00	0.00	0.00
	凡士林 (10.91 元/kg)	0.10	0.10	0.10	0.10
	脱漆剂 (76.00 元/升)	10.00	10.00	6.00	15.00
	高效清洗剂 (88.00 元/瓶)	10.00	10.00	6.00	15.00
	纱布 (1.00 元/张)	100.00	80.00	30.00	100.00
	醇酸磁漆 (16.16 元/kg)	40.00	30.00	20.00	50.00
	稀释剂 (13.80 元/kg)	15.00	15.00	10.00	20.00
	毛刷 (1.58 元/把)	1.00	1.00	1.00	1.00
	擦拭布 (14.00 元/kg)	1.50	1.50	1.50	1.50
	塑料布 (16.83 元/米)	1.00	1.00	1.00	1.00
	其他材料费	79.02	73.57	45.47	110.54
施工机械	吊装机械 (545.97 元/(台·班))	0.00	0.00	0.00	0.00
	加热电炉箱 (150.00 元/(台·班))	0.00	0.00	0.00	0.00
	空气压缩机 (302.75 元/(台·班))	2.00	2.00	1.00	2.00
	探伤机 (144.30 元/(台·班))	0.00	0.00	0.00	0.00
	清洗机 (300.00 元/(台·班))	2.00	2.00	1.00	2.00
	其他机械费	36.17	36.17	18.08	36.17

二十四、定额总价

(元)

定 额 编 号					
项 目		主 机 规 格			
		320 系列	220 系列	120 系列	D9R 系列
定 额 基 价		81427.59	75198.57	57882.19	94132.17
人 工 费		14454.00	12909.60	9147.60	17820
材 料 费		39258.63	35448.20	23547.49	45171.18
机 械 费		27714.96	26840.78	25187.10	31140.99
综合人工 (39.60 元/(工·日))					
主要消耗材料					
	其他材料费				
施工机械					
	其他机械费				

第三章 装载机、叉车、抱轮机

一、整车分解

(元)

定 额 编 号		2-3-001	2-3-002	2-3-003	2-3-004
项　目		主 机 规 格			
		ZL50 装载机	5 吨叉车	10 吨抱轮机	20 吨抱轮机
定 额 基 价		2765.18	2392.38	2482.11	2868.35
人 工 费		316.80	158.40	316.80	316.80
材 料 费		1159.37	996.46	876.29	1262.53
机 械 费		1289.01	1237.51	1289.01	1289.01
综合人工 (39.60 元/(工·日))		8.00	4.00	8.00	8.00
主要消耗材料	柴油 (7.76 元/kg)	0.00	0.00	0.00	0.00
	细油石 (10.00 元/个)	0.00	0.00	0.00	0.00
	水砂纸 (1.00 元/张)	0.00	0.00	0.00	0.00
	毛刷 (1.58 元/把)	6.00	4.00	6.00	8.00
	金属洗涤剂 (4.50 元/kg)	6.00	4.00	6.00	8.00
	脱漆剂 (76.00 元/升)	5.00	4.00	2.00	5.00
	高效清洗剂 (88.00 元/瓶)	3.00	3.00	3.00	4.00
	螺栓松动润滑剂 (30.00 元/瓶)	4.00	4.00	3.00	4.00
	裂纹渗透剂 (64.10 元/瓶)	1.00	1.00	1.00	1.00
	裂纹显示剂 (18.58 元/瓶)	1.00	1.00	1.00	1.00
	裂纹清洗剂 (18.29 元/瓶)	1.00	1.00	1.00	1.00
	擦拭布 (14.00 元/kg)	10.00	5.00	10.00	10.00
	塑料布 (16.83 元/米)	5.00	5.00	4.00	5.00
	其他材料费	33.77	29.02	25.52	36.77
施工机械	吊装机械 (545.97 元/(台·班))	1.00	1.00	1.00	1.00
	压力机 (100.00 元/(台·班))	1.00	0.50	1.00	1.00
	空气压缩机 (302.75 元/(台·班))	2.00	2.00	2.00	2.00
	探伤机 (144.30 元/(台·班))	0.00	0.00	0.00	0.00
	其他机械费	37.54	36.04	37.54	37.54

说明：整车分解包括拆卸清洗检查各部分总成。

二、整车组装

(元)

定额编号		2-3-005	2-3-006	2-3-007	2-3-008
项目		主机规格			
		ZL50 装载机	5 吨叉车	10 吨抱轮机	20 吨抱轮机
定额基价		3377.39	2408.33	3050.81	4071.23
人工费		594.00	316.80	396.00	792.00
材料费		955.61	826.10	827.04	1139.62
机械费		1827.78	1265.43	1827.78	2139.61
	综合人工 (39.60 元/(工·日))	15.00	8.00	10.00	20.00
主要消耗材料	柴油 (7.76 元/kg)	0.00	0.00	0.00	0.00
	机油 (15.00 元/kg)	0.00	0.00	0.00	0.00
	平面密封胶 (35.00 元/瓶)	6.00	4.00	8.00	10.00
	螺纹紧固胶 (68.00 元/瓶)	5.00	5.00	3.00	5.00
	凡士林 (10.91 元/kg)	3.00	2.00	3.00	5.00
	电焊条 (4.90 元/kg)	1.00	1.00	1.00	1.00
	高效清洗剂 (88.00 元/瓶)	1.00	1.00	1.00	1.00
	液压油 (19.58 元/kg)	0.00	0.00	0.00	0.00
	美纹纸 (3.00 元/卷)	0.00	0.00	0.00	0.00
	胶带纸 (1.65 元/卷)	0.00	0.00	0.00	0.00
	白布带 (8.00 元/卷)	0.00	0.00	0.00	0.00
	擦拭布 (14.00 元/kg)	12.00	10.00	9.00	12.00
	塑料布 (16.83 元/米)	5.00	4.00	4.00	6.00
	其他材料费	27.83	24.06	24.09	33.19
施工机械	吊装机械 (545.97 元/(台·班))	2.00	1.00	2.00	2.00
	加热电炉箱 (150.00 元/(台·班))	0.00	0.00	0.00	0.00
	空气压缩机 (302.75 元/(台·班))	2.00	2.00	2.00	3.00
	电焊机 (77.10 元/(台·班))	1.00	1.00	1.00	1.00
	压力机 (100.00 元/(台·班))	0.00	0.00	0.00	0.00
	其他机械费	53.24	36.86	53.24	62.32

说明：整车组装包括各总成连接组装。

三、发动机总成检修

(元)

定 额 编 号		2-3-009	2-3-010	2-3-011	2-3-012
项　目		主 机 规 格			
		ZL50 装载机	5 吨叉车	10 吨抱轮机	20 吨抱轮机
定 额 基 价		3562.71	2844.24	2886.10	3666.71
人 工 费		475.20	237.60	316.80	475.20
材 料 费		1901.49	1420.63	1383.29	2005.49
机 械 费		1186.01	1186.01	1186.01	1186.01
综合人工 (39.60 元/(工·日))		12.00	6.00	8.00	12.00
主要消耗材料	柴油 (7.76 元/kg)	50.00	30.00	30.00	50.00
	机油 (15.00 元/kg)	30.00	18.00	25.00	30.00
	平面密封胶 (35.00 元/瓶)	6.00	4.00	6.00	6.00
	螺纹紧固胶 (68.00 元/瓶)	2.00	2.00	1.00	2.00
	凡士林 (10.91 元/kg)	2.00	2.00	1.00	2.00
	脱漆剂 (76.00 元/升)	2.00	2.00	1.00	2.00
	高效清洗剂 (88.00 元/瓶)	2.00	2.00	1.00	2.00
	螺栓松动润滑剂 (30.00 元/瓶)	2.00	2.00	1.00	2.00
	裂纹渗透剂 (64.10 元/瓶)	1.00	1.00	1.00	2.00
	裂纹显示剂 (18.58 元/瓶)	1.00	1.00	1.00	2.00
	裂纹清洗剂 (18.29 元/瓶)	1.00	1.00	1.00	2.00
	擦拭布 (14.00 元/kg)	6.00	4.00	6.00	6.00
	塑料布 (16.83 元/米)	4.00	2.00	4.00	4.00
	其他材料费	55.38	41.38	40.29	58.41
施工机械	吊装机械 (545.97 元/(台·班))	1.00	1.00	1.00	1.00
	加热电炉箱 (150.00 元/(台·班))	0.00	0.00	0.00	0.00
	空气压缩机 (302.75 元/(台·班))	2.00	2.00	2.00	2.00
	探伤机 (144.30 元/(台·班))	0.00	0.00	0.00	0.00
	其他机械费	34.54	34.54	34.54	34.54

说明：发动机总成检修包括缸体、曲轴、减振器、活塞及连杆、凸轮轴、齿轮室盖、缸盖、凸轮轴从动件及推杆、摇臂室、机油冷却器、机油滤清器、机油盘、机油泵、燃油泵、水泵、增压器、中冷器。

四、发动机附属装置检修

(元)

定额编号		2-3-013	2-3-014	2-3-015	2-3-016
项目		主机规格			
		ZL50 装载机	5 吨叉车	10 吨抱轮机	20 吨抱轮机
定额基价		606.26	527.06	591.84	606.26
	人工费	237.60	158.40	237.60	237.60
	材料费	368.66	368.66	354.24	368.66
	机械费	0.00	0.00	0.00	0.00
综合人工 (39.60 元/(工·日))		6.00	4.00	6.00	6.00
主要消耗材料	柴油 (7.76 元/kg)	0.00	0.00	0.00	0.00
	机油 (15.00 元/kg)	1.00	1.00	1.00	1.00
	平面密封胶 (35.00 元/瓶)	1.00	1.00	1.00	1.00
	螺纹紧固胶 (68.00 元/瓶)	1.00	1.00	1.00	1.00
	凡士林 (10.91 元/kg)	0.10	0.10	0.10	0.10
	脱漆剂 (76.00 元/升)	1.00	1.00	1.00	1.00
	高效清洗剂 (88.00 元/瓶)	1.00	1.00	1.00	1.00
	螺栓松动润滑剂 (30.00 元/瓶)	1.00	1.00	1.00	1.00
	裂纹渗透剂 (64.10 元/瓶)	0.00	0.00	0.00	0.00
	裂纹显示剂 (18.58 元/瓶)	0.00	0.00	0.00	0.00
	裂纹清洗剂 (18.29 元/瓶)	0.00	0.00	0.00	0.00
	擦拭布 (14.00 元/kg)	2.00	2.00	1.00	2.00
	塑料布 (16.83 元/米)	1.00	1.00	1.00	1.00
	其他材料费	10.74	10.74	10.32	10.74
施工机械	吊装机械 (545.97 元/(台·班))	0.00	0.00	0.00	0.00
	加热电炉箱 (150.00 元/(台·班))	0.00	0.00	0.00	0.00
	空气压缩机 (302.75 元/(台·班))	0.00	0.00	0.00	0.00
	探伤机 (144.30 元/(台·班))	0.00	0.00	0.00	0.00
	其他机械费	0.00	0.00	0.00	0.00

说明：发动机附属装置检修包括前支架、油门操纵及联动装置，减速踏板、排气管及消音器、空气滤清器、乙醚启动装置等。

五、燃油系统检修

(元)

定 额 编 号		2-3-017	2-3-018	2-3-019	2-3-020
项　目		主 机 规 格			
		ZL50 装载机	5 吨叉车	10 吨抱轮机	20 吨抱轮机
定 额 基 价		1144.58	1065.38	1090.56	1184.54
人 工 费		158.40	79.20	118.80	158.40
材 料 费		393.17	393.17	378.75	433.14
机 械 费		593.01	593.01	593.01	593.01
综合人工 (39.60 元/(工·日))		4.00	2.00	3.00	4.00
主要消耗材料	柴油 (7.76 元/kg)	5.00	5.00	5.00	10.00
	机油 (15.00 元/kg)	0.00	0.00	0.00	0.00
	平面密封胶 (35.00 元/瓶)	1.00	1.00	1.00	1.00
	螺纹紧固胶 (68.00 元/瓶)	1.00	1.00	1.00	1.00
	凡士林 (10.91 元/kg)	0.10	0.10	0.10	0.10
	脱漆剂 (76.00 元/升)	1.00	1.00	1.00	1.00
	高效清洗剂 (88.00 元/瓶)	1.00	1.00	1.00	1.00
	螺栓松动润滑剂 (30.00 元/瓶)	1.00	1.00	1.00	1.00
	裂纹渗透剂 (64.10 元/瓶)	0.00	0.00	0.00	0.00
	裂纹显示剂 (18.58 元/瓶)	0.00	0.00	0.00	0.00
	裂纹清洗剂 (18.29 元/瓶)	0.00	0.00	0.00	0.00
	擦拭布 (14.00 元/kg)	2.00	2.00	1.00	2.00
	塑料布 (16.83 元/米)	1.00	1.00	1.00	1.00
	其他材料费	11.45	11.45	11.03	12.62
施工机械	吊装机械 (545.97 元/(台·班))	0.50	0.50	0.50	0.50
	加热电炉箱 (150.00 元/(台·班))	0.00	0.00	0.00	0.00
	空气压缩机 (302.75 元/(台·班))	1.00	1.00	1.00	1.00
	探伤机 (144.30 元/(台·班))	0.00	0.00	0.00	0.00
	其他机械费	17.27	17.27	17.27	17.27

说明：燃油系统检修包括燃油箱、燃油管路、高压泵。

六、动力输出系统检修

(元)

定额编号		2-3-021	2-3-022	2-3-023	2-3-024
项目		主机规格			
		ZL50装载机	5吨叉车	10吨抱轮机	20吨抱轮机
定额基价		823.44	744.24	809.02	823.44
人工费		158.40	79.20	158.40	158.40
材料费		353.21	353.21	338.79	353.21
机械费		311.83	311.83	311.83	311.83
综合人工 (39.60元/(工·日))		4.00	2.00	4.00	4.00
主要消耗材料	柴油 (7.76元/kg)	0.00	0.00	0.00	0.00
	机油 (15.00元/kg)	0.00	0.00	0.00	0.00
	平面密封胶 (35.00元/瓶)	1.00	1.00	1.00	1.00
	螺纹紧固胶 (68.00元/瓶)	1.00	1.00	1.00	1.00
	凡士林 (10.91元/kg)	0.10	0.10	0.10	0.10
	脱漆剂 (76.00元/升)	1.00	1.00	1.00	1.00
	高效清洗剂 (88.00元/瓶)	1.00	1.00	1.00	1.00
	螺栓松动润滑剂 (30.00元/瓶)	1.00	1.00	1.00	1.00
	裂纹渗透剂 (64.10元/瓶)	0.00	0.00	0.00	0.00
	裂纹显示剂 (18.58元/瓶)	0.00	0.00	0.00	0.00
	裂纹清洗剂 (18.29元/瓶)	0.00	0.00	0.00	0.00
	擦拭布 (14.00元/kg)	2.00	2.00	1.00	2.00
	塑料布 (16.83元/米)	1.00	1.00	1.00	1.00
	其他材料费	10.29	10.29	9.87	10.29
施工机械	吊装机械 (545.97元/(台·班))	0.00	0.00	0.00	0.00
	加热电炉箱 (150.00元/(台·班))	0.00	0.00	0.00	0.00
	空气压缩机 (302.75元/(台·班))	1.00	1.00	1.00	1.00
	探伤机 (144.30元/(台·班))	0.00	0.00	0.00	0.00
	其他机械费	9.08	9.08	9.08	9.08

说明：动力输出系统检修包括传动轴、飞轮罩总成、取力装置。

七、散热系统检修

(元)

定 额 编 号		2-3-025	2-3-026	2-3-027	2-3-028
项 目		主 机 规 格			
		ZL50 装载机	5 吨叉车	10 吨抱轮机	20 吨抱轮机
定 额 基 价		1726.64	1338.44	1427.02	1647.44
人 工 费		237.60	158.40	158.40	158.40
材 料 费		1177.21	868.21	956.79	1177.21
机 械 费		311.83	311.83	311.83	311.83
综合人工 (39.60 元/(工·日))		6.00	4.00	4.00	4.00
主要消耗材料	防冻液 (10.00 元/kg)	80.00	50.00	60.00	80.00
	机油 (15.00 元/kg)	0.00	0.00	0.00	0.00
	平面密封胶 (35.00 元/瓶)	1.00	1.00	1.00	1.00
	螺纹紧固胶 (68.00 元/瓶)	1.00	1.00	1.00	1.00
	凡士林 (10.91 元/kg)	0.10	0.10	0.10	0.10
	脱漆剂 (76.00 元/升)	1.00	1.00	1.00	1.00
	高效清洗剂 (88.00 元/瓶)	1.00	1.00	1.00	1.00
	螺栓松动润滑剂 (30.00 元/瓶)	1.00	1.00	1.00	1.00
	裂纹渗透剂 (64.10 元/瓶)	0.00	0.00	0.00	0.00
	裂纹显示剂 (18.58 元/瓶)	0.00	0.00	0.00	0.00
	裂纹清洗剂 (18.29 元/瓶)	0.00	0.00	0.00	0.00
	擦拭布 (14.00 元/kg)	2.00	2.00	1.00	2.00
	塑料布 (16.83 元/米)	1.00	1.00	1.00	1.00
	其他材料费	34.29	25.29	27.87	34.29
施工机械	吊装机械 (545.97 元/(台·班))	0.00	0.00	0.00	0.00
	加热电炉箱 (150.00 元/(台·班))	0.00	0.00	0.00	0.00
	空气压缩机 (302.75 元/(台·班))	1.00	1.00	1.00	1.00
	探伤机 (144.30 元/(台·班))	0.00	0.00	0.00	0.00
	其他机械费	9.08	9.08	9.08	9.08

说明：散热系统检修包括散热器、散热器管路、护风罩、风扇、冷却器。

八、液力变矩器检修

(元)

定额编号		2-3-029	2-3-030	2-3-031	2-3-032
项目		主机规格			
		ZL50 装载机	5 吨叉车	10 吨抱轮机	20 吨抱轮机
定额基价		865.50	865.50	852.00	1023.90
人工费		158.40	158.40	237.60	316.80
材料费		551.18	551.18	458.48	551.18
机械费		155.92	155.92	155.92	155.92
综合人工 (39.60 元/(工·日))		4.00	4.00	6.00	8.00
主要消耗材料	柴油 (7.76 元/kg)	6.00	6.00	6.00	6.00
	机油 (15.00 元/kg)	1.00	1.00	1.00	1.00
	平面密封胶 (35.00 元/瓶)	1.00	1.00	1.00	1.00
	螺纹紧固胶 (68.00 元/瓶)	1.00	1.00	1.00	1.00
	凡士林 (10.91 元/kg)	1.00	1.00	1.00	1.00
	脱漆剂 (76.00 元/升)	2.00	2.00	1.00	2.00
	高效清洗剂 (88.00 元/瓶)	1.00	1.00	1.00	1.00
	螺栓松动润滑剂 (30.00 元/瓶)	1.00	1.00	1.00	1.00
	裂纹渗透剂 (64.10 元/瓶)	0.00	0.00	0.00	0.00
	裂纹显示剂 (18.58 元/瓶)	0.00	0.00	0.00	0.00
	裂纹清洗剂 (18.29 元/瓶)	0.00	0.00	0.00	0.00
	擦拭布 (14.00 元/kg)	4.00	4.00	3.00	4.00
	塑料布 (16.83 元/米)	2.00	2.00	2.00	2.00
	其他材料费	16.05	16.05	13.35	16.05
施工机械	吊装机械 (545.97 元/(台·班))	0.00	0.00	0.00	0.00
	压力机 (100.00 元/(台·班))	0.00	0.00	0.00	0.00
	空气压缩机 (302.75 元/(台·班))	0.50	0.50	0.50	0.50
	探伤机 (144.30 元/(台·班))	0.00	0.00	0.00	0.00
	其他机械费	4.54	4.54	4.54	4.54

说明：液力变矩器检修包括液力变矩器壳体、回油泵、过滤器、安全阀、调节阀、泵轮、涡轮、导轮、涡轮轴、轴承等。

九、变速箱总成检修

(元)

定 额 编 号		2-3-033	2-3-034	2-3-035	2-3-036
项　目		主 机 规 格			
		ZL50 装载机	5 吨叉车	10 吨抱轮机	20 吨抱轮机
定 额 基 价		2642.64	2175.24	2518.19	3748.37
人 工 费		475.20	316.80	475.20	633.60
材 料 费		1534.73	1225.73	1410.28	1889.05
机 械 费		632.71	632.71	632.71	1225.72
综合人工 (39.60 元/(工·日))		12.00	8.00	12.00	16.00
主要消耗材料	柴油 (7.76 元/kg)	5.00	5.00	5.00	5.00
	机油 (15.00 元/kg)	2.00	2.00	2.00	4.00
	平面密封胶 (35.00 元/瓶)	1.00	1.00	1.00	1.00
	螺纹紧固胶 (68.00 元/瓶)	1.00	1.00	1.00	1.00
	凡士林 (10.91 元/kg)	1.00	1.00	1.00	1.00
	脱漆剂 (76.00 元/升)	2.00	2.00	1.00	2.00
	高效清洗剂 (88.00 元/瓶)	1.00	1.00	1.00	1.00
	螺栓松动润滑剂 (30.00 元/瓶)	1.00	1.00	1.00	1.00
	裂纹渗透剂 (64.10 元/瓶)	0.00	0.00	0.00	0.00
	裂纹显示剂 (18.58 元/瓶)	0.00	0.00	0.00	0.00
	裂纹清洗剂 (18.29 元/瓶)	0.00	0.00	0.00	0.00
	擦拭布 (14.00 元/kg)	5.00	5.00	3.00	6.00
	塑料布 (16.83 元/米)	4.00	4.00	3.00	4.00
	液力传动油 (15.00 元/kg)	60.00	40.00	60.00	80.00
	其他材料费	44.70	35.70	41.08	55.02
施工机械	吊装机械 (545.97 元/(台·班))	0.50	0.50	0.50	1.00
	加热电炉箱 (150.00 元/(台·班))	0.00	0.00	0.00	0.00
	空气压缩机 (302.75 元/(台·班))	1.00	1.00	1.00	2.00
	电焊机 (77.10 元/(台·班))	0.50	0.50	0.50	0.50
	压力机 (100.00 元/(台·班))	0.00	0.00	0.00	0.00
	其他机械费	18.43	18.43	18.43	35.70

说明：变速箱总成检修包括变速箱壳、润滑阀、变速箱齿轮和轴、行星架、齿圈、摩擦片、活塞、轴承、变速控制阀、变速操纵杆、变速油泵、变速滤油器、管路等。

十、整车清洗

(元)

定 额 编 号		2-3-037	2-3-038	2-3-039	2-3-040
项　目		主 机 规 格			
		ZL50 装载机	5 吨叉车	10 吨抱轮机	20 吨抱轮机
定 额 基 价		2847.40	1108.98	1806.18	2847.40
人 工 费		396.00	237.60	316.80	396.00
材 料 费		597.40	253.38	253.38	597.40
机 械 费		1854.00	618.00	1236.00	1854.00
综合人工 (39.60 元/(工·日))		10.00	6.00	8.00	10.00
主要消耗材料	柴油 (7.76 元/kg)	0.00	0.00	0.00	0.00
	机油 (15.00 元/kg)	0.00	0.00	0.00	0.00
	平面密封胶 (35.00 元/瓶)	0.00	0.00	0.00	0.00
	螺纹紧固胶 (68.00 元/瓶)	0.00	0.00	0.00	0.00
	凡士林 (10.91 元/kg)	0.00	0.00	0.00	0.00
	脱漆剂 (76.00 元/升)	0.00	0.00	0.00	0.00
	高效清洗剂 (88.00 元/瓶)	5.00	2.00	2.00	5.00
	螺栓松动润滑剂 (30.00 元/瓶)	0.00	0.00	0.00	0.00
	裂纹渗透剂 (64.10 元/瓶)	0.00	0.00	0.00	0.00
	裂纹显示剂 (18.58 元/瓶)	0.00	0.00	0.00	0.00
	裂纹清洗剂 (18.29 元/瓶)	0.00	0.00	0.00	0.00
	擦拭布 (14.00 元/kg)	10.00	5.00	5.00	10.00
	塑料布 (16.83 元/米)	0.00	0.00	0.00	0.00
	其他材料费	17.40	7.38	7.38	17.40
施工机械	空气压缩机 (302.75 元/(台·班))	0.00	0.00	0.00	0.00
	探伤机 (144.30 元/(台·班))	0.00	0.00	0.00	0.00
	清洗机 (300.00 元/(台·班))	6.00	2.00	4.00	6.00
	加热电炉箱 (150.00 元/(台·班))	0.00	0.00	0.00	0.00
	压力机 (100.00 元/(台·班))	0.00	0.00	0.00	0.00
	其他机械费	54.00	18.00	36.00	54.00

十一、转向系统检修

(元)

定 额 编 号		2-3-041	2-3-042	2-3-043	2-3-044
项 目		主 机 规 格			
		ZL50 装载机	5 吨叉车	10 吨抱轮机	20 吨抱轮机
定 额 基 价		914.24	835.04	882.48	1009.42
人 工 费		396.00	316.80	396.00	475.20
材 料 费		206.40	206.40	174.65	222.39
机 械 费		311.83	311.83	311.83	311.83
综合人工 (39.60 元/(工·日))		10.00	8.00	10.00	12.00
主要消耗材料	柴油 (7.76 元/kg)	4.00	4.00	4.00	6.00
	机油 (15.00 元/kg)	1.00	1.00	1.00	1.00
	平面密封胶 (35.00 元/瓶)	1.00	1.00	1.00	1.00
	螺纹紧固胶 (68.00 元/瓶)	0.10	0.10	0.10	0.10
	凡士林 (10.91 元/kg)	0.10	0.10	0.10	0.10
	脱漆剂 (76.00 元/升)	0.50	0.50	0.50	0.50
	高效清洗剂 (88.00 元/瓶)	0.10	0.10	0.10	0.10
	螺栓松动润滑剂 (30.00 元/瓶)	0.10	0.10	0.10	0.10
	裂纹渗透剂 (64.10 元/瓶)	0.00	0.00	0.00	0.00
	裂纹显示剂 (18.58 元/瓶)	0.00	0.00	0.00	0.00
	裂纹清洗剂 (18.29 元/瓶)	0.00	0.00	0.00	0.00
	擦拭布 (14.00 元/kg)	2.00	2.00	1.00	2.00
	塑料布 (16.83 元/米)	2.00	2.00	1.00	2.00
	其他材料费	6.01	6.01	5.09	6.48
施工机械	吊装机械 (545.97 元/(台·班))	0.00	0.00	0.00	0.00
	加热电炉箱 (150.00 元/(台·班))	0.00	0.00	0.00	0.00
	空气压缩机 (302.75 元/(台·班))	1.00	1.00	1.00	1.00
	探伤机 (144.30 元/(台·班))	0.00	0.00	0.00	0.00
	其他机械费	9.08	9.08	9.08	9.08

说明：转向系统检修包括转向机、转向控制杆、转向泵、粗滤器总成、转向滤油器、转向控制阀、转向管路、转向油缸。

十二、制动系统检修

(元)

定额编号		2-3-045	2-3-046	2-3-047	2-3-048
项目		主机规格			
		ZL50 装载机	5 吨叉车	10 吨抱轮机	20 吨抱轮机
定额基价		823.57	657.17	728.38	981.97
人工费		316.80	158.40	237.60	475.20
材料费		69.68	61.68	53.69	69.68
机械费		437.09	437.09	437.09	437.09
综合人工 (39.60 元/(工·日))		8.00	4.00	6.00	12.00
主要消耗材料	柴油 (7.76 元/kg)	4.00	3.00	2.00	4.00
	机油 (15.00 元/kg)	0.10	0.10	0.10	0.10
	平面密封胶 (35.00 元/瓶)	0.00	0.00	0.00	0.00
	螺纹紧固胶 (68.00 元/瓶)	0.10	0.10	0.10	0.10
	凡士林 (10.91 元/kg)	0.10	0.10	0.10	0.10
	脱漆剂 (76.00 元/升)	0.00	0.00	0.00	0.00
	高效清洗剂 (88.00 元/瓶)	0.10	0.10	0.10	0.10
	螺栓松动润滑剂 (30.00 元/瓶)	0.10	0.10	0.10	0.10
	裂纹渗透剂 (64.10 元/瓶)	0.00	0.00	0.00	0.00
	裂纹显示剂 (18.58 元/瓶)	0.00	0.00	0.00	0.00
	裂纹清洗剂 (18.29 元/瓶)	0.00	0.00	0.00	0.00
	擦拭布 (14.00 元/kg)	0.50	0.50	0.50	0.50
	塑料布 (16.83 元/米)	0.50	0.50	0.50	0.50
	其他材料费	2.03	1.80	1.56	2.03
施工机械	吊装机械 (545.97 元/(台·班))	0.50	0.50	0.50	0.50
	加热电炉箱 (150.00 元/(台·班))	0.00	0.00	0.00	0.00
	空气压缩机 (302.75 元/(台·班))	0.50	0.50	0.50	0.50
	探伤机 (144.30 元/(台·班))	0.00	0.00	0.00	0.00
	其他机械费	12.73	12.73	12.73	12.73

说明：制动系统检修包括制动盘及联动装置、制动助力器、制动踏板、制动钳。

十三、轮边系统检修

(元)

定额编号		2-3-049	2-3-050	2-3-051	2-3-052
项目		主机规格			
		ZL50装载机	5吨叉车	10吨抱轮机	20吨抱轮机
定额基价		2338.70	1612.33	2125.90	2513.09
人工费		316.80	237.60	316.80	475.20
材料费		1200.64	553.47	987.84	1216.62
机械费		821.27	821.27	821.27	821.27
综合人工 (39.60元/(工·日))		8.00	6.00	8.00	12.00
主要消耗材料	柴油 (7.76元/kg)	6.00	4.00	6.00	8.00
	机油 (15.00元/kg)	2.00	2.00	2.00	2.00
	平面密封胶 (35.00元/瓶)	2.00	1.00	2.00	2.00
	螺纹紧固胶 (68.00元/瓶)	0.10	0.10	0.10	0.10
	凡士林 (10.91元/kg)	0.10	0.10	0.10	0.10
	齿轮油 (19.26元/kg)	50.00	20.00	40.00	50.00
	高效清洗剂 (88.00元/瓶)	0.10	0.10	0.10	0.10
	螺栓松动润滑剂 (30.00元/瓶)	0.10	0.10	0.10	0.10
	裂纹渗透剂 (64.10元/瓶)	0.00	0.00	0.00	0.00
	裂纹显示剂 (18.58元/瓶)	0.00	0.00	0.00	0.00
	裂纹清洗剂 (18.29元/瓶)	0.00	0.00	0.00	0.00
	擦拭布 (14.00元/kg)	2.00	2.00	1.00	2.00
	塑料布 (16.83元/米)	0.50	0.50	0.50	0.50
	其他材料费	34.97	16.12	28.77	35.44
施工机械	吊装机械 (545.97元/(台·班))	1.00	1.00	1.00	1.00
	加热电炉箱 (150.00元/(台·班))	0.00	0.00	0.00	0.00
	空气压缩机 (302.75元/(台·班))	0.50	0.50	0.50	0.50
	探伤机 (144.30元/(台·班))	0.00	0.00	0.00	0.00
	清洗机 (300.00元/(台·班))	0.00	0.00	0.00	0.00
	压力机 (100.00元/(台·班))	1.00	1.00	1.00	1.00
	其他机械费	23.92	23.92	23.92	23.92

说明：轮边系统检修包括轮边齿及轴、传动部分、半轴。

十四、行走装置检修

(元)

定额编号		2-3-053	2-3-054	2-3-055	2-3-056
项　目		主机规格			
		ZL50 装载机	5 吨叉车	10 吨抱轮机	20 吨抱轮机
定额基价		1973.08	1614.24	1652.75	2284.92
人工费		237.60	158.40	237.60	237.60
材料费		702.48	422.83	382.15	702.48
机械费		1033.01	1033.01	1033.01	1344.84
综合人工 (39.60 元/(工·日))		6.00	4.00	6.00	6.00
主要消耗材料	柴油 (7.76 元/kg)	0.00	0.00	0.00	0.00
	机油 (15.00 元/kg)	0.50	0.40	0.30	0.50
	电焊条 (4.90 元/kg)	15.00	10.00	10.00	15.00
	螺纹紧固胶 (68.00 元/瓶)	0.10	0.10	0.10	0.10
	钢材 (4.15 元/kg)	100.00	50.00	50.00	100.00
	脱漆剂 (76.00 元/升)	2.00	1.50	1.00	2.00
	高效清洗剂 (88.00 元/瓶)	0.10	0.10	0.10	0.10
	螺栓松动润滑剂 (30.00 元/瓶)	0.10	0.10	0.10	0.10
	裂纹渗透剂 (64.10 元/瓶)	0.00	0.00	0.00	0.00
	裂纹显示剂 (18.58 元/瓶)	0.00	0.00	0.00	0.00
	裂纹清洗剂 (18.29 元/瓶)	0.00	0.00	0.00	0.00
	擦拭布 (14.00 元/kg)	0.50	0.50	0.50	0.50
	塑料布 (16.83 元/米)	0.50	0.50	0.50	0.50
	其他材料费	20.78	12.53	11.34	20.78
施工机械	吊装机械 (545.97 元/(台·班))	1.00	1.00	1.00	1.00
	电焊机 (77.10 元/(台·班))	2.00	2.00	2.00	2.00
	空气压缩机 (302.75 元/(台·班))	1.00	1.00	1.00	2.00
	探伤机 (144.30 元/(台·班))	0.00	0.00	0.00	0.00
	清洗机 (300.00 元/(台·班))	0.00	0.00	0.00	0.00
	其他机械费	30.09	30.09	30.09	39.17

说明：行走装置检修包括台板、轮胎、钢圈、传动轴、两侧护板。

十五、防护装置检修

(元)

定额编号		2-3-057	2-3-058	2-3-059	2-3-060
项目		主机规格			
		ZL50装载机	5吨叉车	10吨抱轮机	20吨抱轮机
定额基价		1158.68	1038.79	940.43	1077.31
人工费		237.60	158.40	158.40	237.60
材料费		325.16	284.48	186.11	243.79
机械费		595.92	595.92	595.92	595.92
综合人工 (39.60元/(工·日))		6.00	4.00	4.00	6.00
主要消耗材料	柴油 (7.76元/kg)	0.00	0.00	0.00	0.00
	机油 (15.00元/kg)	0.50	0.40	0.30	0.30
	平面密封胶 (35.00元/瓶)	0.50	0.50	0.50	0.50
	螺纹紧固胶 (68.00元/瓶)	0.10	0.10	0.10	0.10
	凡士林 (10.91元/kg)	0.10	0.10	0.10	0.10
	脱漆剂 (76.00元/升)	2.00	1.50	1.00	1.00
	高效清洗剂 (88.00元/瓶)	0.10	0.10	0.10	0.10
	螺栓松动润滑剂 (30.00元/瓶)	0.10	0.10	0.10	0.10
	裂纹渗透剂 (64.10元/瓶)	0.00	0.00	0.00	0.00
	裂纹显示剂 (18.58元/瓶)	0.00	0.00	0.00	0.00
	裂纹清洗剂 (18.29元/瓶)	0.00	0.00	0.00	0.00
	擦拭布 (14.00元/kg)	0.50	0.50	0.50	0.50
	电焊条 (5.60元/kg)	20.00	20.00	10.00	20.00
	其他材料费	9.47	8.29	5.42	7.10
施工机械	吊装机械 (545.97元/(台·班))	0.50	0.50	0.50	0.50
	电焊机 (77.10元/(台·班))	2.00	2.00	2.00	2.00
	空气压缩机 (302.75元/(台·班))	0.50	0.50	0.50	0.50
	探伤机 (144.30元/(台·班))	0.00	0.00	0.00	0.00
	清洗机 (300.00元/(台·班))	0.00	0.00	0.00	0.00
	其他机械费	17.36	17.36	17.36	17.36

说明：防护装置检修包括散热器护架、发动机罩、翼板、支架及后盖、平衡梁。

十六、液压系统检修

(元)

定额编号		2-3-061	2-3-062	2-3-063	2-3-064
项目		主机规格			
		ZL50 装载机	5 吨叉车	10 吨抱轮机	20 吨抱轮机
定额基价		4911.25	2763.28	3825.75	6034.87
人工费		237.60	158.40	237.60	316.80
材料费		4236.56	2167.79	3151.05	5280.98
机械费		437.09	437.09	437.09	437.09
综合人工 (39.60 元/(工·日))		6.00	4.00	6.00	8.00
主要消耗材料	柴油 (7.76 元/kg)	10.00	8.00	5.00	10.00
	液压油 (19.58 元/kg)	200.00	100.00	150.00	250.00
	平面密封胶 (35.00 元/瓶)	2.00	1.00	1.00	3.00
	螺纹紧固胶 (68.00 元/瓶)	0.10	0.10	0.10	0.10
	凡士林 (10.91 元/kg)	0.50	0.50	0.40	0.50
	脱漆剂 (76.00 元/升)	0.00	0.00	0.00	0.00
	高效清洗剂 (88.00 元/瓶)	0.10	0.10	0.10	0.10
	螺栓松动润滑剂 (30.00 元/瓶)	0.10	0.10	0.10	0.10
	裂纹渗透剂 (64.10 元/瓶)	0.10	0.10	0.10	0.10
	裂纹显示剂 (18.58 元/瓶)	0.10	0.10	0.10	0.10
	裂纹清洗剂 (18.29 元/瓶)	0.10	0.10	0.10	0.10
	擦拭布 (14.00 元/kg)	0.50	0.50	0.50	0.50
	塑料布 (16.83 元/米)	0.50	0.50	0.50	0.50
	其他材料费	123.40	63.14	91.78	153.82
施工机械	吊装机械 (545.97 元/(台·班))	0.50	0.50	0.50	0.50
	加热电炉箱 (150.00 元/(台·班))	0.00	0.00	0.00	0.00
	空气压缩机 (302.75 元/(台·班))	0.50	0.50	0.50	0.50
	探伤机 (144.30 元/(台·班))	0.00	0.00	0.00	0.00
	清洗机 (300.00 元/(台·班))	0.00	0.00	0.00	0.00
	其他机械费	12.73	12.73	12.73	12.73

说明：液压系统检修包括液压泵、液压箱、液压过滤器、液压管路。

十七、提升系统检修

(元)

定 额 编 号		2-3-065	2-3-066	2-3-067	2-3-068
项 目		主 机 规 格			
		ZL50 装载机	5 吨叉车	10 吨抱轮机	20 吨抱轮机
定 额 基 价		1044.21	955.47	1039.99	1163.37
人 工 费		237.60	158.40	237.60	316.80
材 料 费		88.34	78.81	84.13	128.31
机 械 费		718.27	718.27	718.27	718.27
综合人工 (39.60 元/(工·日))		6.00	4.00	6.00	8.00
主要消耗材料	柴油 (7.76 元/kg)	5.00	4.00	5.00	10.00
	机油 (15.00 元/kg)	0.50	0.40	0.30	0.50
	平面密封胶 (35.00 元/瓶)	0.00	0.00	0.00	0.00
	螺纹紧固胶 (68.00 元/瓶)	0.10	0.10	0.10	0.10
	凡士林 (10.91 元/kg)	0.50	0.50	0.40	0.50
	脱漆剂 (76.00 元/升)	0.00	0.00	0.00	0.00
	高效清洗剂 (88.00 元/瓶)	0.10	0.10	0.10	0.10
	螺栓松动润滑剂 (30.00 元/瓶)	0.10	0.10	0.10	0.10
	裂纹渗透剂 (64.10 元/瓶)	0.00	0.00	0.00	0.00
	裂纹显示剂 (18.58 元/瓶)	0.00	0.00	0.00	0.00
	裂纹清洗剂 (18.29 元/瓶)	0.00	0.00	0.00	0.00
	擦拭布 (14.00 元/kg)	0.50	0.50	0.50	0.50
	塑料布 (16.83 元/米)	0.50	0.50	0.50	0.50
	其他材料费	2.57	2.30	2.45	3.74
施工机械	吊装机械 (545.97 元/(台·班))	1.00	1.00	1.00	1.00
	加热电炉箱 (150.00 元/(台·班))	0.00	0.00	0.00	0.00
	空气压缩机 (302.75 元/(台·班))	0.50	0.50	0.50	0.50
	探伤机 (144.30 元/(台·班))	0.00	0.00	0.00	0.00
	清洗机 (300.00 元/(台·班))	0.00	0.00	0.00	0.00
	其他机械费	20.92	20.92	20.92	20.92

说明：提升系统检修包括提升缸、转向缸。

十八、整车磨合调试

(元)

定额编号		2-3-069	2-3-070	2-3-071	2-3-072
项目		主机规格			
		ZL50 装载机	5 吨叉车	10 吨抱轮机	20 吨抱轮机
定额基价		1152.31	671.92	988.24	1710.35
人工费		316.80	237.60	316.80	475.20
材料费		835.51	434.32	671.44	1235.15
机械费		0.00	0.00	0.00	0.00
综合人工 (39.60 元/(工·日))		8.00	6.00	8.00	12.00
主要消耗材料	柴油 (7.76 元/kg)	100.00	50.00	80.00	150.00
	机油 (15.00 元/kg)	0.50	0.40	0.30	0.50
	平面密封胶 (35.00 元/瓶)	0.00	0.00	0.00	0.00
	螺纹紧固胶 (68.00 元/瓶)	0.10	0.10	0.10	0.10
	凡士林 (10.91 元/kg)	0.50	0.50	0.40	0.50
	脱漆剂 (76.00 元/升)	0.00	0.00	0.00	0.00
	高效清洗剂 (88.00 元/瓶)	0.00	0.00	0.00	0.00
	螺栓松动润滑剂 (30.00 元/瓶)	0.00	0.00	0.00	0.00
	液力传动 (15.00 元/kg)	0.00	0.00	0.00	0.00
	齿轮油 (19.26 元/kg)	0.00	0.00	0.00	0.00
	液压油 (19.58 元/kg)	0.00	0.00	0.00	0.00
	擦拭布 (14.00 元/kg)	0.50	0.50	0.50	0.50
	塑料布 (16.83 元/米)	0.50	0.50	0.50	0.50
	其他材料费	24.34	12.65	19.56	35.98
施工机械	吊装机械 (545.97 元/(台·班))	0.00	0.00	0.00	0.00
	加热电炉箱 (150.00 元/(台·班))	0.00	0.00	0.00	0.00
	空气压缩机 (302.75 元/(台·班))	0.00	0.00	0.00	0.00
	探伤机 (144.30 元/(台·班))	0.00	0.00	0.00	0.00
	清洗机 (300.00 元/(台·班))	0.00	0.00	0.00	0.00
	其他机械费				

十九、大铲检修

(元)

定 额 编 号		2-3-073	2-3-074	2-3-075	2-3-076
项 目		主机规格			
		ZL50 装载机	5 吨叉车	10 吨抱轮机	20 吨抱轮机
定额基价		6158.84	1315.04	831.89	2035.79
人工费		237.60	158.40	237.60	316.80
材料费		4558.80	31.95	31.95	31.95
机械费		1362.44	1124.70	562.35	1687.05
综合人工 (39.60 元/(工·日))		6.00	4.00	6.00	8.00
主要消耗材料	钢材 (4.15 元/kg)	1000.00	0.00	0.00	0.00
	电焊条 (4.90 元/kg)	50.00	0.00	0.00	0.00
	平面密封胶 (35.00 元/瓶)	0.00	0.00	0.00	0.00
	螺纹紧固胶 (68.00 元/瓶)	0.10	0.10	0.10	0.10
	凡士林 (10.91 元/kg)	0.00	0.00	0.00	0.00
	脱漆剂 (76.00 元/升)	0.00	0.00	0.00	0.00
	高效清洗剂 (88.00 元/瓶)	0.10	0.10	0.10	0.10
	螺栓松动润滑剂 (30.00 元/瓶)	0.00	0.00	0.00	0.00
	裂纹渗透剂 (64.10 元/瓶)	0.00	0.00	0.00	0.00
	裂纹显示剂 (18.58 元/瓶)	0.00	0.00	0.00	0.00
	裂纹清洗剂 (18.29 元/瓶)	0.00	0.00	0.00	0.00
	擦拭布 (14.00 元/kg)	0.50	0.50	0.50	0.50
	塑料布 (16.83 元/米)	0.50	0.50	0.50	0.50
	其他材料费	133.83	0.93	0.93	0.93
施工机械	吊装机械 (545.97 元/(台·班))	2.00	2.00	1.00	3.00
	电焊机 (76.94 元/(台·班))	3.00	0.00	0.00	0.00
	空气压缩机 (302.75 元/(台·班))	0.00	0.00	0.00	0.00
	探伤机 (144.30 元/(台·班))	0.00	0.00	0.00	0.00
	其他机械费	39.68	32.76	16.38	49.14

说明：大铲检修包括铲刀、铲角、铲面、各部轴孔。

二十、驾驶室检修

(元)

定额编号		2-3-077	2-3-078	2-3-079	2-3-080
项目		主机规格			
		ZL50 装载机	5 吨叉车	10 吨抱轮机	20 吨抱轮机
定额基价		1555.00	1367.73	1152.71	1983.48
人工费		79.20	39.60	79.20	79.20
材料费		959.46	851.41	596.80	1387.94
机械费		516.34	476.71	476.71	516.34
综合人工 (39.60 元/(工·日))		2.00	1.00	2.00	2.00
主要消耗材料	棚布 (12.00 元/米)	2.40	2.40	1.80	2.40
	玻璃牙条 (10.00 元/米)	30.00	20.00	20.00	40.00
	平面密封胶 (35.00 元/瓶)	0.00	0.00	0.00	0.00
	螺纹紧固胶 (68.00 元/瓶)	0.10	0.10	0.10	0.10
	凡士林 (10.91 元/kg)	0.00	0.00	0.00	0.00
	脱漆剂 (76.00 元/升)	5.00	5.00	3.00	8.00
	高效清洗剂 (88.00 元/瓶)	2.00	2.00	1.00	3.00
	螺栓松动润滑剂 (30.00 元/瓶)	0.00	0.00	0.00	0.00
	裂纹渗透剂 (64.10 元/瓶)	0.00	0.00	0.00	0.00
	裂纹显示剂 (18.58 元/瓶)	0.00	0.00	0.00	0.00
	电焊条 (4.90 元/kg)	5.00	4.00	4.00	5.00
	擦拭布 (14.00 元/kg)	0.50	0.50	0.50	0.50
	塑料布 (16.83 元/米)	0.50	0.50	0.50	0.50
	其他材料费	28.05	24.88	17.47	40.53
施工机械	吊装机械 (545.97 元/(台·班))	0.50	0.50	0.50	0.50
	加热电炉箱 (150.00 元/(台·班))	0.00	0.00	0.00	0.00
	空气压缩机 (302.75 元/(台·班))	0.50	0.50	0.50	0.50
	电焊机 (76.94 元/(台·班))	1.00	0.50	0.50	1.00
	其他机械费	15.04	13.88	13.88	15.04

说明：驾驶室检修包括驾驶室、驾驶棚。

二十一、电气系统检修

(元)

定 额 编 号		2-3-081	2-3-082	2-3-083	2-3-084
项　目		主 机 规 格			
		ZL50 装载机	5 吨叉车	10 吨抱轮机	20 吨抱轮机
定 额 基 价		1135.98	620.06	1123.62	1227.54
人 工 费		237.60	158.40	237.60	316.80
材 料 费		898.38	461.66	886.02	910.74
机 械 费		0.00	0.00	0.00	0.00
综合人工 (39.60 元/(工·日))		6.00	4.00	6.00	8.00
主要消耗材料	柴油 (7.76 元/kg)	0.00	0.00	0.00	0.00
	机油 (15.00 元/kg)	0.00	0.00	0.00	0.00
	平面密封胶 (35.00 元/瓶)	0.00	0.00	0.00	0.00
	螺纹紧固胶 (68.00 元/瓶)	0.00	0.00	0.00	0.00
	凡士林 (10.91 元/kg)	0.00	0.00	0.00	0.00
	脱漆剂 (76.00 元/升)	0.00	0.00	0.00	0.00
	高效清洗剂 (88.00 元/瓶)	0.10	0.10	0.10	0.10
	螺栓松动润滑剂 (30.00 元/瓶)	0.00	0.00	0.00	0.00
	裂纹渗透剂 (64.10 元/瓶)	0.00	0.00	0.00	0.00
	塑料包布 (6.00 元/卷)	8.00	4.00	6.00	10.00
	电线 2.5 (10.00 元/米)	80.00	40.00	80.00	80.00
	擦拭布 (14.00 元/kg)	0.50	0.50	0.50	0.50
	塑料布 (16.83 元/米)	0.50	0.50	0.50	0.50
	其他材料费	26.17	13.45	25.81	26.53
施工机械	吊装机械 (545.97 元/(台·班))	0.00	0.00	0.00	0.00
	加热电炉箱 (150.00 元/(台·班))	0.00	0.00	0.00	0.00
	空气压缩机 (302.75 元/(台·班))	0.00	0.00	0.00	0.00
	探伤机 (144.30 元/(台·班))	0.00	0.00	0.00	0.00
	清洗机 (300.00 元/(台·班))	0.00	0.00	0.00	0.00
	其他机械费	0.00	0.00	0.00	0.00

说明：电气系统检修包括蓄电池及继电器开关、仪表板、大灯、全车大线、起动机、发动机、空调系统。

二十二、整车喷漆、出厂

(元)

定额编号		2-3-085	2-3-086	2-3-087	2-3-088
项目		主机规格			
		ZL50 装载机	5 吨叉车	10 吨抱轮机	20 吨抱轮机
定额基价		2982.87	2809.37	1905.08	4152.32
人工费		158.40	118.80	118.80	316.80
材料费		2200.80	2066.90	1474.45	3211.85
机械费		623.67	623.67	311.83	623.67
综合人工 (39.60 元/(工·日))		4.00	3.00	3.00	8.00
主要消耗材料	柴油 (7.76 元/kg)	0.00	0.00	0.00	0.00
	机油 (15.00 元/kg)	0.00	0.00	0.00	0.00
	平面密封胶 (35.00 元/瓶)	0.00	0.00	0.00	0.00
	螺纹紧固胶 (68.00 元/瓶)	0.00	0.00	0.00	0.00
	凡士林 (10.91 元/kg)	0.10	0.10	0.10	0.10
	脱漆剂 (76.00 元/升)	10.00	10.00	6.00	15.00
	高效清洗剂 (88.00 元/瓶)	10.00	10.00	6.00	15.00
	纱布 (1.00 元/张)	60.00	40.00	40.00	60.00
	醇酸磁漆 (16.16 元/kg)	20.00	15.00	20.00	30.00
	稀释剂 (7.30 元/kg)	10.00	6.00	6.00	10.00
	毛刷 (1.58 元/把)	1.00	1.00	1.00	1.00
	擦拭布 (14.00 元/kg)	1.50	1.50	1.50	1.50
	塑料布 (16.83 元/米)	1.00	1.00	1.00	1.00
	其他材料费	64.10	60.20	42.95	93.55
施工机械	吊装机械 (545.97 元/(台·班))	0.00	0.00	0.00	0.00
	加热电炉箱 (150.00 元/(台·班))	0.00	0.00	0.00	0.00
	空气压缩机 (302.75 元/(台·班))	2.00	2.00	1.00	2.00
	探伤机 (144.30 元/(台·班))	0.00	0.00	0.00	0.00
	清洗机 (300.00 元/(台·班))	0.00	0.00	0.00	0.00
	其他机械费	18.17	18.17	9.08	18.17

二十三、定额总价

(元)

定 额 编 号					
项 目		主 机 规 格			
		ZL50 装载机	5 吨叉车	10 吨抱轮机	20 吨抱轮机
定 额 基 价		46510.46	31730.22	34711.06	48662.06
人 工 费		6217.20	3960.00	5544.00	7682.40
材 料 费		25274.24	14878.42	15917.59	24419.36
机 械 费		15019.02	12891.80	13249.47	16560.30
综合人工 (39.60 元/(工·日))					
主要消耗材料					
	其他材料费				
施工机械					
	其他机械费				

附　录

附录 1　汽运设备检修工程(大修)预算表

附表 1　汽运设备检修工程(大修)预算表　　(万元)

序号	设备名称	总费用	人工费	材料费	机械费	备件费
一	EH3500 电动轮汽车	431.92	17.03	28.75	19.16	366.97
1	K2000E 发动机	73.33	1.70	1.58	2.18	67.87
2	GE788 驱动总成(两台)	144.98	3.64	5.00	4.75	131.60
3	电气系统	100.61	3.01	7.67	2.04	87.90
4	底盘	112.99	8.69	14.51	10.19	79.60
二	MT3600、R170 电动轮汽车	361.12	15.22	25.56	17.14	303.20
1	KTA50 发动机	57.18	1.53	1.37	2.07	52.21
2	GE776 驱动总成(两台)	116.52	3.12	3.99	4.01	105.40
3	电气系统	87.79	2.68	6.96	1.79	76.36
4	底盘	99.63	7.90	13.24	9.26	69.23
三	TR100 矿用汽车	180.17	8.62	11.87	10.13	149.55
1	KTA38 发动机	46.63	1.22	0.98	1.89	42.55
2	8000 系列变速箱	37.82	0.99	0.41	0.72	35.70
3	底盘	95.72	6.42	10.48	7.52	71.30
四	3307 矿用汽车	94.53	5.50	7.77	6.61	74.65
1	KTA19 发动机	20.32	0.67	0.63	1.23	17.80
2	5000 系列变速箱	19.02	0.82	0.37	0.68	17.15
3	底盘	55.18	4.01	6.77	4.70	39.70
五	A40E 沃尔沃铰接式矿用汽车	97.43	7.11	10.20	8.67	71.45
1	D16E 发动机	19.65	0.43	0.55	1.20	17.48
2	PT2509 系列变速箱	16.61	1.11	0.55	0.98	13.97
3	底盘	61.16	5.57	9.10	6.49	40.00
六	NTA855 发动机	8.88	0.42	0.48	1.13	6.85
七	700 系列变速箱	13.29	0.61	0.31	0.63	11.73
八	8E9035 系列卡特变速箱	40.84	0.97	0.40	0.67	38.80
九	320 系列推土机	34.71	1.45	3.93	2.77	26.57
十	220 系列推土机	27.41	1.29	3.54	2.68	19.90
十一	120 系列推土机	14.07	0.91	2.35	2.52	8.28
十二	D9R 系列推土机	100.03	1.77	4.52	3.11	90.62
十三	ZL50 装载机	9.83	0.62	2.53	1.50	5.18
十四	5 吨叉车	7.67	0.40	1.49	1.29	4.50
十五	10 吨抱轮机	12.47	0.55	1.59	1.32	9.00
十六	20 吨抱轮机	18.37	0.77	2.44	1.66	13.50
十七	360 沃尔沃挖掘机	62.04	3.64	5.79	2.61	50.00
十八	460 沃尔沃挖掘机	68.99	4.32	6.82	2.86	55.00
十九	卡特 16G 平路机	106.85	5.65	5.80	4.43	90.97

注：1. 不含外委修复加工及超范围维修项目发生费用；
2. 其他车型比照相近吨位车型作预算。

附录 2　矿山企业检修工程费用定额

为适应钢铁企业设备检修工程市场管理体制的不断完善和发展的需要，创造公平竞争的市场环境，参照《钢铁企业检修工程费用定额》(2009 版)以及国家有关主管部门的规定，结合冶金设备检修工程的特点，编制本费用定额。

本费用定额与《矿山企业检修工程预算定额》(2012 版)各专业定额配套使用。

钢铁企业检修工程费由直接费、间接费、利润和税金组成。

一、直接费

直接费由直接工程费和措施费组成。

(一) 直接工程费

直接工程费是指施工过程中耗费的构成工程实体的各项费用，包括人工费、材料费、施工机械使用费。

1. 人工费

人工费是指直接从事检修工程施工的生产工人开支的各项费用，具体内容包括以下几项：

(1) 基本工资。

(2) 工资性补贴：指按规定标准发放的物价补贴，煤、燃气补贴，交通补贴，住房补贴，流动施工津贴，工龄津贴等。

(3) 生产工人辅助工资：指生产工人年有效施工天数以外非作业天数的工资，包括职业学习、培训期间的工资，调动工作、探亲、休假期间的工资，因气候影响的停工工资，女工哺乳期间的工资，病假 6 个月以内的工资及产、婚、丧假期间的工资。

(4) 职工福利费：指按规定标准计提的职工福利费。

(5) 生产工人劳动保护费：指按规定标准发放的劳动保护用品的购置费和修理费、徒工服装补贴、防暑降温费、在有碍身体健康环境中施工的保健费用等。

各钢铁企业设备检修工程造价主管部门可参照企业所在省、自治区、直辖市的相关定额，调整人工工日单价。

2. 材料费

材料费是指施工过程中耗用的构成工程实体的原材料、辅助材料、构配件、零件、半成品的费用和周转使用材料的摊销(或租赁)费用，具体内容包括：

(1) 材料原价(或供应价格)。

(2) 材料运杂费：指材料自来源地运至工地仓库或指定堆放地点所发生的全部费用。

(3) 运输损耗费：指材料在运输装卸过程中不可避免的损耗。

(4) 采购及保管费：指在组织采购、供应和保管材料过程中所需要的各项费用，包括采购费、仓储费、工地保管费、仓储损耗。

(5) 检验试验费：指对建筑材料、构件和建筑安装物进行一般鉴定、检查所发生的费用，包括自设试验室进行试验所耗用的材料和化学药品等费用，不包括新结构、新材料的试验费和设备所属单位对具有出厂合格证明的材料进行检验，对构件做破坏性试验及其他特殊要求检验试验的费用。

3. 施工机械使用费

施工机械使用费是指施工机械作业所发生的机械使用费及机械安装、拆除和场外运费，具体内容包括：

(1) 折旧费。

(2) 大修理费。

(3) 经常修理费。

(4) 安装、拆除和场外运输费。

(5) 燃料动力费。

(6) 人工费。

(7) 车船使用税及保险费等。

(二) 措施费

措施费是指为完成工程项目施工，发生于该工程施工前和施工过程中非工程实体项目的费用，具体内容包括：

(1) 临时设施费：指检修工程施工所必需的用于生活、生产和安全文明施工的临时性小型设施费。其范围包括：临时办公室、休息室、食堂、播音室、医务室；施工所需的各类简易棚、混凝土受料槽、施工现场内的临时道路和临时便桥；施工所需临时管道、照明和动力支线设施的搭设、维修、拆除清理等费用。

(2) 冬、雨季施工费：指在冬、雨季施工为保障工程质量和施工安全，对工程采取防寒保温或防雨排水措施所需的费用，以及工效和施工机械作业率降低所需增加的费用。

(3) 夜间施工费：指因夜间施工所发生的夜班补助费、夜间施工降效、夜间施工照明设施摊销及照明用电等费用。

(4) 工程定位复测、工程点交、场地清理等费用：指工程一般性预测和复测、工程正常点交和工程开、竣工对施工现场一般性清理所发生的费用。

(5) 仪器仪表使用费：指通信、电子等设备安装工程所需测试仪器仪表摊销和维修费用。

(6) 特殊工种培训费：指根据设计要求，工程项目需采取特殊施工技术或采用新材料、新设备所需培训施工技术力量而发生的费用。

(7) 特殊地区施工增加费：指在高寒边远山区、沙漠等地区施工，因交通不便、生活条件艰苦而增加的主副食运输费及生活补贴等费用。

除上述措施费外，工程中发生其他措施费，可根据各地区的实际情况自行补充。

各项措施费不分施工企业资质等级，统一费率，项目发生时计取，不发生不计取。

各类工程各项措施费费率见附表 2。

二、间接费

间接费由规费、企业管理费和工程定额编制管理费组成。

(一) 规费

规费是指政府和有关权力部门规定必须缴纳的费用，具体包括以下几项：

(1) 工程排污费：指施工现场按规定缴纳的工程排污费。

(2) 社会保障费，包括：

1) 养老保险费：指企业按规定标准为职工缴纳的基本养老保险费。

2) 失业保险费：指企业按规定标准为职工缴纳的失业保险费。

3) 医疗保险费：指企业按规定标准为职工缴纳的基本医疗保险费。

(3) 住房公积金：指企业按规定标准为职工缴纳的住房公积金。

(4) 危险作业意外伤害保险：指按照有关规定，企业为从事危险作业(如高空、井下等)的施工人员支付的意外伤害保险费。

以上各项规费的费率按照企业所在省、自治区、直辖市的具体规定执行。

(二) 企业管理费

企业管理费是指施工企业组织施工生产和经营管理所需的费用，内容包括以下几项：

(1) 管理人员的基本工资、工资性补贴、职工福利费、劳动保护费等。

(2) 办公费：指企业管理办公用的文具、纸张、账表、印刷、邮电、书报、会议、水电、燃煤(气)等费用。

(3) 差旅交通费：指企业职工因公出差和调动工作的差旅费、住勤补助费、市内交通费和误餐补助费，职工探亲路费，劳动力招募费，职工离退休、退职一次性路费，工伤人员就医路费，工地转移费及管理部门使用的交通工具的油料、燃料和牌照费。

(4) 固定资产使用费：指企业管理和试验部门及附属生产单位使用的属于固定资产的房屋、设备、仪器等的折旧、大修、维修或租赁费用。

(5) 工具用具使用费：指企业管理使用的不属于固定资产的工具、器具、家具、交通工具和检验、试验、测绘、消防用具等的购置、维修和摊销费。

(6) 劳动保险费：指由企业支付离退休职工的易地安家补助费、职工退职金、6个月以上病假人员的工资、职工死亡丧葬补助费、抚恤费、按规定支付给离休干部的各项经费。

(7) 工会经费：指企业按职工工资总额计提的工会经费。

(8) 职工教育经费：指企业为职工学习先进技术和提高文化水平，按职工工资总额计提的费用。

(9) 财产保险费：指施工管理用财产、车辆保险等费用。

(10) 财务费：指企业为筹集资金而发生的各种费用。

(11) 税金：指企业按规定缴纳的房产税、车船使用税、土地使用税、印花税等。

(12) 其他费用：包括技术转让费、技术开发费、业务招待费、绿化费、广告费、公证费、法律顾问费、审计费、咨询费等。

企业管理费费率见附表3。

(三) 工程定额编制管理费

工程定额编制管理费是指工程定额(造价)管理站为完成工程概预算定额、设备材料预算价格、费用定额、估算指标等编制任务及定额管理而收取的费用。

本定额的工程定额编制管理费费率为 0.5‰，取费基数为“直接费”与“企业管理费”之和。

三、利润

利润是指施工企业完成所承包工程获得的盈利。

各类工程各级施工企业的利润率见附表 4。

四、税金

税金是指国家税法规定的应计入检修工程造价内的营业税、城市维护建设税及教育费附加等。该项费用执行国家税法统一规定的企业(纳税人)所在地的税率。

五、其他说明

其他说明包括以下几项：

(1) 大型临时设施费或大型施工措施费，是指施工企业组织工程施工所必需的大型临时性建筑物、构筑物和其他临时设施等的费用。其范围包括：临时职工宿舍、办公室、浴池、文化福利及公用事业的构筑物、仓库、加工厂、搅拌站、围墙、大型预装平台、大型吊装机械的设置，锅炉、变压器、水泵、吊盘架设，施工现场用的主管道和动力干线设施的架设、维修和拆除清理费用。

大型临时设施或大型施工措施审批程序与费用计取办法如下：

凡需计取大型临时设施费或大型施工措施费的项目，施工单位必须编制施工组织设计，并经设备所属单位、主管部门审核批准，执行《矿山企业检修工程预算定额》相应项目，单独编制预算；但人工费、机械费、材料费按下列原则计取：

1) 人工费按定额项目(不分专业)乘以 0.7。

2) 机械费按定额项目(不分专业)乘以 0.6。

3) 材料费：

① 凡属无回收价值的材料，如草编材料、塑料薄膜、灰条、水泥、砂石、铁丝、油漆等，实行一次摊销。

② 凡属枕木、木杆、竹竿、麻类编织、钢丝绳各类材料，根据使用情况，按 8~10 次摊销。

③ 钢铁材料根据使用情况、工程类型及复杂程序，按 3~5 次摊销。

④ 电缆类材料根据使用情况，按 10~15 次摊销。

⑤ 凡因工程需要，必须粉碎性拆除或永久性保留在施工现场的材料，经设备所属单位同意、主管部门批准，可实行一次性摊销。

大型临时工程的费率，按本费用定额标准执行，但不计取临时设施费。

(2) 如果人工工日单价按地区标准作了相应调整，则各项取费按调整后的人工费作为取费基数。

(3) 材料检验试验费，可采取以下两种方式之一计取，企业检修工程造价主管部门根据实际情况任选其一：

1) 按被检材料费的0.15%计取。

2) 按实际发生额计取。

(4) 材料价差，原则上执行各省、自治区、直辖市的规定，企业主管部门也可结合本地区具体情况进行测定，然后确定调差系数或按实调差。

(5) 贵重材料或特殊材料代替定额中材料使用时，差额部分以材料价差形式另补。

(6) 因特殊情况，必须使用定额规定范围以外的机械才能实施的项目，各企业主管部门可依据当地实际情况，按照国家关于机械台班单价计价的有关规定自行确定机械台班费用，但应按专业定额的规定扣除相应的机械费。

(7) 关于远程施工增加费(指施工单位到距离基地25 km以外的地点施工所需增加现场管理内容的费用)，如果发生，可按直接工程费中人工费的10%计取费用。

(8) 若发生施工调遣费(指施工单位到距离基地25 km以外的地点施工而发生的施工队伍往返的调遣费用)，列入措施费，按以下方式计取：

1) 调遣里程为300 km及以上时，按调遣途中每人乘坐火车硬卧中铺价与工资及补贴之和计取。

2) 调遣里程不足300 km时，按调遣途中每人乘坐火车硬座价与工资及补贴之和计取。

3) 由甲、乙双方合同约定。

(9) 各费率表中“工程类别”栏内的“各类单纯拆除工程”，是指不含有检修安装项目的纯拆除工程。

(10) 各地如遇超出本定额规定范围且有相关法律法规依据的其他收费，则按当地政府规定的收费标准计入工程总价，由设备所属单位支付。

取费程序见附表5，检修工程费用项目组成见附表6。

附表2　措施费费率(取费基数 A_1)　　(%)

费率＼措施费项目／工程类别	临时设施费	冬、雨季施工费	夜间施工费	工程定位复测、工程点交、场地清理费	仪器仪表使用费	特殊工种培训费	特殊地区施工增加费
机电及管道工程	4.80	7.44	2.22	3.29	0.67	1.21	1.01
土建工程	3.62	6.93	2.07	3.07	0.62	1.13	0.94
金属结构制作安装工程	3.81	5.91	1.77	2.62	0.53	0.96	0.80
金属结构安装工程	1.42	2.87	0.86	1.27	0.26	0.47	0.39
预制件安装工程	1.32	2.66	0.80	1.18	0.24	0.43	0.36
工业炉砌筑工程	3.29	6.37	1.90	2.82	0.57	1.04	0.87
各类单纯拆除工程	4.80	2.14	0.64	0.95	0.19	0.35	0.29

注：特殊高寒、多雨地区，可经主管部门批准，单独调整冬、雨季施工费和特殊地区施工增加费。

附表3　企业管理费费率(取费基数 A_1)　　(%)

费率＼企业等级／工程类别	特级	一级	二级	三级
机电及管道工程	53.10	41.32	37.72	23.97
土建工程	39.53	37.36	27.15	19.33
金属结构制作安装工程	34.22	29.04	22.56	15.85
金属结构安装工程	18.82	14.63	11.72	7.53
预制件安装工程	18.80	14.25	12.14	8.25
工业炉砌筑工程	43.42	34.54	26.89	20.15
各类单纯拆除工程	43.63	34.51	27.85	19.42

附表 4　利润率(取费基数 A_1)

(%)

费率 / 工程类别 \ 企业等级	特级	一级	二级	三级
机电及管道工程	30.00	23.00	18.00	9.60
土建工程	21.72	16.65	11.58	5.79
金属结构制作安装工程	17.53	12.96	11.43	5.34
金属结构安装工程	10.65	7.81	6.39	2.84
预制件安装工程	13.19	9.89	7.25	3.30
工业炉砌筑工程	24.67	17.27	13.98	6.36
各类单纯拆除工程	27.00	20.70	16.20	8.64

注：各类单独拆除工程若保护性拆除，可适当调增利润率，但增幅不得超过 15%。

附表 5　取费程序表

<table>
<tr><th>序　号</th><th colspan="3">费用项目</th><th>计算式说明</th></tr>
<tr><td>A</td><td rowspan="3">直接费</td><td colspan="2">直接工程费</td><td>定额子目费用合计</td></tr>
<tr><td>A_1</td><td colspan="2">直接工程费人工费</td><td>定额子目人工费合计</td></tr>
<tr><td>1</td><td colspan="2">措施费</td><td>A_1 × 费率</td></tr>
<tr><td>2</td><td rowspan="6">间接费</td><td rowspan="4">规费</td><td>工程排污费</td><td>按规定</td></tr>
<tr><td>3</td><td>社会保障费</td><td>按规定</td></tr>
<tr><td>4</td><td>住房公积金</td><td>按规定</td></tr>
<tr><td>5</td><td>危险作业意外伤害保险</td><td>按规定</td></tr>
<tr><td>6</td><td colspan="2">企业管理费</td><td>A_1 × 费率</td></tr>
<tr><td>7</td><td colspan="2">工程定额编制管理费</td><td>(A+1+6) × 0.5‰</td></tr>
<tr><td>8</td><td colspan="3">利润</td><td>A_1 × 费率</td></tr>
<tr><td>9</td><td colspan="3">材料价差</td><td>按规定</td></tr>
<tr><td>10</td><td colspan="3">税金</td><td>（A+1+ · · · +9）× 税率</td></tr>
<tr><td>11</td><td colspan="3">预算总额</td><td>A+1+ · · · +10</td></tr>
</table>

附表6　检修工程费用项目组成

<table>
<tr><td rowspan="10">直接费</td><td rowspan="3">直接工程费</td><td>(1) 人工费</td></tr>
<tr><td>(2) 材料费</td></tr>
<tr><td>(3) 施工机械使用费</td></tr>
<tr><td rowspan="7">措施费</td><td>(1) 临时设施费</td></tr>
<tr><td>(2) 冬、雨季施工费</td></tr>
<tr><td>(3) 夜间施工增加费</td></tr>
<tr><td>(4) 工程定位复测、工程点交、场地清理等费用</td></tr>
<tr><td>(5) 仪器仪表使用费</td></tr>
<tr><td>(6) 特殊工种培训费</td></tr>
<tr><td>(7) 特殊地区施工增加费</td></tr>
<tr><td rowspan="17">间接费</td><td rowspan="4">规费</td><td>(1) 工程排污费</td></tr>
<tr><td>(2) 社会保障费：养老保险费、失业保险费、医疗保险费</td></tr>
<tr><td>(3) 住房公积金</td></tr>
<tr><td>(4) 危险作业意外伤害保险</td></tr>
<tr><td rowspan="12">企业管理费</td><td>(1) 管理人员工资</td></tr>
<tr><td>(2) 办公费</td></tr>
<tr><td>(3) 差旅交通费</td></tr>
<tr><td>(4) 固定资产使用费</td></tr>
<tr><td>(5) 工具用具使用费</td></tr>
<tr><td>(6) 劳动保险费</td></tr>
<tr><td>(7) 工会经费</td></tr>
<tr><td>(8) 职工教育经费</td></tr>
<tr><td>(9) 财产保险费</td></tr>
<tr><td>(10) 财务费</td></tr>
<tr><td>(11) 税金</td></tr>
<tr><td>(12) 其他费用</td></tr>
<tr><td colspan="2">工程定额编制管理费</td></tr>
<tr><td colspan="3">利润</td></tr>
<tr><td colspan="3">税金</td></tr>
</table>